U0456278

中华经典研习丛书

女論語
说什么

钟茂森 著

团结出版社

图书在版编目（CIP）数据

女论语说什么 / 钟茂森著. -- 北京 : 团结出版社，
2024.3

（中华经典研习丛书）

ISBN 978-7-5234-0284-9

Ⅰ.①女… Ⅱ.①钟… Ⅲ.①女性—家庭道德—中国
—古代 Ⅳ.①B823.1

中国国家版本馆CIP数据核字(2023)第133577号

出版：团结出版社

（北京市东城区东皇城根南街84号 邮编：100006)

电话：(010) 65228880　　65244790　(传真)

网址：www.tjpress.com

Email：65244790@163.com

经销：全国新华书店

印刷：北京天宇万达印刷有限公司

开本：145×210　1/32

印张：61.25

字数：1257千字

版次：2024年3月　第1版

印次：2024年3月　第1次印刷

书号：978-7-5234-0284-9

定价：192.00元（全六册）

前　言

古人云："建国君民，教学为先。"一个国家想要有好的国民，必须有良好的教育，而家庭教育是一切教育的根本，也是最初的教育，因此母亲的教育是至关重要的。然而良母是来自贤良的媳妇，贤良的媳妇是来自受过伦理教育的女子。因此，女子是世界的源头，源头不浊，水流自然清洁。所以，古人认为：女子是齐家之本，清国之源。

关于女德教育，我们可以上溯到《礼记》的《曲礼》以及《内则》。在中国几千年的文明史中，历代祖师大德，历代古圣先贤也都对女子的德行教育非常推崇。

在远古的周朝，三太的德行，照耀古今，母仪天下，为天下女子所效法。孟母三迁，培养出了儒家的"亚圣"孟子。三国时期，诸葛亮的夫人以其才德辅佐于诸葛亮，她的才能并不比诸葛亮差，甚至可能都超过他，可是依然安守于自己的本分，辅佐丈夫。唐太宗的长孙皇后明大德，善于劝谏，以天下为重，是一位难得的贤内助。

在人类文明史上，女性的作用和贡献是不可替代也不可忽视的。近代著名的佛门大德印光法师曰："治国平天下之权，女人家操得一大半。"又曰:"教子为治平之本,而教女更为切要。"盖以世少贤人,由于世少贤母。有贤女,则有贤妻贤母矣。有贤妻贤母。而其夫与子之不为贤人者,盖亦鲜矣。其有欲挽世道而正人心者,当致力于此焉。

清末民初的女德教育家王凤仪老先生说:"女子是世界的源头。"近代著名学者辜鸿铭先生在《中国人的精神》之《中国妇女》中也说道:一个民族的女性,正是该民族的文明之花,是该文明国家的国家之花。

伟大的诗人歌德在《浮士德》中说道:"永恒的女性,引导我们上升!"

纵观中国古代教育的历史,虽然女子受教育的记录屈指可数,但是她们却受益于传统的教育,并且成就了一代又一代的圣贤。

这些圣贤之母,是"为天地立心,为生民立命"的根本,是"为往圣继绝学,为万世开太平"的生命之源,她们的女德母教,成就的是千古之无量功德,亦将随着圣贤教育的发扬光大而万古流芳。

赵良玉女士,自幼承传母教,传统伦理道德植根于灵魂深处,在三十年的家庭生活中,她自觉、自然地运用传统家教精心培养独子钟茂森。钟茂森博士在母爱的照耀下,一路走来,小学、中学、大学、留美硕博连读、美国杰出教授和研究人才,乃至澳洲终身教授,成为现代学子的模范;与此同时,赵良玉女士也成就了自己女德母教的智慧。在世人眼中,钟博士的人生正走向光明坦途的时刻,可伟大的母亲赵女士,看到世界不是缺少一位优秀的金融教授,而是急缺中华圣贤教育的师资,她义无反顾地支持儿子舍弃一切名位，专心投入学习、弘扬中华文化的事业。她说："能孝敬自己的父母，是小孝；能孝敬天下的父母，全心全意为人民服务，是大孝；能成就圣贤，普利众生，使千秋万代的人获益无穷，是至孝；我支持儿子走上大孝，奔向至孝！"

几年来，钟博士不负母志，以弘扬中华文化为己任，讲学足迹到过欧洲、澳洲以及马来西亚、日本、新加坡等地，在各种传统文化论坛中做过多次精彩演讲，在录影棚也研习讲解了几十部儒释道三家经典，时长达到一千三百多个小时，本书是他最新的一部经典研习心得汇报。

在本书中，钟博士为我们阐明：家庭是社会的细胞，而家庭起源于夫妇。古来五伦关系之中，首重夫妇一伦；而夫妇关系之中，女德为重。所以一个社会的兴衰，女德关系重大。所谓"治天下，首正人伦；正人伦，首正夫妇；正夫妇，首重女德"。这句话不仅概括了学习女德的意义，也是钟博士此次开讲女德的缘起。

古德云：闺阃乃圣贤所出之地，母教为天下太平之源。

近几十年来，大家对女德教育有所忽略，时至今日，女德教育可以说是极其缺乏。能够认识、认同传统文化的人，现在已经不多了，社会的乱象，正是因为缺乏了传统伦理道德教育，而道德当中女德又是非常重要的一部分，所以，学习女德意义非常重大。

感恩尊敬的钟博士给我们讲述《宋尚宫·女论语》这个特别的专题。女德教育的学习，对我们当今的社会教育是一个很好的补足，期待女德的教育能够在现代社会复兴，这对提升当今整个社会道德素质一定大有裨益。

《宋尚宫·女论语》选录于《五种遗规》的《教女遗规》,历来被崇尚女德教育的大德们所推崇。钟博士首先用六个小时,对于学习女德的意义,做了一个专题讨论;之后,博士高屋建瓴而又深入浅出,利用二十几个小时,带领大家逐字逐句对《女论语》进行了详细的研习;最后劝勉大家推广、力行女德,并特别强调女德教育以童蒙养正时期为最佳。

《女论语》通篇四字一句,除了序文,还有陈弘谋先生写在文章之前的一个按言,正文分成立身、学作、学礼、早起、事父母、事舅姑、事夫、训男女、营家、待客、和柔、守节十二章。每一章都详细阐述了古代女子应具备的言行举止,写得非常细腻具体,也容易落实。钟博士更以其自身的涵养功夫,把这些言行举止所蕴涵的道德学问以及修齐治平的大道,为我们开解在持家处世的细碎事务中,让我们在一千多年之后,能够深刻体会圣贤的行持,也真正明白了窈窕淑女的涵义。

原来"窈窕",是讲内心有美德,外表也是庄严美好,有其内必有其外。一个人美不美不是取决于打扮穿着,那种美不是真的。淑有美善的意思,女子真正的美是内心中有贞德,表现在外面的气质是贤淑安定,这种气质的美,就是淑女之窈窕。这种淑女是有德君子的好伴侣、好配偶。

钟博士一再教诫,女德固然是女子首先要学,要做一个窈窕淑女。而男子也要通过学习,知道什么是真正的淑女,这样就有了选择的标准,正气足才不会被邪气所染,才会崇德尚仁不离道义。

值得称道的是,钟博士在报告中选取了许多女德闺范的德育故事,这些都是难得的圣贤教材。博士在相应的情境下引入相关的案例,把选取的每一个德育故事,都与《女论语》的经句自然地融合在一起,并联系现代人的实际状况,鞭辟入里的层层剖析,把圣贤道理的开解落到了实处,使后学者深刻体悟到圣贤风范就在日用伦常之间,圣贤境界真实不虚,所谓大道至简。

有缘学习的现代人,若能够切实领悟到淑女的真正标准,就一定会在日后的生活中找到自己的本位,于点滴细节中,切实践行修身齐家治国平天下的圣贤教诲。

诚如书中所言,社会缺少圣贤,是因为缺少圣贤的母亲;缺少圣贤的母亲,是因为缺少具备女德的女子。所以有贤女才有贤妻,有贤妻才有贤母,有贤母才有贤子。社会都是贤子,那社会就安定太平了,国泰民安、风调雨顺、世界祥和,甚至天灾人祸都会化解掉。所以印光大师说:人欲培植家国,当以教女为急务。

追根溯源,社会中如果都是善良贤淑的女性,那这个社会一定是贤才蔚起,也一定是祥和太平的,所以女德教育,是人类幸福的源泉、安定的关键、和谐的根本。古德云:教女为齐家治国之本。可谓见理透彻。

可见,女德教育是挽救世道人心的灵丹妙药,然其弘扬工作却是艰巨的任务,但只要持久不懈地推进,世人就一定会逐渐受到法化。

总之,本书洋洋几十万言,传递出的圣哲先祖的智慧,确实让我们对圣贤风范生起真实的向往之心。

我们深信,本书为弘扬传统文化的长卷,添了精彩而浓重的一笔。在此，我们感恩先祖，感恩钟博士，感恩成就本书的所有付出的人；感恩听打和校对本书的各位志士仁人。也真诚恳请诸位方家仁者不吝赐教，以期女德教育日臻完善，利在当代，功在千秋。至诚鞠躬！

——编者谨呈

目 录

一、导言

尊敬的诸位仁者，大家好！今天我们在一起学习一个特别的专题——女德教育。一个社会的兴衰，女德关系重大。多年来大家对女德教育有所忽略，到现在可以说是极其缺乏。现代人能够认识、认同传统文化的，已经很少了，而社会的乱象，正是因为缺乏传统伦理道德教育所致。而道德当中，女德又是非常重要的，所以学习女德意义非常重大。我们从今天开始一起来学习，补足这一方面的教育，期待女德的教育能够在现代社会复兴。社会中如果都是善良贤淑的女性，社会一定是祥和太平的，因此女德教育是人类幸福的源泉、安定的关键、和谐的根本。

这次的探讨，首先从学习女德的意义开始做一个专题讨论。然后再来学习《五种遗规》里面《教女遗规》的一篇文章《宋尚宫·女论语》。今天等于是一个前言，我们来认识一下学习女德有什么意义。如果这个认识不清楚，可能会觉得：都什么时代了，还学习女德？现在是21世纪，男女平等，你还讲那些老旧的封建道德。这是没有认清楚到底学习女德有什么意义，才会有的一种评论，因此有必要花点时间好好探讨一下。

我们的讲题是"窈窕淑女的标准"。一般没有深入学过《诗经》的人,看到"窈窕淑女",往往就会跟"苗条淑女"联系在一起了,以为女孩子长得很苗条、很漂亮,穿着打扮又特别吸引人,这种人就叫作淑女了。如果让古圣先贤听到我们以这样的标准评论窈窕淑女,他们一定会掉眼泪,所以我们首先要明白什么是窈窕淑女的标准。这个标准不是我来定的,是古圣先贤他们定的标准,而且这个标准是永恒不变的,这才称得上是真正的标准。我们选取《诗经·国风·周南》里面的《关雎》这首诗,这首诗对我们阐述了到底什么才是真正的窈窕淑女。我们将要学习的《宋尚宫·女论语》总共十二章,具体地给出了窈窕淑女的定义。如果真正能够按照《女论语》里的这些章句去做,你才是真正的窈窕淑女。

讲《诗经》之前,我想把学习女德的意义概括一下。学习传统伦理道德,是为了修身。修身的目的,《大学》里面讲得好,是为了"治国平天下",所谓修身、齐家、治国、平天下。治天下,首正人伦。人无伦外之人,每一个人都必须生活在人与人之间的关系当中,关系就叫人伦。一般讲五伦,所谓父子、兄弟、夫妇、君臣、朋友,这五伦关系,是每个人都离不开的。人是生活在团体里的社会动物,不可能离开团体独自生活。能够把人与人之间的关系处理好,就达到和谐。和谐从我做起,从我家做起,逐渐扩展到一国,乃至天下。所以治天下最重要的是正人伦,正人伦从我做起,从我家做起。

正人伦,首正夫妇,因为夫妇一伦是人伦之始。自从有了人类,人类的繁衍就是要靠夫妇,所以夫妇是人类繁衍的源头。基督教、天主教里面《圣经》记载的,人类的原始祖先是亚当、夏娃,这是夫妇,那时候还没有父子,没有兄弟,没有君臣,没有朋友。《圣经》里面记载的有道理,跟儒家《易经》注解当中说到的一样,夫妇是人伦之始,所以正人伦首正夫妇。夫妇正了,则父子兄弟这一家里头的关系都是正的。那么外面的关系呢? 君臣、朋友也自然正。有夫妇自然有父子、兄弟、君臣、朋友,这是逐渐逐渐展开。所以夫妇之间这个德就非常重要了。

夫妇之间的德是什么? 讲究的是夫义妇听,做丈夫的要有道义、恩义、情义,做太太的当然也要有道义、恩义、情义。这里的听是听从的听,听从谁? 听从丈夫。有的女士听了这个就会问:为什么女的要听男的? 甚至可能心里觉得不高兴。这个话大家要听明白,不是说让女的听男的,因为夫有义妇才听,所以听的不是夫,听的是义。大家得听清楚这句话,夫义妇听。夫要是不义,那你让那个太太怎么听? 如果听了不等于是跟着不义? 如果是不义,妇不必听于夫,子也不必从于父。《弟子规》说,"亲有过,谏使更",不仅不能够听,还要劝谏。《孝经》里也讲到这个问题,父要是不义,子就不能听从。如果盲从父母,那是陷父母于不义,太太对先生也是如此。所以讲到正夫妇,这一伦还是以一个义字为中心,有义才能正。

义是什么? 义者宜也,宜是应该做的。什么应该做? 符合伦理道德的就应该做,不符合伦理道德的就不应该做,这叫义。我们现在看到社会上很多的家庭破裂。为什么夫妻之间会闹矛盾,会闹离婚？这是夫没有义，妇也不听了，夫妇之间都没有了道义、恩义、情义。夫妇是家庭中最紧密结合的两个人，这两个人都不和了，这家庭怎么能够稳固？所以才会家庭破碎。家庭又是社会的细胞，家庭这个细胞都坏了，社会也就乱了。就像人的身体一样，一半以上的细胞要是都坏了，那人就重病了。现在美国的离婚率已经达到一半了，这一半以上的家庭要是都有毛病了，那社会怎么能不乱？天下大乱。所以正夫妇，这是首要。

正夫妇，首重女德。在一个家里头，一般来讲，传统的家庭是男主外女主内。有的人听了这个就有点不舒服，特别是现代讲究男女平等，女的可以出去外面工作，跟男的一样，为什么偏偏要女主内男主外？那不能男主内女主外吗？这种想法，实际上是基于一个偏颇的理解，她认为主内的一定是地位低贱的，主外的一定是地位高的。其实正好反过来，主内的才是地位高，主外的没有主内的地位高。就像一个国家，对外的外交，固然重要，可是对内的经济建设，对国民的教育、发展，这个更为重要。国家可以没有外交，但是对内不可以没有发展。中国历史上下五千年真正开始有外交的时代并不是很久远，过去我们讲的都是注重内在的发展。

女子天职，生儿育女，这个工作男子没办法代替。男的不能生孩子，只有女子才能生孩子。孟子说过，"不孝有三，无后为大"。古代的家庭最重要的就是孝悌，这是家风，几千年来都是不变的。你看《孝经》里面讲的，孝是治国之要道，能使天下和顺，民用和睦，上下无怨，这叫和谐社会、和谐家庭。和谐的因在于孝，最大的不孝是没有后代。一个家庭有家风、有家道、有家学、有家业，如果没有人去继承，即使是你再辉煌，最后都是零。所以古人最重视培养后代，古时候皇帝一登基，第一件事情，先跟文武大臣一起商量选太子，培养太子，培养后代，都是注重有后，无后真的是大不孝。

请问什么叫有后，是不是说能够有儿女这就有后？如果说光有儿女，没有好好教养他，还是等于无后。所以有儿女，这不能完全叫有后，重要的是要教导儿女。孟子讲得好，如果人"饱食、暖衣、逸居而无教，则近于禽兽"。他吃得饱，穿得暖，生活很安逸，但是没教育，这就等于禽兽一样，那怎么能叫有后？这样怎么能够继承一个家庭的家风、家道、家学、家业？有后是有真正的继承人。这个继承人一定是有道德、有学问、有能力、有智慧的人，他才能够绍继祖风，光耀门楣，这样才是真正做到了孝。

养儿育女、教育儿女的使命，谁的责任更大？母亲的责任，母亲在这方面比父亲责任更重大。女主内的工作就是留后的工作，这是大事，一个家庭没有比这件事情更大的。因此女性在家里的使命远远超过男性。说古代是重男轻女，这个观念有点偏颇。对一个家庭来讲，夫妇两人他们承担的使命不同，大家分工合作，互相护持。男的在外面工作挣钱，维持生计，这个当然也是重要的。挣钱维持生计的目的，不是只为了饮食男女的各种欲望而已，那样跟禽兽没什么区别，根本的目的还在于使家道能承传，所以一切围绕教育儿女进行。从某种意义上来讲，男主外，他是辅助母亲来教养后代。

能不能有后，最重要的是看自己有没有德行。如果没有德行，能力再强都不会有后，因为家业是一家人的福报，福报是看他的德。这家有阴德，他的福分就绵长。如果他有能力但是没有德行，即使处处机关算尽，甚至损人利己，谋人财产，家业也不可能维持很久。儿女的德行，最重要的是母亲来培养。母亲的德行直接传递给儿女。母亲的德行从什么时候开始传递？从怀孕的时候就开始，这是胎教。如果母亲在怀孕的时候就处处谨慎，言行都能与善相应，乃至起心动念都与善相应，这个孩子的胎教就好。胎教是教育的先天之本。先天之本打好了，将来出生以后就好教，后天的教育也容易圆满补足。

我们现在称某人的夫人叫太太，太太这两个字是怎么来的？这个名词源自于周朝的三位妇女，这三位妇女分别是周文王的祖母太姜，周文王的母亲太任，周文王的妻子太姒，太姜、太任、太姒，都有个太字，被称为三太。这三太所生的儿子全都是圣人。太姜生王季，王季是文王的父亲；太任生文王，文王是圣人；太姒生的是武王、周公，这些都是圣人。所以周朝能够成为中国历史上最长的王朝，享有八百年的基业，这是三太的德行奠定了基础。

我们拿文王的母亲太任来讲，记载中说，太任在怀文王的时候，就注重胎教，所谓目不视恶色，耳不听淫声，口不出傲言，身口意都远离非礼，克己复礼，真正是处处与善相应，真正是淑女风范。淑是什么意思？淑是美好，美德具足的女子叫淑女，并不在于她容貌有多美，那个不是真的美，德行的美才叫真正的美。太任生下文王就是圣人。这表明了女德的重要，女德关系到整个家族和国家，母亲的德行使周家享有八百年的福分。

我们现在称某人的夫人叫太太，这个称呼可以说是非常荣耀。香港人都很喜欢用"太太"，何太太，李太太，听到太太的称呼，就要想到它原本的意思，这个称呼就是在提醒，要学着做圣人的母亲，像周家三太一样做圣母，先有圣母才有圣贤的儿子。这样称呼也是对被称呼人的一种祝福，也蕴含着一种期望，希望太太们将来培养出像文王、武王、周公一样的圣人。我们看看太太的使命多么重大，能够为社会培养出一位圣贤，万民都因此得福，那的确是无量无边的功德，所以这个女德太重要了。

现在社会为什么没有圣贤了？因为没有圣贤的母亲了。为什么没有圣贤的母亲了？因为社会上没有具备女德的女子，就找不到圣贤的母亲。所以有贤女才有贤妻，有贤妻才有贤母，有贤母才有贤子。社会都是贤子了，那就社会安定太平，国泰民安，风调雨顺，世界祥和，什么天灾人祸都可化解掉。我们现在看到世界上这么多的天灾人祸，尤其是今年，世界一个消灾组织公布的数字，今年头四个月，自然灾难的死亡人数已经远远超过最近十年的年平均死亡人数，好像灾难愈来愈频繁、愈来愈严重。为什么我们召感这样多的灾难？我们人类德行不够了。要培养有好德行的人，必须要有好的母亲去教他，所以我们现在学习女德，是当务之急。"治天下，首正人伦；正人伦，首正夫妇；正夫妇，首重女德"，这句话，概括了学习女德的意义。这就是我们今天开讲女德的缘起。

要讲女德，还是要从窈窕淑女的标准说起。窈窕淑女这个词出自于《诗经》。《诗经》是古时候的民歌民谣,还有一些是歌功颂德的,譬如歌颂祖德的这些歌曲,也有贵族的音乐。孔子编订《诗经》的标准,概括为三个字"思无邪",所谓"诗三百,一言以蔽之,曰,思无邪"。三百篇《诗经》的诗文,都是"思无邪"的,就是诗文的思想没有邪念,叫"思无邪",也就是《诗经》里所说的内容,它是艺术的表达,表达的是正的教育,不是邪的教育,《诗经》是艺术的教育。

艺术也是教育,而且是很有影响力的教育。就像我们现在的媒体,教育力量就很大。现在看媒体传播的这些艺术节目,电视连续剧、电影,还有网络上的节目,到底有多少是"思无邪"的?如果说这些节目都在鼓励邪思,都在倡导杀盗淫妄,那这个社会焉能不乱?

《诗经》里面有三大内容,所谓风、雅、颂。风是国风,国风就是一些有关民风的诗歌。第二个是雅,雅有小雅、有大雅,大多都是贵族的艺术、音乐。还有颂,颂主要是宗庙祭祀的这些乐歌。合称风、雅、颂。《诗经》作诗的方法,讲究赋、比、兴。赋就是诗词歌赋的赋,介于韵文和散文之间,汉代写的文章都叫赋。比,比喻,因为作诗往往是借物来做比喻,这叫比,来表达思想。兴,兴就当兴起的意思来讲,兴也是跟比喻差不多,托一样事物,来兴起一种议论。这是讲到作诗的方法有赋、比、兴,诗的体裁有风、雅、颂,这六个方法又叫作六诗。

我们看到《诗经》里面第一篇"国风",这是讲风,"国风"里面有"周南"和"召南"这两部分。周是周公,召是召公,"周南"和"召南"分别是讲周公和召公两位圣人的，当时他们的封地在现在陕西岐山以南，称为南国，所以这个南是讲南国。当时中原地带的南，不是很南，是陕西岐山以南。周公那时候诗叫"周南"，召公的诗叫"召南"。两位圣人都是在落实文武之治，这两个地方采得的诗就分别收入"周南"、"召南"中。《诗经》"周南"的第一首就是《关雎》，这是讲窈窕淑女的一首诗，里面第一篇第一首就讲正人伦的诗，就讲夫妇关系。从这里可以看到，夫妇这伦太重要了。

《诗经》留下来有四家，有《鲁诗》，有《齐诗》，鲁是山东这个鲁，齐是齐国，春秋时候的齐国也是属于现在山东地带，还有《韩诗》、《毛诗》四家。其他三家都没有流传下来，只有《毛诗》流传下来了，这是大毛公毛亨和小毛公毛苌所传的，总共三百零五篇，就是"诗三百"。我们现在一般讲的《诗经》就是《毛诗》。

诗经都有序，有大序有小序。每一篇最开头有大序，每一首诗之前有小序，序是把诗的大意给提取出来。"关雎，后妃之德也，风之始也。风天下而正夫妇也。故用之乡人焉，用之邦国焉"，《关雎》的大序是这样讲的。"关雎"就是"关关雎鸠"的浓缩，"关关"是鸟的叫声，"雎鸠"是这种鸟的名称，民间一般称之为义鸟，有点像鱼鹰那种鸟。这种义鸟是什么样？它能够做到一夫一妻制，这个雄鸟跟雌鸟结合了，它们就永不变心，永远都在一起，互相之间就能够讲求道义，雄鸟不会再去找一个二太太，雌鸟也不会去外遇，这是义鸟。所以用雎鸠这种鸟所代表的德义来歌颂夫妇。而这里特别是歌颂周文王跟后妃，后妃是太姒。

这首诗实际上不仅是讲正人伦，更是歌颂女德的，"后妃之德"。这里讲"风之始也"，风就是风化，教化，教化从哪里开始？女德，这是首要的首要。女子都教好了，都像后妃太姒一样，那这个社会全都是圣人了。如果我们有女儿，想不想让她做圣人的母亲？回答应该是肯定的，所以女德太重要了。当然女德还是要从自我修学开始。这首诗是"风天下而正夫妇"，风天下是教化天下，教化天下重在正夫妇这一伦，所谓是夫义妇听，文王和后妃做到了极至，可以用这种教化来教化乡人，影响民俗，治国安邦。

所以《关雎》一诗不简单，表面上只是看到好像讲夫妇，讲女德，实际上它关系到国计民生，关系到社会的治乱。社会没有女德了，那就会天下大乱。我们看一个王朝的历史，如果女德非常的好，这个朝代那个时期一定是国泰民安。我们学的《女论语》是唐朝人作的，唐朝皇帝注重女德教育，请了宋氏姊妹在宫廷里教化，《女论语》是她们的教材，唐朝能够长治久安，有宋氏姐妹她们的一份功德。

我们来看《关雎》这首诗：

关关雎鸠，在河之洲。窈窕淑女，君子好逑。

参差荇菜，左右流之。窈窕淑女，寤寐求之。

求之不得，寤寐思服。悠哉悠哉，辗转反侧。

参差荇菜，左右采之。窈窕淑女，琴瑟友之。

参差荇菜，左右芼之。窈窕淑女，钟鼓乐之。

我们来看第一句"关关雎鸠,在河之洲"。"关关"是鸟鸣叫的声音,"雎鸠"是一种水鸟,俗称鱼鹰,"洲"是陆地,水中的陆地就叫洲。这首诗,一开始这一句是借物来兴起一个理,这是赋比兴中"兴"的那种做法,是讲雎鸠的雄鸟和雌鸟找到河中央的一块空地,它们就在里面结婚了,以这样的一种景象来起兴夫妇这一伦的德行。雎鸠是义鸟,它们一旦结合,永不变心,真的是雄鸟讲求义,雌鸟讲求贞。

下面讲到"窈窕淑女,君子好逑"。逑是伴侣,是配偶,窈窕这是讲内心有美德,当然外表也是庄严美好,有其内必有其外。一个人美不美不是光看打扮穿着,那种美是假的,真正的美是内心中有贞德,表现在外面的气质是贤淑安定,有这一种气质就是一种美,这就是窈窕淑女的美,淑就是美善的意思。这种淑女是君子的好伴侣、好配偶。

《关雎》一诗需细品,古有毛序、近有蕅益大师,都讲到此诗是赞叹文王后妃之德。有人把这个"好"念成第四声,就是喜好的意思,这个错了,好像窈窕淑女君子就特别喜好去追求,这听起来有点俗了。君子这里是指文王,窈窕淑女是谁? 文王他公事很忙,一心只为了百姓着想,他不会老想着自己身家的事,不可能老想着要去找一个女孩子来结婚。如果把这个好字念成三声,就很好,意为君子的好伴侣。君子的好伴侣是谁来给他寻求? 这里讲的窈窕淑女,是讲后妃太姒,为了让文王能够在繁忙的公务和生活当中得到很好的生活上照顾,更重要的是能够为文王教导好儿女,留后。所以太姒她本人帮文王去找求淑女,作为文王的嫔妃，辅佐文王，是这样讲的。这是什么？后妃没有嫉妒心，一心只想着辅助文王，为什么？辅助文王就是帮助百姓。后妃之德，多么崇高、多么伟大，所以后妃为文王去找淑女，这是诗的本意。

关雎是义鸟，表专一，这个专一只要求自己，不要求配偶。如果要求别人对我专一，这是"控制、占有"的念头，是轮回中的情执，那就应该放下。只要有一念要求别人之心，便是我相、人相，则非"义"矣。后妃已放下我相人相，与文王一体，与天下众生一体，所以她没有想到要求文王专一于自己，而只想为文王广求淑女辅佐文王，利益百姓。一个女子为夫君广求淑女，而无嫉妒，辅佐文王的家事也是国事，希望大家共同完成。

大哉，圣德！大序里面讲到这是后妃之德，这样一解释，我们更感受到后妃的德行真是太完美了，她没有自己。有自己就有嫉妒，在古代有妻有妾，常有正室嫉妒偏室的，这是人之常情，为什么？她自私，有私心。后妃没有私心，只是想能够为文王找个好伴侣。当然这首先有个前提，就是自己要做文王的好伴侣，文王是圣人，自己要是不能成为圣人，怎么能够配得上文王。所以文王主外，治理国家，后妃主内，不让文王有后顾之忧，让他能够全心全意为天下人民服务。

"参差荇菜，左右流之"。这个参差是长短不齐的样子，荇菜是一种水草，它叶子可以吃，通常是拿来做祭品，民间往往用这些水草来作为祭品，祭祀祖先。因为当时天子在祭祀的时候，也会采用一些民间的庶物来祭祀，这是普通的物品，表示什么？

天子跟大众还是生活在一起的。这些荇菜,这些水草,这些普通的食品,一般是嫔妃去采集的,来帮助诸侯天子祭祀、祭祖。这个"左右流之",流是采取的意思,选取。左右是什么?那些嫔妃要出去选取这些祭品,要祭祀,不能够光是太姒一个人去做,她要有帮手,这左右的人都是嫔妃,太姒要选择窈窕淑女做文王的嫔妃。太姒生武王、周公,而召公就是嫔妃所生,也是圣人,所以有"周南"、"召南"。所以太姒想到的是为周家真正留后,确实她做到了。

"窈窕淑女,寤寐求之"。寤是睡醒,寐是睡着,就是醒着睡着都想着这个事。

"求之不得,寤寐思服"。这个服也是思的意思,思念,思服合在一起就是思念。找不到这样的窈窕淑女,后妃睡不着。你看她这种存心,完全没有自我,只想到为周家、为天下。

"悠哉悠哉,辗转反侧",悠是忧思的样子,她苦苦地想这个问题,晚上睡不着,辗转反侧。

"参差荇菜,左右采之",这是后来有机会找到了,左右采之也是采荇菜做祭品。下面"窈窕淑女,琴瑟友之",这是讲找到了之后,古人交友很文雅,弹琴,用音乐交流。琴和瑟都是弦乐器,琴是五弦的或七弦的,瑟是二十五弦的乐器。友之,友是跟她交朋友,亲近她。然后底下又讲,"参差荇菜,左右芼之",芼就是用手指尖来采摘,这是找到了,所以"窈窕淑女,钟鼓乐之",用钟鼓乐器来庆祝。这是讲到后妃之德。

《论语·八佾第三》这篇里面孔子就讲到,"子曰:关雎乐而不淫，哀而不伤。"这首诗是说到了乐处，而不至于淫。淫是什么？淫邪，让人产生邪思。这是讲后妃之德。说到哀处，哀处是什么？找不到窈窕淑女的时候，在哀思，哀而不伤，也不至于有伤。这是什么？这首诗得其正，得其和。试想，后妃真正为文王找到这些嫔妃，具有女德的这些女子来辅佐文王，后妃是非常高兴的。她这种心态，一定能够跟这些嫔妃关系处理得很好，家庭和睦，家和万事兴。

我们看蕅益大师对这一章《论语》的注解，说"后妃不嫉妒，多求淑女，以事西伯"。西伯就是文王，当时他没有称帝，到了他的儿子武王才伐纣，推翻商纣王的统治。因为商纣王横行霸道，无恶不作，所以武王替天行道，讨伐纣王，建立了周朝。当时他的父亲文王是纣王底下的一个诸侯，西伯。"使广继嗣之道，故乐不淫，哀不伤"，所以后妃当时想到为周家留后是最重要的，所以要找淑女。现在已经没有妻妾制度，都是一夫一妻，那么这首诗也在提醒，现代男子找配偶也要找淑女，否则就无后了。俗话讲得好，找一个好媳妇可以旺三代。如果找了一个不好的媳妇，依现在的状况就不是败三代，很可能一败败到底了，恐怕都搞到家破人亡了，所以淑女重要。

淑女要配君子，那么男的首先得做君子，他才能够感召淑女，淑女和君子是相互感召的。一个人他的婚姻幸不幸福，家庭幸不幸福，不能够怨天尤人，还得反求诸己。每个人找到哪一个配偶，都是自己的感召，什么样的德，就配什么样的人，真的不能怨天尤人。怨天尤人，其实是在毁辱自己。如果遇到一个明白人会说，谁叫你感召？你自己找的。所以重要的是什么？自己修好德行，就会感召好的另一半。圣贤之道都是反求诸己，不求外面。

《毛诗》里面有个小序，"毛序曰：关雎，后妃之德也。是以关雎乐得淑女以配君子。忧在进贤，不淫其色，哀窈窕，思贤才，而无伤善之心焉，是关雎之义也。"这个意思讲到最后非常明了，不是文王自己在找，是后妃给他找。那后妃是为文王找淑女以配文王，她的忧是忧在进贤，进是推荐，帮他找贤女。

现在谁会忧？父母会忧，父母要是给儿子找媳妇，相信他的这种心态跟这个后妃是一样的，因为是自己的儿子，自己的家业，找一个好媳妇能旺三代。所以这个忧是忧在进贤，后妃广求贤女，希望找一个可以辅助文王的淑女。那现在有没有？不能说没有，但是确实比以前少多了。为什么？缺乏女德教育。好女子也是教出来的，你不教她怎么能好？你得先种因，将来才能够收果实。如果我们有儿子的，虽然儿子还小，但是以后希望他长大了找一个贤德的女孩做配偶，他们真正白头偕老，旺你的家业，那现在就得着手，为弘扬女德教育做一份贡献，否则我们不种因哪能收果？我们想要进贤，我们现在重要的是养贤，培养贤德的女子。

说老实话，培养女德不单单是家庭的问题，而是社会普天下的共同问题。仁人志士要发起培养女德的这个心，为安定社会，为持久太平。这正是我们此次研习女德的一个主要目的。

古人重德不重色，这一点跟现在人不同，现在很多人是重色不重德。说老实话，真正重德的女子她一定不重色，她也不重才。

有一句话大家可能都听过，叫作"女子无才便是德"，这个无才不是说真的没有才，是她没有把才放在心上，这叫无才。心中无才，即使是才艺很高，她也不觉得自己有才，这叫无才，谦卑到极处。这个才就是德，她的德是什么？谦卑。很多人都把这个错解了，现在需要正名。这么好的东西你把它曲解了、错解了，把它打入死牢，不去学习，多可惜！

"哀窈窕，思贤才"，哀是忧伤，忧伤什么？找不到品德美好的女子，窈窕是品德美好，不是她的美貌，不是。像诸葛亮，你看他找的妻子，出名的丑媳妇，黄头发黑皮肤，长得很丑。诸葛亮是美男子，为什么他找的媳妇这么丑？是因为这个媳妇有才有德，真正可以旺家。诸葛亮有学问有智慧，所以他找一个女子做终身伴侣，不重色而重德，后来他们的儿子也很不错。把窈窕解释为美貌，这是观念上错了，它讲的是德行，女子的贤才就是德。

没有德的才不叫贤才，而且这种才还可能会导致家庭破裂。我们也看到很多夫妻，双方都很能干，男的是强人，女的也是强人，都很有才，而且有些女子还比男子更有才。如果一有才而且会傲慢，那这个才就不叫贤才了，最后结果大家也能够想象出来，就是家庭破裂。所以这个贤才重德，不是说不要才华。有才华当然很好，但前提是我们先要培养德行。不光是对女子，男子也一样。现在流行几句话，有德无才是次品，无德有才是危险品，我们想想是不是？

2001年的时候，美国发生一个巨大的金融丑案，排名五百强第七位的安然公司为什么倒台？这是几个高管做假账，虚报利润，欺骗股民的结果。他们欺骗的时间很久，一般人做不出来，那都是相当有金融专业知识的人、相当有才华的人，他们才能做得出来。所以他们能够把整个企业利润给掏空了，最后让这个企业垮台了，破产了，数十亿的美金付诸东流，上万名的美国工人失业，或者是丢掉了退休金，轰动了全世界，没有才华能做得出来吗？有这种才华的人是危险品。当然他们也没好下场，安然公司的创始人心脏病发作去世了，免去了45年的有期徒刑。董事长被判275年有期徒刑，副董事长自己饮弹自杀。《太上感应篇》讲的，"取非义之财者，譬如漏脯救饥，鸩酒止渴，非不暂饱，死亦及之"。所以没有德的才不仅危害社会，自己也不好过，他会得到报应，因此重德比重才更重要。

"毛传小序曰"，《毛传》是大毛公毛亨他写的一个传，它有个小序说，"兴也"，这个兴就是作诗的方法，赋比兴，它是借物兴起的一个评论，"关关，和声也。雎鸠，王雎也。鸟挚而有别"。这是解释这个"关关"是鸟相和的声音，我们讲夫唱妇随，关关的声音描绘雄鸟跟雌鸟夫唱妇随。雎鸠，就是这种鸟，也叫王雎，这个鸟挚而有别，挚是讲这个鸟是义鸟，这个别是什么意思？所谓男女有别，它们在一起生活，有它们的小天地，出来之后，它们不是老在一起，这叫有别。这比喻家庭里面，夫妇一起在房间里面，在房间以外他们各有各的工作、各有各的义务，不是老卿卿我我在一起的。媳妇在家里孝顺公婆、教养儿女、友爱叔侄，这都是替丈夫在家庭中行义。

"水中可居者曰洲"，这是水里的一块陆地。"后妃说乐君子之德，无不和谐，又不淫其色"，这个"说"读音应该是"悦"字，喜悦，后妃"说乐君子之德"，"乐"也是欢喜的意思，君子之德，后妃跟文王非常和谐，夫义妇听真正做到圆满。"又不淫其色"，夫妇之间并不是没有礼节，他是守礼的，情欲也是控制的。因为大家心中都有大义、道义，都是同一个目标，为了使家道长远，家业兴旺，重点不是在男欢女爱上面。"慎固幽深，若关雎之有别焉"，这个是讲到夫妇之间就如同雎鸠这种鸟，它们在自己婚姻的生活中，找一个幽深的地方住下，但是出外必定是讲究礼、讲究义。"然后可以风化天下"，这个风化天下就是教化天下，树立良好的民风。

"夫妇有别"，这个别我们更明确地来讲，就是各有各的工作，各有各的义务，各有各的使命，互相之间相互合作。"则父子亲"，这样家里面父母儿女、公婆与媳妇就有亲了，亲就是爱。父子有亲，这个亲是爱的原点，说明一个家里父慈子孝。儿子娶了媳妇，还能够孝顺父母，这个太太可能起关键作用，如果这个太太她不孝，常常会拖累这个儿子也不孝。这种事情往往有之，男子从小到大都很孝顺，娶了太太就变得不孝顺了，娶了妻子忘了爹娘，这太太有责任。太太的责任是什么？相夫教子，相就是帮助，帮助丈夫干什么？立德、立功、立言。首先是立德，丈夫要是不孝顺父母，做太太的有义务教导丈夫孝顺父母，当然自己更要做出孝顺公婆的榜样，感化带动先生，这叫相夫，帮助丈夫立德，这是关键。

所以很少人能想到在家里太太也有做老师的角色，而且这个老师的角色很关键,甚至举足轻重。试想,一个太太要是有道德、有正念,那这个家一定祥和;她要是没有道德,自私自利的,不孝不顺,那这家里一定是鸡犬不宁。这样的例子太多了。所以夫妇有别,太太有着更重要的使命,她让这个父子有亲,家庭和睦,家和就万事兴。为什么周朝能够有八百年的基业?家和万事兴。为什么能家和万事兴?因为家里有好太太、有好母亲,家业就长久。

周朝从西周到东周的原因是什么?西周最后一个国君是幽王,周幽王宠爱有色无德的褒姒,西周内乱,灭亡,最后幽王也死于战乱,这跟褒姒她没有德行确有关系。当时幽王为了讨好褒姒,不惜千金博她一笑,甚至烽火戏诸侯。褒姒一天到晚不笑,幽王就想着怎么让她笑,有一个奸臣想了一个鬼点子,说咱们把那个烽火点起来试试。烽火就是烽火台上用狼烟点起来的火,这是京城有急,用来做军事讯号的,外面的诸侯见到要赶紧派兵救援。一般我们讲狼烟四起,就是讲有战乱。幽王他就点起了烽火,结果四路诸侯以为有战乱,是不是周天子出事了?立刻派兵来救援,来了之后,没有战乱,周幽王没事,褒姒在城墙上面看到了这种景象,竟然哈哈大笑。幽王就很开心,总算笑出来了。结果诸侯的军队气得是咬牙切齿,发誓下次再有急事也不来了。后来果然遇到犬戎之乱,再点烽火时,诸侯们没人派兵了,结果不仅幽王死于乱军手中,褒姒也没有好下场。

这是大家耳熟能详的故事。西周天子他为什么会遇到这样的困厄?表面上是因为女子,究其实质是幽王重色轻德。从历朝历代的事实来看，如果没有了三太那样有德行的女子辅佐君王，而出现像褒姒这样有色而无德的女子，结果常常就是破国亡家。由此可知，女子对一个国家至关重要。所以女德不光是女子要学，男子也得学，才会知道什么叫窈窕淑女，不要像幽王一样娶了一个无德的美貌的女子，最后自己丧身辱国。我们看到历朝历代，很多的王朝，皇帝之所以丧身辱国，都跟女色有关。譬如，夏桀宠爱妹喜，纣王宠爱妲己，他们和幽王一样，最后的下场都是亡国。唐朝曾经鼎盛，到最后安史之乱，国家衰弱，也是与唐玄宗宠爱杨贵妃不无关联。

从这里我们看到，一国如是，一家当然也如是。我们的家庭能够长久，家业长远，那得找一个有德的媳妇。美色并不重要，如果把握不好，美色反而还会是淫乱之媒。除非女子真正有德，那就没关系。如果女子本身重色而不重德，甚至恃宠而骄，那往往家里会因此出现乱相。《朱子治家格言》讲得好，"婢美妾娇，非闺房之福"，"奴仆勿用俊美，妻妾切忌艳妆"，妻妾、童仆打扮得很美的，那心思往往不会多用在家道上，就容易出现一些事端。

这是讲到"夫妇有别则父子亲"，这个家庭和谐了，自然"父子亲则君臣敬"。君臣的关系跟父子相似，臣事君如同子事父，君对臣如同父对子。所谓君待臣以仁，臣事君以忠，忠臣出于孝子之门，有父子之亲自然就有君臣之敬。"君臣敬则朝廷正，朝廷正则王化成"，这是古代讲的王治，王道。王道是什么？以德为政，为政以德，真正是以德治国，以人为本，崇尚伦理道德，推行教化，而不是崇尚兵戈军事的霸王之道。听说现在美国研发出一种远程导弹，可以发射到全世界每一个角落，以为这样就能够慑服各国。错了，这叫霸道，不是王道，王道不会在军事武器上用这些心机。真正以道德仁义来治国，自然会使天下归服。

刚才是夫妇关系的一点延伸。我们花了很长的时间把《诗经》的"窈窕淑女"认真地做了一番研讨，同时也讲了女德的意义。历来圣贤人非常重视《诗经》的学习，孔子有一次就问他的儿子伯鱼有没有学《诗》："子谓伯鱼曰：女为周南、召南矣乎？""周南"、"召南"就是《诗经》里面"国风"的这些诗篇，里面很多都是讲正人伦崇道德的诗篇。他讲"人而不为周南、召南，其犹正墙面而立也与"，是说人应该按照"周南"、"召南"这样的诗篇去力行。"为"是你真正按照那去做，读诗不是说读在口头上，学点文学，那偏失了，主要还是帮助你修身。如果你不去以此修身，"其犹正墙面而立也与"，就像你正对着墙面壁，墙挡住了你的视线，什么都看不到。这个意思是讲，不学习《诗经》，就不懂得应对进退，也是指做人做事行不通。

讲到女德的意义，我们再来看印光大师的一段开示。

印光大师是民国初年净土宗的祖师，佛门的大德，通儒通道通佛。他非常提倡伦理道德因果教育，他说，"善教儿女，为治平之本，而教女尤要。"这是讲治国平天下的根本是儿女的教育，可见家庭中儿女教育的重要性，而且家庭教育里面教女比教子更重要。他还说，"治国平天下之权，女人家操得一大半"，这个话讲得真是太明显、太具体了，也很精彩。治国平天下的大权，不是男子操得一大半,是女子操得一大半,为什么?下面讲到,"以世少贤人,由于世少贤女。"世间为什么少贤人?因为没有贤女。怎么说?"有贤女,则有贤妻贤母矣。"贤女长大了嫁人了就是贤妻,生儿育女就是贤母。"有贤妻贤母,则其夫其子女之不贤者,盖亦鲜矣。"贤妻必定能够帮助丈夫,丈夫要是不贤,这个太太一定会教导他。而且教导一定是《弟子规》讲的"怡吾色,柔吾声",潜移默化,身教重于言教,润物细无声,慢慢这个丈夫也就从不贤变成贤了。儿女教育就更是如此了。这个"盖亦鲜矣",鲜就是少,如果有贤妻贤母,说她丈夫不贤、子女不贤,这种家庭太少了,真的是很少。换句话说,如果有贤妻贤母,丈夫一定贤能,儿女也一定贤能。

又云:"教女为齐家治国之本,可谓见理透彻。"这个见是见地,这个见地高,道理讲得透彻。"周之开国,基于三太",就是我们前面讲的周朝开国三太,三位女圣人造就了周朝。"而文王之圣,由于胎教"。为什么有文王,这个圣人怎么出现的?胎教。他母亲太任善于胎教,而且她自己是圣人,所以养的儿子也是圣人。"是知世无圣贤之士,由世少圣贤之母之所致也",这个原因就在于此地。"使其母皆如三太,则其子纵不为王季文王周公。而为非作奸,盖亦鲜矣。"假如您是一个像三太一样好母亲,那么您的儿子纵然是因为现在社会很污染,不能够像王季文王周公(王季是文王的父亲周公是文王的儿子)那样做圣人,纵然不能够像他们这样,但是你的儿子也绝对不会为非作歹,作奸犯科,一定是良民。

一般我们讲"有其父必有其子"，这个"父"换成"母"也很适宜，"有其母必有其子"。如果是父亲很贤能，但是母亲不贤，这个儿子也不容易教好。反过来，母亲贤能父亲如果不贤的，甚至父亲早亡的，儿子也能教好。所以妇女的使命多么重要，人类后代的教育在妇女手上，治国平天下的大权在妇女手上，这不得了，女德不能不学。

"而世人只知爱女，任性骄惯，不知以母仪为教，此吾国之一大不幸也。"这是民国初年印光大师的呼吁。现在溺爱孩子已经愈演愈烈了。尤其现代人溺爱女儿，任性娇惯，从小就给她打扮，教她化妆，教她搽口红，涂胭脂，怎么去选衣服，任着她的性子养成那些不好的习气，崇色不崇德的习气，这个很麻烦，不知道用母仪去教化。母仪就是女德，我们将要开始学习的《女论语》就是母仪，现在学的人太少，我们要真正大声疾呼，努力去推广，因为这关系到国家兴亡、天下治乱，这不是小事，不是一个人的事，不是一家的事，而是全天下的事。如果没有母仪、女德的教化，这是吾国之大不幸，真的是大不幸，为什么？没有可以承继德风的后代，这不就是亡国灭种了？这是大不幸，那我们也是大不孝。

"人少时常近于母，故受其习染最深"，为什么教育儿女，母亲最重要？因为孩子从小跟母亲的时间多，常近于其母。父亲主外，往往跟儿女交流的时间少，母亲多，所以儿女受母亲习染就最深。那现在问题来了，女子也要主外，她要工作，挣钱，她不能输给男子，她也出去挣钱，家里儿女谁养？挣了钱，请保姆来带。

儿女就受保姆的习染，他长大了肯定也是"有其姆必有其子"，这个"姆"是保姆的姆，不是母亲的母。保姆带孩子，有一定的局限，一般没有母亲对儿女的那种用心，这个教育水平就可想而知，问题就很大了。所以为什么女主内？儿女最好自己教。一个家庭有多大的福报，多大的造化，能够找一个保姆是个贤女，而且她还愿意用心来教所带的孩子？那太难得了。现在说老实话，要教好儿女，最重要的自己要做一个贤女，现在就是因为没有贤女，所以教不出好儿女。

"今日之人女，即异日之人母"，她长大了，就会为人母了。"人欲培植家国，当以教女为急务。"这是说到点子上了，培植家国，就是使家国有后，教女比教子更为急要。过去有一位王善人，王凤仪老先生，他就重视女德，他是个男人，办女校，培养贤女，他也跟印光大师观点一致，要培植家国当以教女为急务。所以假如你们家里有女儿，要知道，你们可别重男轻女，培养女子关系到一家、一国、甚至整个天下，你的使命太重大了。你能培养一位贤女，你这是功德无量，真叫利国利民。

"须知为天地培植一守分良民，即属莫大功德。欲家国崛兴，非贤母则无有资助矣。"所以我们希望振兴自己一家，或者是将来女儿所嫁的那个家，打心里要想到一国，要振兴祖国。最重要的，女德教育，要培养贤母。没有贤母的资助，你靠什么来使家国崛兴？这是根本。所以"世无良母，不但国无良民，家无良子"。

我们继续来看下面，"现今世道，无法挽回。若欲救世，除提倡因果报应，及家庭教育，不为功。"印光大师首重因果教育、家庭教育，他说，除了这两种教育以外，要挽回世道人心，很难。因果教育就是伦理道德教育，讲因果，使人不敢作恶。因果教育和家庭教育亟待结合起来，"而家庭教育，尤须注重因果报应"。孩子刚懂事的时候就要学习因果，多给他讲因果的故事，让他从小就相信报应，不敢作恶，这就是良民。因果报应它是事实，不是说吓唬人的，确实种瓜得瓜，种豆得豆，这是自然之理，不是迷信。

"而又以教女为至切要"，这是至关重要，重要中最重要的。"以无贤女则无贤母，无贤母何能有贤子女，此系根本法轮。"所以我们在这里讲《女德》，是在转根本法轮。佛门里讲根本法轮一般是讲《华严经》，没想到印光大师讲，培养女子、注重女德教育也是根本法轮，挽救世道人心的根本法轮，这真正是祖师的真知灼见。"今人所说者，皆是枝末。以幼未知为人之道，及因果报应之事理，一被邪人所诱，则任意妄为。彼废伦免耻杀父奸母者，皆由最初无贤母以钧陶之所致也。"今人就是现代的人，所说的如何培养儿女，那是枝末。根本是什么？印光大师讲，从小要让他懂得为人之道，懂得因果报应的事和理。如果这些伦理、道德、因果没有学，不知道，只学些枝末的事，什么枝末？背背英文单词，学学数学、物理，考个什么竞赛，学什么钢琴、小提琴，全是枝末，根本在于伦理、道德、因果。如果不学这个，一旦被邪人诱惑就会任意妄为，这叫近墨者黑，最后完全没有道德理性，就会做出废伦免耻杀父奸母这些恶作来，这都是因为最初没有贤母，母亲不懂得教育子女。这个钧陶，陶是陶器，钧是制陶器用的转轮，这是讲造就的意思，贤母能造就好儿女，没有贤母就不能造就好儿女。

最后有一段印光大师的话，"女人家以相夫教子为天职。相，助也"，就是帮助。"助成夫德，善教儿女"，这是女子的天职、使命，无比崇高的使命。"令其皆为贤人善人，此女人家之职分也"，换句话说，女子是家庭的老师，既教丈夫，也教儿女，都使他们成为贤人、善人。"今之女人，每每骄惯儿女，不以做人之道理，及因果报应相诲"，诲就是教诲他。"故儿女多难成器。所以瞎捣乱之大聪明人，与胡作非为之匪类，遍满世间。弄得国不成国，民不成民。其根本皆由其父母，不知尽父母教训儿女之职分所致，故使乱无已时"，已是停止，动乱没有办法停止，就是因为没有家庭教育，特别是没有女德的教育。"若人人善教儿女，世道自然太平矣。"

这就是印祖为我们开示的注重家庭教育、女德教育，而教育的方式，则为注重因果教育。这一段前言，说明在现代社会当中，学习女德的重要性。可以说这是天下治乱的根本。如果一个社会没有女德了，可以说没有贤女就不可能有贤妻，没有贤妻，家庭就会乱了，家乱了，国也乱了。没有贤妻当然也不可能有贤母，没有贤母就不可能有好的子女，国家的下一代也就完了。由此可知，学习女德是非常重要的。而且正如印光大师所说，是当务之急，对于我们立身、齐家，乃至和谐社会、和谐世界，这都是有着重要的意义的。所以我们今天就开始具体地来学习女德教育。

女德，不要以为好像只有女孩子才学。当然女孩子首先要学，就是要做一个窈窕淑女。昨天我们把《诗经·周南·关雎》这一首诗仔细地学习了一遍。知道原来窈窕淑女并不是指貌美的女子，而是指品德美好的女子。真正有贤惠的德行，我们叫贞德。这个贞，如果你查找字典，贞操的贞，贞洁的贞，贞的意思有好几种说法。这是女德一个最重要的部分。

贞还有定的意思，定是什么？心安定。心安定，她的人生取向就会坚定、固定，她就不会胡思乱想，更不可能胡作非为。她的心是定的、是安的，这是讲贞。还有一种讲法，贞是讲正，品德是正的。正就不邪，没有邪思邪念，更没有邪行。特别表现在对于婚姻、对于家庭这方面，那是贞正。因为家中有这样贞良的贤妻良母，所以能够使这一家保持长远而不偏邪。

周朝开国的三太，三位都是贤女、圣女。她们这种贞德所感召的便是周朝（周家）八百年长久的基业，这是女德的护佑。往往女德都称为坤德。《易经》里面讲乾坤二卦，乾为天，坤为地。在家里，通常先生喻为天，妻子喻为地。天之德在于自强不息，地之德，这个坤德，在于厚德载物，它能包容。像我们前面讲到的《关雎》一诗是赞美文王后妃之德。文王的后妃是太姒，太姒没有嫉妒心，她一心只想着辅佐文王，令他能够治国安邦，利益百姓，所以她广求贤女来服侍文王。所以"窈窕淑女，君子好逑"。这讲君子的好伴侣，谁去找，君子是文王，谁去找？后妃去找，你看看，这种包容心，这种厚德载物的德行，所以感得周朝能够长盛不衰，成为历史上最长久的王朝。这真正有祖德护佑，才能够基业长远。

一般女子, 因为在古代受的教育比较少, 心胸容易狭小, 容易产生嫉妒心。我有一次听到有一位陈老师讲, 她也是在专门讲女德教育, 她是一位女老师, 她说"嫉妒"这两个字都是女字边, 当然嫉妒不是只有女子才有, 男子也一样有, 但是为什么专门用女字边? 我们想到古人造字肯定有其用意, 是提醒的意思。如果人一有嫉妒心了, 嫉妒是什么? 心量狭小, 不能容物, 一切都从自己来考虑, 自私自利做主, 那这样真正会坏大事。

我们前面举到几个例子, 历朝历代, 凡是国君帝王沉迷于女色, 这个帝王多半都会亡国丧身。像夏朝的末代皇帝夏桀宠信妹喜; 商朝最后一个皇帝商纣王, 商纣王也是宠信女色妲己; 周朝 (西周) 最后一个皇帝周幽王宠信褒姒; 唐朝玄宗皇帝宠信杨贵妃。这些女子都是心量狭小, 嫉妒心重, 没有女德, 只有美色, 使这些皇帝沉沦。所以古人有一句话讲的"红颜祸水", 有道理。

当然这个祸水, 男子也可以远离。那怎么样才能远离? 他一定要学习伦理道德, 知道因果, 知道取舍的标准, 知道什么才是真正的淑女, 淑女的标准在哪儿, 他要知道。而自己也真正要降服情欲, 崇尚道义, 这才有正气, 邪气才不会污染, 所以这个贞是正, 正气。

女子对于扶持一家正气来讲, 她起了决定性的作用。这一家太太要是正, 家里多半都能正。这就像大地似的, 这地稳固了, 地基牢, 那么这个家庭它就旺。地要是不稳, 要是斜了, 这家庭就容易倾倒。所以太太不仅自己正, 她也有这个使命正一家, 这叫齐家。修身齐家也能够治国、平天下。周朝三太，你看看，她就在家里，不也是治国、平天下？所以这个正是非常重要的。

第三个意思，贞有诚的意思，精诚、至诚。《中庸》里讲"不诚无物"。

第四个意思，贞讲节，节操的节，妇节。这是专门对女德来讲。所谓从一而终，这叫懿行。懿，司马懿的懿，就是美德、美好的意思。我们讲贞节。贞节是正气。正气，古人把它看得比生命还重。孟子讲，"我善养吾浩然之气"，这浩然之气就是正气。女子一样也要养浩然正气，我们一般讲香闺正气，这个正气不亚于男子、士君子的那种正气。往往女子能够大义凛然，连男子都自愧不如，所谓巾帼不让须眉。所以女德讲究贞德。

其实只要心得其正，这女德也就完备了。《大学》里讲，"修身在正其心"，正心自然就有贞德。怎样正心？正心在诚其意。诚意是意念真诚。怎么才叫真诚？曾国藩给诚字下过定义，他说，"一念不生是谓诚"。一个念头都没有，心空了，空就是诚，心是清净的。一个人能够心清净，她自然就能够守本分，她没有妄想，绝对不会胡思乱想，那她当然就能够做到贞洁。凡是有很多念头、妄念，往往受外面境界诱惑，念头会跟着它跑。境界一来，意不诚，立刻会生起很多妄念。意不诚，心也就不正，身也就难修，家也不齐，国也不治，天下也不能太平。

如何做到意诚？要致其知。致知是良知现前，遇人遇事遇物都用良知。良知怎么得到？良知不需要从外面得到，是你本性里头本有的。《三字经》里讲的"人之初，性本善"，本有良知良能，跟圣人没有两样。只是圣人把这良知良能显发出来了，所以他成为圣人。我们凡人这些良知良能被覆盖住，有障碍，所以显发不出来。什么东西障碍住我们的良知良能？情欲、物欲、烦恼，这些心里头的欲望烦恼障覆了我们的良知，所以不能致知。

要致知，致知在格物。格是什么意思？格斗的意思，物是物欲，跟自己的物欲格斗。把内心里的贪婪、欲望、情执、嫉妒放下，就格物了。格了这些烦恼物，那你的良知就现前了。你的意也诚了，心也正了，身也修了，然后自然感召家齐、国治、天下平。

你看，女德它也能够和谐世界，而且这是最重要的一种德行。那么这就需要我们学习传统文化，学习圣贤教育，如果不学习我们怎么能够懂得？真正是《礼记》里讲的，"人不学，不知道"，《三字经》讲的"人不学，不知义"。这女德也是，不学真的就不知道，原来女德是淑女的标准。这不学真的不知道，全都是被社会污染的思想所影响，形成错误的人生观、价值观、世界观，其后果就是痛苦、烦恼。

现在大家来学习，那是很有善根，这是过去一生中积累的，这世又遇到缘了，因此大家要能够认真地学习，从改造自我做起。治国、平天下是自己的事情，我把自己身修好了，就能治国、平天下。不仅能治国、平天下，你还能够和谐宇宙，夫子讲的"天下归仁"。天下归仁，现在我们应该讲宇宙归仁。为什么？因为宇宙也是你的心变现的。你知道这个道理，这叫知道根本。《大学》里讲的"此谓知本"，知本就是知道根本。根本的真理就是整个宇宙全都是我自己的心念变现出来的。

你有什么样的念头就有什么样的宇宙，你的念头善，你的宇宙就善。宗教里讲的天堂，佛法里讲的极乐世界，都是你的善念，纯善的念头所变现的。那地狱、恶道呢？是你的恶念变现的，没有出你的一念。你能够在当下这一念回头，如果原来做错了，现在回头，现在悔改、忏悔，用圣贤标准要求自己，你当下就成圣成贤，当下你的天下归仁，当下你的宇宙就变成和谐世界、极乐世界。

对于女同学来讲，和谐世界从我心做起，从学习女德做起。你真明白了这个道理，知道身心是本，世界是末，所以欲明明德于天下，要帮助天下太平，皆是要以修身为本。女德就告诉你修身，这就是下手处。颜回请问夫子如何行仁，如何使天下归仁？仁是仁爱的仁，天下归仁就是讲天下太平。怎样下手？夫子告诉他"克己复礼"，就从这下手。"克己"是克服自己的毛病习气，"复礼"，恢复到正常的秩序上来。"礼"是正常的秩序。包括我们身心的秩序，人与人之间的礼节，社会的运作，这些都有礼，礼就是规矩，规矩就是法。我们学习女德，就是学规矩，都跟《弟子规》一样，《弟子规》也是规矩。从这开始入手学，"克己复礼"。跟这个规矩不相应的就把它放下，克服自己的习气，这是克己，圣贤用的就是克己功夫。你能克己，才能归礼，才能复礼，复礼就是回归到你本性本善上面来。礼不是圣人规定让我们一定要这么做的，不是，那是你本性本来的样子。你回归本性了，成圣贤了，你自然的生活行为就是礼，把它记录下来这就是礼。

今天我们选用《女论语》作为教材，《女论语》是"女四书"

里面的一本。我们现在正在讲儒家"四书",讲了《大学》,正在讲《论语》。古人除了这"四书"以外,还有一套"女四书",专门是对女子的"四书",这里头有《女论语》。我们现在讲《论语》的同时,也开讲《女论语》,很有味道。使我想到古人对于女子教育特别重视。儒家的"四书",《大学》、《中庸》、《论语》、《孟子》,男女都要学。除了这"四书"以外,又多编一个"女四书",专门给女子学,特别照顾女性,他没有编一个"男四书",专门编一个"女四书",你就想到古人其实对女德教育多么重视,都知道这是治国、平天下的根本。

"女四书"是清朝初年学者王相编辑的。他生活在康熙年间。他自小受到良好的母教。他母亲是一位贤母。他母亲姓刘,刘氏写了一本《女范捷录》。王相因为受母亲的教诲,对于女德教育非常重视,他把《女诫》、《内训》、《女论语》跟《女范捷录》这四部书合在一起,就称为"女四书",在当时成为女子必读的教材,流传非常的广泛,遍布到全国,一直到近代都是非常重要的德育课程。

"女四书"第一部叫《女诫》。《女诫》是汉朝班昭所著。班昭是著名的女史学家,她的父亲叫班彪,兄长叫班固。她父亲开始着手写《汉书》(这是一部很有名的汉朝断代史,跟《史记》是齐名的),但是她父亲英年早逝,没有写完这本书就去世了,结果儿子班固接着写。可是后来班固又遭到小人陷害,死在狱中。妹妹班昭继承父兄的事业,接着写这个历史,最后在她40岁的时候,终于把《汉书》写完。这也是班昭她的孝行。《中庸》所谓"夫孝者,善继人之志,善述人之事"。继承先人的志向和事业,这是孝顺。作为一个女子,她也能够做到这点,很了不起。

班昭人称曹大家,所以《女诫》也叫《曹大家女诫》。因为班昭14岁的时候就嫁给了同郡(就是同一个地方)一个姓曹的人家,她的先生叫曹世叔,所以别人就称她为曹大家。大家(音太姑)的写法是"大家",但是念太姑。后来因为曹大家非常有女德,她写《女诫》,女子的道德规范,她全做到了,这真正是难得,她先做再说。后来皇帝延请她来宫廷里面教导后宫嫔妃,她做了皇后的老师。皇帝当时是汉和帝,驾崩以后,邓皇后就变成邓太后,邓太后主政,有点像垂帘听政一样,因为皇帝还小,所以太后主政。曹大家又是皇太后的老师,太后请她来参与政务,所以班昭得以也能够为朝廷尽忠,辅佐王政。

班昭本人并不是女强人,虽然她的地位很崇高,直接帮助太后来治理国政,但是记载中说她是一位生性温柔细腻的女子。跟她的先生在一起,她先生是外向活泼型,她自己是温柔细腻的,夫妇之间生活得十分幸福美满。从这里可以看到,不一定要做所谓的女强人才能够干大事业。女子以柔弱为美,其实柔弱并不会输给刚强。男子以刚强为美,女子以柔弱为美。《道德经》里面有这么一句话,讲"天下莫柔弱于水,而攻坚强者,莫之能胜,以其无以易之,柔之胜刚,弱之胜强"。讲的确确实实是自然界里的真相。天下最柔弱的是水,它能够随顺一切的事物,它能够顺着这个河道,不管是怎么样形状的河道,宽的、窄的、弯的、直的,它都能够随顺,流向大海。但是"攻坚强者,莫之能胜",水也是最坚强的，它能够冲毁堤坝，它能够滴水穿石，所以没有任何的物质比水更强，这就是所谓的"弱能胜强，柔能胜刚"。

柔顺并不代表软弱，所以女德里面讲究柔顺。《女诫》有七章，第一章就讲卑弱，"卑弱第一"。卑弱是讲柔顺，谦卑柔顺，这种谦卑才会得尊贵。柔弱自然能胜刚强，这是《道德经》里面给我们揭示的天地的真理。就从我们人身体的器官而言，嘴巴里头的牙齿和舌头，哪个刚强哪个柔弱？牙齿是刚强的，舌头是柔软的，这牙齿和舌头配合在一起，可以咀嚼食物，缺一不可。但是，这刚强和柔弱的两个谁最长久？人到老年，他先掉牙齿，他不会掉舌头，舌头一直伴随到断气为止，它都不会掉。你就想想，原来这个柔弱才能恒久，这里头有大道理。

我们看到曹大家，她活到了古稀之年，七十以上，长久。她真正力行女德，并不妨碍她治国平天下。而且她留下了《女诫》，那真正是利益万世的社会人民。这是讲的《女诫》，它是"女四书"里的第一部，影响极其深远，而突出女子柔顺之德，这是真理。一般我们把女子比喻为水，柔弱如水，但是她里头是最刚强的。男子刚强，但如果没有了水的这种辅助和滋润，他不能长久。

你看古代结婚的时候，它这个礼很有道理。男子去娶妻子的时候，男子驾着车，去女方那里接女子，到现在都是这样的，娶媳妇，娶她过门。在古礼来讲，男子去迎亲的时候，把女子接到车里，是男子驾车，女子乘车，男的要屈膝于女方。这在《易经》里面有一个卦，第三十一卦，《易经》是六十四卦，第三十一卦里面是讲咸卦。咸卦是感动的感字上面那个咸字，咸卦。咸是什么意思？它是艮下兑上。艮代表山，兑代表水，山在水下，这是表什么？夫妇之道。山是男方，他是刚强的，水是女方，她是柔弱的，代表阴，这边是阳。阳刚的山要在阴柔的水之下，柔上刚下，这个寓意就特别的明显了。这个卦是一个吉卦，所以它这个卦象上讲是：亨，亨就是亨通；利，利就是吉利；贞，贞正（贞就是我们讲贞德，贞洁的贞），取女吉。这是卦辞上说的。取女吉，这个"取"是通娶新娘的娶，娶这个女子很吉利。

所以这个婚礼代表什么？男方把女方接到家里，不是说女方的地位就卑下，反而她的地位在上面。为什么？因为她担负的使命重大。前面我们讲到女主内，主内的是相夫教子。不孝有三，无后为大，如果这家里没有后代了，这就是大不孝。能不能有后代，关键是看女方，看母亲。所以男子把这个媳妇迎请到家里，那是什么？请她来帮助延续家道、家业、家风。这当中女德就尤其重要，没有女德，不可能有后。

前面我说了一句话，说我不同意现代人讲的古人是重男轻女，反过来讲重女轻男，我还能接受。你看这《易经》上卦辞都这么说。这重女的重是什么？她的使命重大。但是要完成这样重大的使命，一定要有谦卑柔顺的贞德。大家细细去体会这里头的深意，不是那样简单的。

"女四书"第二部是《内训》。《内训》是明朝明成祖的徐皇后为了教育宫中妇女，古圣先贤把关于女子品德的教诲编成书，它分为二十章。这个训是教训，内是什么？专门对妇女，因为女主内。主内重要，比主外的还重要，所以这个教育就尤其重视。

第三部就是《女论语》，《女论语》就是这次我们所采用的课本。它是唐朝一位女学士叫作宋若华所编著的。宋氏家族有五姊妹，都是具备女德的。宋若华写了这部《女论语》，她是仿效《论语》的体例。因为《论语》里面多半是夫子跟学生、门人的问答，所以《女论语》原版它也是用师生问答的这个方式来写的，是大姐宋若华所著。宋若昭是她的妹妹，这是五姊妹其中一个妹妹，她注解她姐姐写的这部《女论语》。宋若华写的《女论语》原版现在失传了。按照《唐书》的记载，它的体例是师生对话，是以前秦太常韦逞之母宋氏来代孔子（就是做老师），以曹大家（就是班昭）代颜回和闵子骞，这样来做师生的问答，这是效仿《论语》那种体例。

南北朝前秦的时候，皇帝苻坚请韦逞为太常。韦逞是个人，太常是掌管宗庙礼仪的官。韦逞的母亲宋氏被皇帝请来，在宫廷里面教授学生，特别是教授《周官》，使这个学问能够得以流传，因为当时只有她才懂得这个学问。所以这位宋氏，就是韦逞之母，成为当时（也是古代历史上）第一位女博士，这是皇帝封的，后来人称为"宣文君"，证明她对于女德也很有研究。

《女论语》以宋氏来做老师，以班昭来代颜回，代表弟子，彼此问答来阐述女德、妇道。妹妹若昭就给它做注释，可能做注释之后，原版也就不需要了，直接用她的注释，这就是宋若昭的这个版本，也可能就是流传到现在我们看到的版本。它是以四字为一句，分成十二章来写的，这个已经不是问答的体例，但是内容应该是完全一致。像《弟子规》三字一句，《女论语》因为它是以四字为一句,这个好记诵,所以我们选它来学习,便于读诵和记忆,有这样的一个目的。不像《女诫》、《内训》这些都是用古文写的,当然记诵方面就稍微有点难度。

第四部书叫《女范捷录》,这是刚才我们讲到的清朝初年王相的母亲刘氏所作,也是主要宣扬贞德的教育,有十一篇。

这四部书称为"女四书",成为历史上女德教育最重要的教材。在明朝时代,也有"女四书"的版本已经流传到国外去了,当时王相还没有编辑"女四书",但是在日本那时候也有一种"女四书",那是什么?当然没有《女范捷录》,当时王相的母亲还没有出生,是用《女孝经》来代替。儒家有《孝经》,还有《女孝经》,这是唐朝侯莫陈邈之妻郑氏,她所编写的《女孝经》,就跟刚才我们讲到的前面三部,《女诫》、《女论语》、《内训》合起来,这是日本的"女四书"。

《女论语》又叫《宋尚宫·女论语》。宋是这个作者的姓氏,尚宫是她的官职,这是一位女官。尚宫是皇帝封她在宫廷里面教化这些公主、后妃,包括公子、王子这些宫里的人。尚宫的地位,据记载,跟外朝的尚书地位是相当的。尚书现在我们讲就是部长,部长级的一个人物,是很大的官。宋尚宫是两姊妹都做过尚宫,姐姐宋若华先做,姐姐去世之后,妹妹宋若昭接着也做,所以这个书也称为《宋尚宫·女论语》。

我们采取的版本,是清朝乾隆年间陈弘谋先生所编定的《五种遗规》。《五种遗规》里头有一种叫《教女遗规》,专门是教女德的。这个遗规是遗留下来的规矩、规范、教诲。《教女遗规》收录了不少篇非常好的女德教材，我们用了其中的《女论语》。我们在校对上，用的是日本筑波大学古本，他们藏有一个古本，叫《校订女四书集注》，有两卷。

"女四书"王相都有注解，他的注解叫笺注，是简单的注解。我们学"女论语"主要是采取王相的"笺注"。《教女遗规》里面的内容，我们看到它那里面有一个序。还有陈弘谋先生（陈弘谋是乾隆年间的进士，官也做得很大），有一个按言，就是写在文章之前的一段话，叫按。看王相"笺注"本之前，还有一个第一部分就是《唐书列传》里面的"宋若昭传"，就是作者的一个传。这个传，我们看到在历史书上有记载，可见得这位作者宋若昭在历史上也是享有盛名的。

第二部分是《女论语·序传》，这是作者自己写的为什么要写《女论语》的意义和目的。

第三部分是正文。正文分为十二章，前面有一个作者的传，"宋若昭传"，序文，另外还有陈弘谋先生的按。正文有十二章，第一是立身章，第二是学作章，第三是学礼章，第四是早起章，第五事父母章，第六事舅姑章，第七事夫章，第八训男女章，第九管家章，第十待客章，第十一和柔章，第十二是守节章，总共十二章。每一章都详细地阐述了古代女子应具备的言行举止，还有这些道德，以及一些持家处世的事理，写得非常细腻，很具体，很容易落实。现在我们虽然距它已有一千多年的历史，看会这些，如果我们能做到这些行持，真的可以成为一位标准的淑女。

文中第一段，是陈弘谋《教女遗规》里面的一段"宋若昭传"。传记原文是出自于《唐书列传》，唐朝的历史书，经过陈弘谋先生的摘录。他没有全部引用，而是将主要的内容摘录出来，我们先一起来学习。

【宋若昭。贝州人。世以儒闻。】

"宋若昭"就是这篇文章的作者和注释者。其实《女论语》是她跟她姐姐宋若华一起合写的，宋若华写《女论语》，宋若昭注释，但是我们现在读的版本是以她为主，估计出自于她之手。"贝州人"，是说她是贝州地方的人，也就是现在河北省清河县人，唐朝时候叫贝州。"世以儒闻"就是她出生于世家，我们讲的书香门第，家里世代都是学儒的。唐朝初年的时候有一个著名的诗人，叫宋之问，宋若昭她们就是宋之问的后裔。

【父棻好学。生五女。若华。若昭。若伦。若宪。若荀。皆慧美能文。】

她的父亲叫宋廷棻，非常"好学"，可见得家里面有好学的风气，所以儿女都能成才。他有五个女儿，这五个女儿名字分别是"若华、若昭、若伦、若宪、若荀"，都是"慧美能文"。"慧"是智慧，很聪慧，"美"，应该是不仅有美德，也有美貌，而且很有文采，尤其是若昭，还有大姐若华。

【若昭文词高洁。不愿归人。欲以文学名世。】

"若昭"是五女当中的老二，她的文笔是最好的，你看《女论语》确实写得文词很好。她一生没有结婚，不愿意"归人"，就是没有去嫁人，这是说她的品性也是很清高的。她希望以"文学名世"，她文笔好，而且有德行有学问，希望著书立说来留给后世，这种人也是很难能可贵的。应该讲她是与众不同的，所以一个人能够以这样高洁的心态来写入世的女德教材，她写得会特别的周详。

【若华著《女论语》。】

若华是大姐，最初的版本是她写的。

【若昭申释之。】

若昭做了注解，解释若华的《女论语》。大概现在留下来的只有这个版本，原本（若华的版本）我们得不到了。

【唐贞元中。诏入禁中。试文章。论经史。俱称旨。】

唐朝贞元的时候，贞元是唐德宗的年号，那个时候皇上把宋氏姊妹召到宫中。"禁"就是宫禁，皇帝居住的地方叫"禁"，现在北京有紫禁城，就是这个"禁"。试试姊妹的文章，确实有文采，跟她们谈论经史，她们也能够通达。"俱称旨"，旨就是皇上的意思，皇上也非常的钦佩，想不到女儿家居然有这样的才华学问，于是就延请大姐宋若华当了尚宫，就是宫廷里面的女教师。底下又讲：

【若昭以曹大家自许。帝嘉其志。称为女学士。拜内职。官尚宫。掌六宫文学。兼教诸皇子。公主。皆事之以师礼。号曰宫师。】

"若昭"因为不愿嫁人，她不想成家，专门以文学，以她的学问来传世。她自己"以曹大家自许"，她所学习的榜样是曹大家，曹大家就是班昭，由此可见她也是专门在弘扬女德教育。"帝嘉其志"，"帝"指皇上，"嘉"是称许、赞叹，皇上对她的志向也很赞叹，于是封她"为女学士"，给她一个职位，官拜尚宫。这个尚宫也就是跟尚书齐等的一个官位，但是在内宫当中。她执掌"六宫文学"，文学包括教学，教学当然首重德行教育。她也是做诸皇子、公主的老师，后宫都跟她来学习，连皇子、公主都"以师礼"来事奉她，没有把她当作一个臣子，而是把她当作一位受尊敬的老师看待。

中国古人特别尊师重道，皇上见到老师来了，不以君臣之礼相待，而是以师礼相待。即使是最高地位的皇上，见到老师来了，请老师在西面，他站东面，按东西之位来敬礼。东西之位是什么? 宾主之礼, 不是君臣之礼, 君臣是上下, 宾主之礼是东西左右两边, 互相行礼。所以可见得中国古人对于老师的敬重。尊师自然就重道, 重道才会尊师。我们要想好好学习一门学问, 如果对老师不尊重, 不可能学好。因此学习的态度最关键, 所谓 "一分诚敬得一分利益, 十分诚敬得十分利益"。礼都是诚敬心的表达。《孝经》上讲的, "礼者, 敬而已矣", 心里面有敬意, 他自然就在礼节上不会缺失。如果在礼节上缺失了, 说明这个人敬意不足, 诚敬心不足, 所谓 "诚于中而形于外", 内外都是一致的。

这里讲 "号曰宫师" 就是尊她为当朝宫廷里面的老师, 其实历朝历代都有这样的好的习惯, 就是宫廷里面都请老师来教育。中国传统文化包括儒释道三家, 宫廷里面的皇后、嫔妃、皇子、公主都要学习, 这些老师就是宫师, 包括对佛法的学习, 皇帝要学佛他的老师叫国师。他们都知道《礼记·学记》里面讲的 "建国君民, 教学为先"。国家能否安定团结, 重要的是教育。教育先从自己做起, 先要自己受教育。尤其是太子, 古代对太子的教育那是最完备的。为什么? 太子将来要做皇帝, 他是一国人民的表率。他要是没有德行, 没有学问, 怎么能够使天下臣服? 要教好太子, 首先要教好这些皇后、嫔妃, 后宫做母亲的这些人最重要。所以皇帝重视女德教育, 这很有智慧。

若昭身历五个皇帝, 历五朝, 分别是唐德宗、顺宗、宪宗、穆宗和敬宗。

陈弘谋先生有一段 "谨按", 谨是谦词, 表示非常谨慎的写这段按言, 写在正文之前。

【若华托曹大家之意，集为女训，名曰《女论语》，其妹若昭申释之。】

这是宋氏五姐妹的大姐"若华托曹大家之意"，也就是她承传班昭《女诫》的意思。古人讲究的是"述而不作"，述就是转述，作是创作，对古圣先贤的教诲，我们只能转述，不要创作。为什么不创作？因为你没有创作的资格。古圣先贤的教诲，都是性德流露，本性本善，本来的样子是这样。你证得了本性，你就是这样子，你要是成圣贤了，没人教你，你所做的跟女德完全相应，女圣人。你看周朝三太，她们都是圣人，她们没有学这个，当时还没有"女四书"，但是她们已经做到了。为什么？她们已经恢复本性本善，你把她们的言行记录下来，那就是女德，就是女诫。她们不是刻意的，是自然的流露。但是我们现在没有证得本性本善，那得从规矩来学，先模仿圣人的言行，学到最后，学到自然了，自然你就契入到圣贤境界。契入圣贤境界之后，你做的还是中规中矩，没有变化，你也不需要创作，你做的跟圣人是一样，所以述而不作。你只需要转述，转述什么？就是用现代人能理解的话语把它说出来，不需要你创作。像我们现在讲解女德这些教科书，这是述而不作，把它讲解出来，讲明白，我们没有创作。

当时"若华托曹大家之意"，也是这样，她写的是当时唐朝人能明白的，但是转述的意思跟汉朝曹大家意思没有两样，所以若华、若昭甚至以曹大家自诩，说自己完全就是曹大家一样。为什么？确实没有创作，没有加新的内容，"述而不作，信而好古"。

只有认真的学习以后，我们可以在现在的社会里面去运用。运用是活的，活学活用，活学活用就是创新，不需要额外再搞什么创新。你能够活学活用，这就是新。

创新也不会离根本，就像一棵大树，根本在地下，很稳固，它的根深，树的枝叶才繁茂。根是不能动的，那是传统，你把根要是搬走了，那树就死掉了，根是不能动的。但是创新是什么？树枝、树叶，年年都发新枝，年年长新叶，这是创新。创新没有离开根本，这是学习传统文化我们要应有的认识。有人说学传统文化，特别是学什么女德，你简直是复古了、你守旧。他不晓得学习传统文化抓住根本，也要活学活用，它不是守旧，它里头有新意。就像大树年年出新枝一样，就是你能用，但是根本不变，这是我们会学。

她集结的这个女训，就是女德的教育，就叫《女论语》。她的妹妹若昭解释，做了注解，就是我们现在看到的这篇文章。

【夫《论语》。圣贤问答之言也。可与之并列乎？】

"夫"就是语气助词，没有意思，为什么这一篇文叫《女论语》？《论语》那是圣贤问答的记录，"四书"的《论语》大多都是孔子回答门人的话。这篇《女论语》里头记载的很多都是生活中的日常小事，譬如说怎么样纺织，怎么做饭，要早起，要怎样侍奉父母、公公婆婆，相夫教子，怎么待客等等，这些都是很平常的言语，写得太具体了，生活的事情，能够跟《论语》并列？《论语》

都是讲的圣贤人的境界, 这些鸡毛蒜皮的事情, 怎么能够以《论语》为题? 这个问题问得好。底下陈弘谋先生回答:

【然吾观曲礼内则。所载葱薤酒浆。纷帨刀砺。纤悉具备。盖至道不离乎居室日用之常。而圣贤垂训。无非欲人言动举止。悉合于当然之则。《论语》二十篇。亦岂在高远哉。】

虽然《女论语》里面讲到的都是日用平常的事情, 很多是生活小事而已, 但是《礼记·曲礼·内则》篇里头, 它们这些篇章所记载的, 也是生活中的小事。像"葱薤酒浆", "薤"就是我们一般讲的荞头, 小蒜, 这都是一些必备的食品, 葱蒜酒浆, 我们讲的柴米油盐酱醋茶, 这些都是日常生活必备之物。"纷帨", 纷是抹布, "帨"是古时候人的佩巾, 就是现在我们讲的手绢儿, 拿来擦东西擦汗的。这里还有"刀砺", 砺是磨刀石, 这些东西都很微细、很平常。"纤悉具备", "纤"是讲的这些生活中的方方面面, 很微细, 这个悉, 是很完备。讲得这么完备, 都是讲这些日用平常。为什么? 圣贤教诲我们, "至道不离乎居室日用之常"。"至道"就是最高的道理, 最高的道理原来也离不开"居室日用之常", 居室是你的生活起居, 日用平常, 能离开吗?不能离开。《中庸》里面讲"道也者, 不可须臾离也, 可离非道也"。大道在哪儿? 大道无形无相, 它就存在于生活的方方面面, 每一个角落, 每一个方面, 每一个事, 每一个物, 举手投足, 言语造作都不能离开道。

道是讲什么? 宇宙的本体, 佛家讲自性。宇宙万物全都是自性所变现的, 所以不能离开道, 不能离开自性, 离开自性无有一法可得, 找不到东西。所以见了性的人, 你去问他, 性在哪儿? 就是至道在哪儿? 他随便举起一物, 这就是, 这个毛巾、手绢它就是, 至道就在这里头。

所以你才了解, 原来道离不开我们的生活, 离不开我们平常的待人处事接物。那怎么才能证道? 你能觉悟了, 你就证道。不用改变你的生活, 只要你在生活当中做一个觉悟的人, 做一个智者, 你就是证了道的人, 见了性的人。证了道, 见了性, 还是过着原来一样的生活, 只是他的心态改了。原来的心态是烦恼的、痛苦的, 现在的心态是快乐的、幸福的、智慧的、光明的。

确实, 特别是讲到妇女, 妇女在家里主内, 天天都是跟锅碗瓢盆打交道, 日用平常, 你看看这女德里面, 就是讲女子在家里做的事情, 都是很平常很琐碎。你要是不懂得按照道来生活, 你在里头生烦恼, 你会很厌烦, 天天干这个事情, 真厌真烦了。一烦了, 起了怨恨心, 抱怨: "我做得这么辛苦, 他都不理解, 回来还挑三拣四。"心里怨气就产生了, 家里有了怨气, 就不和了, 那种自然和谐一体就被破坏了。自己痛苦, 自己烦恼, 传染到先生也痛苦、也烦恼, 这一家人都受影响, 你看全家就陷在痛苦烦恼当中。

要是你真明白过来了, 晓得原来我做这些事情, 天天做的家务, 煮饭、烧菜、打扫卫生, 那是什么? 那是在做圣贤人的事情、过圣贤人的生活。圣贤的存心只是爱人敬人, 没有自私自利, 在家里面就可以落实圣贤之道。对先生你首先爱他, 爱人从爱先生做起, 从爱父母, 爱公公婆婆做起, 爱儿女做起, 爱家里人做起，这是我们的至亲，最亲近的人。孟子讲的"亲亲而仁民，仁民而爱物"。你的心量慢慢地扩展，先从自己家里面存养爱心。爱心是什么？服务于人，让别人真正生欢喜心，你就在行菩萨道，你在落实圣贤教诲。菩萨道里面布施第一，你在修布施。原来就在每天的工作服务当中，你就不知不觉地成圣成贤了，多快乐的事情。圣贤人的心情快乐，他没有自己，别人的快乐就是自己的快乐，所以他能够真正全心全意为别人服务，就进入了人我一体的境界。

人我一体，孔子叫仁，人字边一个二，这叫仁。真正仁的境界，是人我一体，没有人我了，哪里能够找出这是自己，哪个是人？你有自己，这叫有我相。有我相就有对方，对方是人相。我相、人相、众生相、寿者相这四相，是烦恼，是错误的知见，要把它放下，你才能够得菩萨道，得圣贤道，你才能够真正进入仁的境界，你才能最后证道。

证道是什么？不仅是对家人，与家人一体，而且是跟全天下人一体，这叫仁民。最后爱物，物的范围更广泛，比人的范围更广泛。物是一切有情生物和无情的众生。什么叫众生？众缘和合而生起的现象，缘是条件，各种条件组合成的现象。宇宙万物哪一物不是众缘和合而生的？都是众生。有情众生包括人、动物，这是有情众生。无情众生包括花草树木、山河大地、一切星球，你都爱它们，这个爱是博爱。你的心量尽虚空遍法界，涵盖整个宇宙，没有不爱的。宇宙有多大，你的爱心就有多大。自己呢？自己没有了，纯是一种慈爱，慈爱就是你的身体，就是你的法身，你跟宇宙是一体,你就成圣人了。

这种爱,佛家称为"无缘大慈,同体大悲"。无缘是没有条件。为什么慈悲、慈爱没有条件?因为是同体,就像你自己的身体,你是不是爱你身体中的每一个器官?对。假如有一个器官出了毛病,全身另外的器官都会要帮助它才对。譬如说你的眼睛有毛病了,你的手可能就去抚摸它,那手抚摸眼睛会不会跟眼睛讲条件:我来帮助你,你得给我多少报答。当然不会。为什么?一体。既然一体,又有什么条件可讲?帮助是应该的,是本分,这叫"无缘大慈,同体大悲"。

这个爱心先在家里养成,就在这些日用平常小事,天天做饭,天天搞清洁家务,侍奉先生、侍奉公公婆婆这些事情当中,你就证道。你看,你会修会学,你是法喜充满,真正是孔子讲的"学而时习之,不亦说乎"。你学了,你要会用,习就是你真正去练习、去实习,真干。真干你才有真体会。如果你光学了些言辞,学了这些文字,你没去真干,没去落实,你不会有真实的体会,就是你不可能有那种不亦说乎的感受,法喜出不来,你会有计较的心,你会有怨天尤人,你会有烦恼,最后你会有疑惑。

什么疑惑?这些女德教育是不是真能让我们幸福?是不是这是封建帝王时代男尊女卑,男人故意搞这一套女德教育来禁锢女子的?你会有疑惑。这些疑惑全都是没有真正尝到法喜,没有力行,所以她就对圣贤教诲疑惑。结果就是你会更烦恼、更痛苦,最后结果是家庭离异,你也不干你的活,他也不肯干他的活,互相之间就离异了。如果社会中很多家庭都破散,那社会就会动乱,因为家庭是社会的细胞。现在离婚率年年在增长,各国都是这样,这是很令人忧心的。而离婚之后,说老实话,对双方都没有好处,尤其是对女方,有什么好处?特别受到伤害的是孩子。所以单亲家庭的孩子,据统计,犯罪率高过正常家庭的孩子。青少年犯罪里头,单亲家庭是一个主要的因素。社会动乱的根源在于什么?家里缺乏温暖,缺乏了教育。所以这个关系重大,懂得了,你能过上幸福美满的生活,你要不懂得,你会过着痛苦烦恼的一生。

这里讲,"圣贤垂训,无非欲人言动举止,悉合于当然之则",圣贤教诲,教诲什么?无非都是让人"言动举止",身口意一切的作为,"悉合于当然之则",当然就是自然,本来的样子,这是当然,则,我们讲规则,证得了本性,自然流露出的是本善,本善就叫"当然之则"。这些女德的教材里面讲的也是当然之则。何以见得?周朝的三太,她们没有去学,没有系统地学这些教科书,但是她们真正成为女中圣贤。她们所做的,你用《女论语》给它对照对照,她完全做到,百分之百做到。为什么?本善,本来就是这样。你问她,这样做会不会有烦恼,会不会有痛苦?她没有,她做得很开心、很快乐,她有幸福感。为什么?因为她所做的,跟本性本善相应。人本来是幸福快乐的,只是因为我们违背了本性,所以快乐就失掉了,紧跟而来的就是烦恼。

圣贤教我们先要刻意地来随顺这些规则,那是没办法,因为什么?现在我们确实已经迷失了本性,本善没有了。这个所谓没有不是真的丢掉,叫迷失了,因为你迷了才失掉,好像是失掉,其实没有,它还在,只是被我们的自私自利,被我们的这些小心量, 这些烦恼给障住了。现在我们用这些规范来要求自己, 先这么做, 刚开始是刻意的, 那是在去除习气, 去除障碍, 慢慢你就自然了。做到自然了, 你就没有刻意, 没有造作, 自然随顺本性本善, 那时候你就不知不觉成为圣贤。

"《论语》二十篇", 这是儒家 "四书" 里面的《论语》二十篇, "亦岂在高远哉", 它里面讲到的确实都是生活当中这些言行、存心, 它没有很玄妙的东西。《论语》里面每一章都很实在, 这些弟子们问得也实在, 夫子答得也实在。但是就在这些很实在的教诲当中, 里头就含有了道, 高远就在其中。道岂是在生活外面去另外找个道? 那就不是真道了, 道离不开生活。而要学道、证道也不能离开我们当下的生活, 在当下的生活里, 只要你能够改心、改变观念就行。

【兹编条分缕晰。便于诵习。言虽浅俚。事实切近。妪媪孩提。皆可通晓。苟如斯训。亦不愧于妇道矣。】

陈弘谋先生在这里评论, 说宋尚宫《女论语》这篇文章 "条分缕晰", 这里面分十二章, 很有条理, 层次分明, "便于诵习", 它以四字为一句, 很容易记诵。先要把它记住, 然后去落实。记住是第一步, 记都记不住, 那你怎么做? 先要记。所以, 我们真正有志于在自己身上落实女德的, 就是想真正做一个淑女的, 应该怎么样? 天天读诵《女论语》, 要立这个志。学贵立志, 志什么? 志在圣贤, 孔子讲 "志于道, 据于德", 立志要成道, 就是做圣人。

道在哪儿学？就在日用平常中，按照《女论语》学就是修女德。据德，据是依仗，依仗着《女论语》里面所说的这种女德，就能证道。

你仔细看看《女论语》讲的跟《弟子规》很相应，它是《弟子规》在女子生活当中具体的落实，还是在学《弟子规》。所以先读诵，然后受持，受持之后你能为人演说，演是表演，你真正做到了，你能表演出来了，你能感动人。一位真正具足女德的人，她有特殊的那种摄受力、亲和力，这就是我们一般讲的魅力。女子的魅力在哪儿？真正把女德做到了，你那个窈窕淑女的魅力就出来了，人见到了之后，会生起无比崇敬的心，不敢轻慢你。

《女论语》"言虽浅俚"，虽然文字讲得很浅。俚是近乎是俚语，就是日常用的俗话。当时这种文字非常的浅近，就像俗话一样，现在我们有的文言还要进行解释，但是都不难。我们开解，不仅是在文字上讲清楚，更重要的是把每一句话里头的义理阐发出来，让大家知道为什么要这么做，你才甘心这么做。否则不甘心，为什么我要这么做？"事实切近"，就是它不离生活。"妪媪"，是年纪老的女人，女子到老了叫妪媪，"孩提"就是小孩，就是男女老少"皆可通晓"，都能读通，读得懂。真正的好作品，不要很高深，大家能读得懂，能够去照做，能够力行，这才是真正能传世的好作品。"苟如斯训"，苟是如果，如果你能够"如斯训"，按照这一篇教诲来力行，你就真正"不愧于妇道"，你就具足了妇道。

道和德，道是自然的、本来的状态，随顺着道就叫德。夫子讲"志于道,据于德",我们现在还没证道,先要修德。学女德,修女德,你就能证道。这里讲的妇道之道跟圣人君子之道没有两样,都是回归到我们的本性,宇宙的本体,跟宇宙合而为一了。

这个前言主要是介绍探讨学习女德教育的重要性和意义。《五种遗规·教女遗规》里的《女论语》前面的两段前言,一段是引《唐书》对于《女论语》作者宋尚宫的传记,另外是陈弘谋先生,就是《五种遗规》的编著者,他对于学习《女论语》的一些看法,鼓励我们认真修学。在讲正文之前,还要讲一段"女论语序传"。

"序传"只有几句话,这是在《女四书集注》这个本子里头,是清朝的学者王相编订和注解的。《女四书集注》在《女论语》之前有一篇"序传",这篇"序传"是《女论语》的作者宋若昭(宋尚宫)她自己写的,也写得非常的好,说明她为什么要作这本《女论语》,目的和意义何在。我们也来认真学习一遍,真正明了,对于女德教育我们认识了意义和重要性,我们学起来效果就不一样。因为女德已经很久没有去提倡了,所以我们在意义和重要性方面花了很长的时间来探讨。

二、序传

我们来看这篇"序传"。

【大家曰：妾乃贤人之妻。名家之女。四德粗全。亦通书史。】

"大家"就是曹大家，这个不念大家，念太姑。曹大家就是东汉的女史学家班昭，她嫁到了曹家，所以称为曹大家。她著有《女诫》，《女诫》是对于女德进行很完善的阐述第一部教材，具有深远的影响。我们现在看王相的"笺注"，他的注解。"此书宋氏所作"，此书是《女论语》，是宋若昭姊妹所作的。第一个版本是大姐宋若华作的，宋若昭是二姐，她来注解的。"而云大家者，犹《女孝经》出自唐郑氏，不敢自居其名，而托云曹大家也"。《女论语》本来是宋若华、宋若昭所作，为什么"序传"里面托曹大家之名，说"大家曰"？这个是不敢自居其名。古人都很谦卑，尤其是她提倡女德，女德最重要的一个方面是谦卑，中西方讲到女德都是一样。曹大家《女诫》里面第一篇就是卑弱，卑是谦卑，弱是柔弱。我们看西方，你看圣母玛利亚，耶稣的母亲，《圣经》

里讲，"我们要学习圣母玛利亚的谦卑"。证明东西方圣哲认识都是相同的。所以宋氏姐妹虽然是这本书的作者，但是不敢居其名。实际上这里所说的全都是述而不作，转述前人的这些理念而已。自己既然没有创作，那就不敢自己挂名了。这部《女论语》是托曹大家之名所作的。

这个做法自古以来有之，比如《黄帝内经》。《黄帝内经》不是黄帝本人作的，是托黄帝之名所作的，因为黄帝德高望重，后人不敢居其右，《黄帝内经》成书远在黄帝以后。我们现在读到的道家的《太上感应篇》也是如此。太上是谁？是老子，但是《太上感应篇》成书应该是宋朝，远在老子之后，但是托老子之名，因为所说的跟老子教诲是一致的。这就是古人谦卑的做法。

王相"笺注"里面引了一个例子，就是出自唐朝侯莫陈邈之妻郑氏撰写的《女孝经》，也是不敢自居其名，也是托曹大家之名来写的《女孝经》，都是讲的女德教育。下面说，"此篇自叙著书之意故称大家之言。"这篇"序传"是宋若昭她自己叙述，为什么要写这部《女论语》，它的意义何在，是托曹大家的名义来写的。这里讲道，"妾乃贤人之妻，名家之女，四德粗全，亦通书史"，这是曹大家，因为宋若昭本人她没有嫁人，这是完全托曹大家本人的说法。

"妾"是古代女子的谦称，不是说做了人家的妾，而是谦称，即使是正式的夫人，自称都称妾，从称呼当中你就能够体会到谦卑。《尚书》里面就提醒我们，"满招损，谦受益"，《尚书》是上古时代的一部书，就已经说到谦德之重要。我们从《女论语》里面可以反复地看到谦德。"贤人之妻"，这是班昭嫁给了曹世叔，他是贤人，做了他的妻子。又是"名家之女"，曹家也是书香门第，班昭也是书香门第。她的父亲班彪和兄长班固都是史学家，写《汉书》，最后班昭完成了《汉书》。这是等于说父亲、兄长，还有班昭这个做妹妹的、做女儿的，三人一起完成的，所以都是通文学，有学问的人。

"四德粗全"，我们看到"笺注"上讲，"吾名门女，贤士妻，德容言工，四者粗备。"这就讲到四德，这是一位真正贤淑的女性必须所具备的四种德行。大家都听过三从四德，四德是所谓妇德、妇容、妇言、妇功。真正具备这四德，那真是一位圣女贤女。曹大家确确实实具备了，这部《女论语》的作者若华、若昭也都具备了。但是她们说的这个口气还是很谦虚，讲四德粗全，粗就是很粗浅，虽然有，但是只具备了一点点很粗浅的，并不是完满的，这是很谦虚。

"亦通书史"，这个书就是经书的书，注解里讲"经传子史"。经是经典，像儒家的五经、十三经，这都是经。传是经的注解。《孝经》有《孝经》的注解，《诗经》有《诗经》的注解。《诗经》有《毛传》，就是大毛公毛亨对《诗经》的注解。子是诸子百家的这些文章。史是历史。通书史证明这位曹大家很博学，"群书遍览"。她也确实是如此，否则她没有办法完成《汉书》这部汉朝的断代史。这部史在历史价值上非常的高，跟《史记》是齐名的，没想到完成在一位女性手中。

这里讲到的四德，我们要稍微开解一下，因为整个《女论语》也是围绕四德来讲。我们参看曹大家《女诫》里面讲到的四德。《女诫》原文是这样讲的，"夫云妇德，不必才明绝异也；妇言，不必辩口利辞也；妇容，不必颜色美丽也；妇功，不必技巧过人也"。她先为我们澄清对于四德的理解，"夫云"的夫是语气助词，没有意思，云是讲到。讲到妇德，不必是"才明绝异"，才是才华，明是聪明。如果说一个女子她很有才华、很聪明，聪明绝顶，超异常人，那并不一定代表她有妇德，那只是才，不代表德。如果对于这个才产生了执著，所谓恃才傲物，这往往有之，一个人有了才华，他就会傲慢。没有才，他还挺谦卑的；一有才华了，他眼睛就长到了头顶上，看不见什么了，那倒不如无才。

有句古话说"女子无才便是德"，这个无才是什么？是说心中不能执著于这些才华。你一执著了，你心中有这一物，你这个傲慢心就起来了，谦卑立刻就没有了。没有了谦，其他的女德也就很难建立。所以"女子无才便是德"是这么讲的，不是说叫你什么都不懂，不要学这些才华，你要有德，你的才愈高愈好。像班昭，记载中说她是温柔细腻，具足女德。论到才华，她也是才明绝异，才华也是非常高，男子都比不上。最后还参政，帮助太后治理国家，是太后的老师，你能说她没有才华吗？才华有没有这并不是最主要的，最主要的是有德。

妇言是第二个德，就是讲言语。这跟夫子四科教育很相像，这四科里面第一个是道德、德行，第二是言语，第三是政事，第四是文学，文学是属于才华之类的，摆在最后。妇人的言语不必"辩口利辞"，就是你不一定要很有口才，讲话滔滔不绝，牙尖嘴利，这个并不是令人赞赏的。

妇容，不必是"颜色美丽"，这讲到容貌。很多的女子都追求美，追求外在容貌的美丽。当然这个无可厚非，所谓"爱美之心，人皆有之"，尤其是女性。但是要知道，如果一味追求颜色美丽，好打扮，心在这上面去务求，那往往就忽略了德行。如果长得很好看，这也是一个资本，什么资本？傲慢的资本。傲慢的资本就把妇德给损了，那也就不美了。所以我们反复讲到什么是窈窕淑女，窈窕是美，淑女也是讲美，什么美？德美，她有美德，那才是真正的淑女，不一定讲有美貌。美貌是其次，那是附加品，有没有都不重要，重要的是有美德。

儒释道三家都通的，我们可以兼容，兼收并蓄。在佛经里面有一部《杂譬喻经》里面就讲到，释迦牟尼佛的时代，有一个婆罗门贵族。这个贵族有一个女儿长得特别的美貌，端正艳丽，可以说是举世无双，所谓是沉鱼落雁之容，闭月羞花之貌。结果这个女孩就很傲慢，她又是富贵人家，千金小姐，长得又那么好看，你说她能不傲慢吗？如果不是贤人圣人，凡人一定会傲慢。所以她怎么做？她就悬到城门外一些黄金，悬赏，赏什么？看看有谁能够说这个女子不美，很丑的，谁敢这么说，就给他这些金银珠宝。结果把金银珠宝挂在那儿悬赏，悬了九十天，都没人敢来应。大家都知道这个小姐是举世无双的美，谁也不敢说她丑。

消息传到了佛那里，释迦牟尼佛就说了，这个女子非常丑，一点都没有好的地方，"无有一好"。弟子阿难在旁边就不明白了，就问佛了，说这个女孩确实长得像天仙一样的美，为什么佛说她很丑，没有一好？佛就跟他说，说人眼不视色，这是好眼，眼睛能够目不斜视，它不会追求攀缘美色，这个眼才是好眼。那这个女孩有没有？她肯定自己有色心，眼睛自然攀缘美色，她肯定天天都对着镜子照，打扮，追求美色，就不是好眼。耳鼻舌也是这样，耳朵追求好听的声音，鼻子追求好闻的味道，舌头也是追求美味，这都不是好的器官。身体能够不贪这些所谓的"美好"的感受，那才是好身。手不去盗财，那才是好手。为什么他能不盗财，他没有盗心，他不会贪人的便宜，这就是好的。

佛就说了，这个女子眼贪着色，耳贪着音声，鼻贪着香气，身贪着细滑的感受，手喜欢拿人家的东西、盗财，如此者，皆不好也，无有一好。你看眼耳鼻舌身意，这六根，全身没有一个好，实际上是丑。从这里我们也能看到，佛的见解跟夫子见解一样。《论语》里面有一句话讲，"子曰：吾未见好德如好色者也"。孔子说，我没有看到过崇尚道德如同崇尚美色的人一样，重德不重色的人少。但是真正的圣者他们观点相同，都是重德不重色。所以美的标准不单单在于色美，更在于有美好的品德。

妇功，不必工巧过人。妇功也叫女工。女子通常的工作，包括什么？家务，刺绣、纺织等等。自古以来所谓男耕女织。耕种不可能在家里耕种，所以男自然是主外。纺织不可能顶着烈日，冒着风雨去纺织，多半是在家里头纺织，所以主内。这是自然的分工，这个分工自然合乎道理，因为男的他身体粗壮，自然应该是主外面的工作；女子心比较细腻，比较柔软，她就做家里的活；这是合乎自然之道的。我们不能违背自然，一定要说女主外才是男女平等。那让你去顶着烈日风雨去干活，那就不平等了，那是欺负女性。女功，这里着重是讲刺绣方面，不一定工巧过人，就是你能够把工作做好，把你的义务尽到了，敦伦尽分，这就很好。

到底什么才是妇德、妇言、妇容、妇功？这里都是讲不必如此，班昭《女诫》里讲，"幽闲贞静，守节整齐，行己有耻，动静有法，是谓妇德"，原来妇德是这样定义的。幽闲贞静讲到四个方面，"幽"即是清、是静，"清"是讲她的品德清净，清字三点水让我们想到水，那么水如何才能算清？我们讲清澈见底，那一定是里头没有污浊的东西。我们的心要清净，心里面一定要放下烦恼和欲望。烦恼、欲望就是浊，清和浊从这儿来分。人的心里头愈没有念头就愈清。清通常连着高来讲，清高，一个人能清他就高。如果是他有很多的欲望、烦恼、念头放在心里，这个人就浊，浊就重，就往下坠。所以我们看到这世间真正有大成就的人，实际上他都有一股清气。德高望重，受人仰慕的人，他有一种清气，这是高。他欲望少，不会胡思乱想。这是讲到妇德，第一德。

第二是"闲"，清闲这个闲，闲就是不要太忙。为什么不忙？《弟子规》上讲，"事勿忙，忙多错"，一个人忙起来，就很容易出错。女子崇尚细腻，我们不一定要做很多很多工作，家里的活也就这么多，何必要这么急？这讲古代，现代也是。工作，我们没有跟人竞争的心，一切都随缘，只要把我本分该做的做好就好，不要贪，贪做也是贪。她不贪做，自然她就能得闲，空闲。空闲是一种福报，这叫清福，比那个世间洪福更有味道。生活优雅恬静，这确实是人生一乐。所以真正有智慧的人，他不要让自己很忙。

首先我们要把名利心给放下，如果心里面要追求名闻利养，那你一定会很忙。你想多少都不够，就像你发展事业似的，开一个公司不够，开两个公司。开一个项目不够，开两个项目。一个接一个，很忙，没时间。实际上，知足就行了，你就得闲了，都是你自己把握自己的时间。

特别是女子，既然说女子以谦卑为美德，那就要像《礼记》讲的，"尚辞让"，多让，甘心走在人后面。《道德经》上讲的，"不敢为天下先"，这是谦德。人能不敢为天下先，故能成器长。《道德经》讲得很辩证，你愈不走在先头，人家愈把你推到高位上。为器长，长就是首领，首长，器就是我们讲的这些一切物类，人类、物类都属于器。就像大海，大海是水之长，为什么它能成为大海？它最低，姿势最低，所有的水都归向它。如果能够守着如同大海一样的谦德，那你自然就会高，人家会尊重你。像曹大家她本人就做到了，她自己非常谦卑，有这些女德，而且被朝廷请出来，做后宫的老师，太后都尊她为师，她被推向最高处，但她还是守着谦德，大家细细去体会。所以她的心永远处于清净安闲，她没有争的念头，正如《道德经》上讲的，圣人"为而不争"。为就是你还去做工作，你要有这些作为，你不能够什么都不做，"不争"不代表不做。像女子，她能够把自己的本分工作做好，这是为，但是她不争，这是圣人。

"贞"，贞的意思有四个，贞有定的意思，心是定的；有正的意思，心正；有诚的意思，意诚；对女子而言，还有守节的意思。

静，静是安静，她能够守静。所以女子能够比较沉默、寡言、安静，反而更受人尊重，这是一种美德。如果一个女子非常外向，非常会交际，见到谁都呱啦呱啦的，这种人，你自己想一想，你去衡量衡量她如何。和一个能够幽闲贞静的女子相比起来，哪个高哪个下？我们平常观察人，观察女子，当然首先我们自己要做，观察自己为主，自己是什么样的人。如果还没做到清闲贞静，那得赶紧向这个方向努力。

"守节整齐"，"守节"是守着妇道，特别讲究什么？贞节。女子出嫁了，古人讲以夫为天，这个天是讲那是她终身的依靠，即使是丈夫早死，也都能够矢志不渝，不再改嫁，这叫守节。这种人心是多么定，多么的清净，她没有欲望，对于这个世间没有任何索求，真正是"於人无争，於世无求"，淡泊，这种品格就高。像宋若昭连嫁人都放弃了，她写出《女论语》，流传千古，她真正有这种德行。守节没有别的，就是放下情欲而已，守着这个节，节就是义，道义、恩义，守着这个义字，一生都生活在义里头。

文天祥有首诗讲到，惟其义尽，方为仁至。仁是我们一生所追求的，正所谓以仁为己任，死而后已。不管男女，都要以仁为己任，就是一生行仁。我来这个世间做什么的？我有使命的，使命就是行仁，把仁落实在自己身上，然后能够教化别人，这是以仁为己任。死而后已，到死那天，我这个责任还不放弃，死了以后，那才算结束，这一生算是圆满。怎么样能达到仁的境界？义尽了仁就至了，义尽就是一生都守着义，守到最后你就是一位仁者，你就是圣人。

另外一德是"整齐",这是说家居生活有条不紊,家里一定都是打扫得干干净净。"房室清,墙壁净,几案洁,笔砚正",这《弟子规》里面教的,整整齐齐,特别是干干净净。如果一个女子很邋遢,那最讨人厌了,一定是清净、清洁、整齐。

"动静有法",这是讲她的进退,她的为人处事,有法就是有规矩,不会乱来,不会轻佻,稳重安详。这叫妇德。

什么叫妇言?"择辞而说,不道恶语,时然后言,不厌于人,是谓妇言。"妇言,是"择辞而说",就是讲话要注意分寸,不能乱说,《论语》里面讲到的,"敏于事而慎于言"。做事干活要勤谨,说话要谨慎,要慢三拍,宁愿慢着说,也不能抢着说,"话说多,不如少,惟其是,勿佞巧",这都是做人的道理。尤其是女子,一般来讲女子都有她的尊严,如果说话多,容易出错,说错话那自己就丢尊严了。

讲话要有选择,"择辞而说",特别不能出恶语,恶语就是粗言滥语,骂人,骂街,这种泼辣的女子,只能够畏而远之,不敢接近。"时然后言",该说的时候再说,这叫时然后言。看着这个因缘成熟的时候,现在应该说,我们再说。时机没到就说了,这叫失言了。反过来,该说的时候还没说,这就会失人了。失言失人,这都不对,这就要自己懂得进退,这样把握人与人之间交往的分寸,就不会令人讨厌了。

讲话很重要,德行以后就是言语。言语宁少勿多,要是不会讲话,那就不要讲。像我平时出门挂着止语牌,不讲话,"话说多,不如少"。妇言尤其如此。刚才我们讲到的,幽闲贞静,安静,讲话多了，不安静。更何况古人有一句话讲，言多信少。讲话多了，他的信用就少了，这真有道理。一个人老爱表态，老爱承诺的，那你知道，他肯定很难守信。那种平时寡言少语的，言不出则已，一鸣就惊人，不承诺则已，一承诺必定能够做到，我们要学习这种人。

下面又说，"盥浣尘秽，服饰鲜洁，沐浴以时，身不垢辱，是谓妇容。"这讲到容貌，就是外表。做人不能不讲究外表，因为外表代表你自己的德行学问，你有什么样的内心自然有什么样的外表，但讲究也不能够过分。女子可以说都讲究外表，很少有不讲究外表的，那种不修边幅的女子也是不能令人尊敬的。可是这个讲究，怎么讲究法？能够整洁就很好，朴素大方。这里讲的，"盥浣尘秽"，每天洗浴身体，把衣服洗干净，衣服上不能有污点。如果衣服很脏，这个就很失礼了，特别是女性，以清洁为美。穿的服饰跟男子不同，男子的服饰比较单调一些，女子可以比较颜色多样化一些。"鲜洁"就是颜色比较鲜，当然看各人的年龄，还要特别注重干净整洁。衣服不一定很贵重，不一定很时髦。时髦又未必是好，朴素大方，符合身份，整洁干净，这就是最好的。《弟子规》也讲，"若衣服，若饮食，不如人，勿生戚"。穿衣服，我们只要能够符合自己身份，"上循分，下称家"就很好，千万不要追求时髦。

"沐浴以时，身不垢辱"，就是要洗浴身体，身体不要有味道，特别是现在天气热了，晚上我们都洗澡，这是讲卫生的习惯。如果身上有污垢，这也是一种失礼，这是自辱了。其实人都是先自辱，然后人辱之，你自己不自爱，不自重，那当然别人也就不敬重你了，首先我们要自爱自重。这个"身不垢辱"还有一层引申的意思，就是我们自己的德行要完美无缺，这才不垢辱。特别是跟男子交往，一定要掌握分寸，保持距离，不能够轻佻，不能够过分，这也是不垢辱的意思。

讲到妇容，这个容不仅是外表，还有仪容、风度，进退应对都非常得体、大方，这就不垢辱，那自然也就受人尊敬。你看曹大家连皇上都尊敬她，写这篇《女论语》的宋尚宫，也是皇帝尊敬她，迎请她来做宫廷教师。

"专心纺绩，不好戏笑，洁齐酒食，以供宾客，是谓妇功。"这是妇女的工作，讲到妇功，第一个专心纺织。古代不像现代衣服随便就能买到，过去做一件衣服是很不容易的，亲手纺织，布匹、丝绸都是自己亲手织的，每一个女子都要会做。现在不需要我们自己亲自去纺织了，但是如果一个女子懂得自己裁衣服、做衣服，这也是很优秀的一种素质。衣服破了，你也懂得缝缝补补，这是爱惜你的福分，不要浪费。衣服破一个洞，就不穿了，扔掉了，太可惜了，能够补一补，还能够用，缝补的本事这也需要懂。

古代女子都学刺绣，这是一个精细活，都是考手艺的。做这个活有什么好处？练我们的心很细腻。人能够细腻，做任何事都细心，不会出错。其实往往大错都是源自于小错，都是源自于马虎大意。所以一个家里面，从性格上来讲，男子比较活泼、外向、粗犷，女子比较细腻、比较安定，这个是最美的家庭，互补。像曹大家，她先生曹世叔就是一位外向型的人，曹大家本身就是很细腻的人,她能细腻,她就能写出《汉书》这样的好作品。你看很多外科手术的医师,他们都要练刺绣,为什么?你能够缝得很好的刺绣,你就能缝伤口、缝器官。这个男的外科医生,他们都是要做刺绣,练自己的细腻。这是很好的一种修学,做任何事情都用耐心来做,多好。

"不好戏笑",不要喜欢开玩笑,不要游手好闲,应该把心安定下来,好好做好自己的本分工作。不光是女性,男性也一样,这些德行其实很多是通的,实际上都是《弟子规》,是《弟子规》对于女性的具体落实,这就是女德,《女论语》讲的就是这个。

宾客来了,"洁齐酒食,以宾客",你要做好饭,烧几个好菜,来招待客人。妇女在家里,要有两把刷子,我们说要有几下功夫。什么功夫?第一个就是你会做饭,要是不会做饭,那家里肯定很难维持得很安宁长久。太太不会做饭,老公只好老在外面去吃馆子了,他就不想回家了,久而生变。假如太太做得一手好饭菜,这家就有吸引力,有亲和力,先生也就喜欢下班回家,因为外面馆子的饭菜做不过自己太太。孩子放了学也会回家了,也不会在外面疯了。这都是什么?做一个太太、做一个母亲,她要有这个功夫,她是一家的主心骨、向心力。要做好家务活,家里都搞得整整齐齐,让家人回到家里觉得很清新的感受,他喜欢在家里待。如果家里搞得很乱,又不能做饭,那你想想,先生只好跑到外面,万一遇到一个会做饭的、柔情蜜意的,那就跟着她跑了。所以凡事反求诸己,我们自己要好好练就自己这一身功夫、本领,那自然就幸福掌握在自己手中。

讲到妇德、妇言、妇容、妇功，"此四者"，这四项，"女人之大节"。这个"大"字，是重要的德行。"不可乏无者也"，"乏"是缺乏，不可以缺乏，四德不能够缺，缺一样都不可，女德才完备。

"然为之甚易，唯在存心耳"。如果从小没学过，现在回头补习，也不难。做饭做菜，譬如说你要学半个月一个月，你也就能做得很好了，只要能用心。存心重要，存心是什么? 仁爱的存心。女德也叫坤德，坤是代表大地，大地厚德载物，它包容，它抚育万物。万物离开了大地不能生长，所以大地就像母亲一样孕育万物，女子要效仿大地这种品质，这是真正的坤德、母仪，这是仁爱。

古人有言:"仁远乎哉? 我欲仁，斯仁至矣。"这是曹大家引用《论语》里面的话，这个话是孔子说的，他说"仁远乎哉?""仁"是圣人一生追求的境界，这个境界很远吗? 孔子说，"我欲仁，斯仁至矣"，我要想做一个仁人，这个仁的境界就在眼前了，在你一念之间。关键是你这一念是不是真诚，你这一念如果真诚，不夹杂其他的妄念，那真的你可以当下成为一个仁者。即使是过去有做得不足的地方，有很多过失，因为过去没有学过，现在学了，发心改过自新，那你真的就变成仁者了。

〔因辍女工。闲观文字。九烈可嘉。三贞可慕。惧夫后人。不能追步。〕

这是宋若昭写的《序传》的第二句话，她还是引曹大家，托她的名。"因辍女工"，辍是停，停下来。班昭家境不错，所以她可以不用做一些女工，家里有佣人、有奴婢来做这个工作，所以能够学文，说"闲观文字"，她可以学文。

"九烈可嘉"，"嘉"是赞赏，这个"烈"，我们看王相"笺注"，"烈，光也"，光烈的意思。"九烈，言女子全贞完德，有光于夫子，上荣高祖，下荫元孙，光烈昭于九族也"，这叫九烈。所以一个女子也能够像男子一样立身行道，光耀门楣，扬名后世。这个九烈就是讲的女子全贞完德（女德已经完备了）。这种德行"光于夫子"，使她的丈夫、儿子都能得到光耀、光荣。对上荣高祖，祖先都得到荣耀，光耀门楣。"下荫元孙"，对于子孙后世，因为你有这个德，也能给他们福荫。正如文王的后妃太姒，她真正做到上荣高祖，下荫元孙。她的这些儿子，武王、周公、昭公，昭公不是她的亲生儿子，武王、周公是她儿子，她为文王生了十个儿子。周朝后代子孙都享受这位后妃的福荫。这个"光烈昭于九族"，昭就是昭明，就是放光，大放异彩。九族，对这个家族来讲，高曾祖，这是从上面到自己，然后是子、孙、曾孙、玄孙等等，这合在一起，九族，九代人。实际上，德行愈厚，她福荫的子孙愈长久。正所谓有百代之德者，必有百代之子孙保之。像孔子，他的厚德，盛德，到现在他八十代的孙子都享着他的福，那是百代之德。

下面说贞，"三贞可慕"，这个贞是什么意思？"贞，纯一其志，操而不二也。"纯一，心是纯一的，志向纯一。尤其是指女子选定了她的生活伴侣之后，她心就很安定，她不会有其它想法，结了婚就没想过要离婚。贞不光是对女性而言，男性也是。为什么? 因为他的心是清净的, 他专一, 他没有夹杂其他的那些妄想, 没有欲望, 真正是乐天知命。孔子乐天知命, 只有乐天知命的人他才能守一。《道德经》也讲, "抱元守一", 能够守一的人, 容易得道, 他安于本分。"操而不二", 操是他的节操, 操也是有操持, 把持住这一个信念一直到底, 他不改变, 他没有二心, 这个难得, 这叫贞。这个人高贵, 死了以后能升天, 他清高, 清贞的人他就往高处走, 污浊的人往下面堕。

这里讲 "三贞可慕", 三贞是什么? "三贞云者, 女子在家孝于父母, 出嫁孝于舅姑, 敬于夫子。三者之间, 皆克尽其贞纯之德, 斯为女子之全行。" 所以这三贞, 讲到三个方面, 第一个是女子在家孝于父母, 这是未嫁之前, 在家里对父母尽孝。男女都一样, 都要尽孝。女子出嫁以后, 那就是夫家的人了。出嫁以后, 公公婆婆就是舅姑, 公公婆婆就是自己的父母, 所以要孝顺公婆如同孝顺自己的父母一样。这是尽孝, 这叫出嫁就从夫, 跟丈夫一起孝敬父母。"敬于夫子", 对于丈夫和儿子要尊敬。所谓的三从, 这往往是跟四德合在一起的, 三从讲的未嫁从父, 已嫁从夫, 夫死从子。

我们一般听到三从四德, 马上想到这是封建吃人的礼教, 好像这是禁锢女子的, 马上有一种逆反心理。我们先不要起逆反心理, 先把这个道理分析一下。三从四德是早在周朝《周礼》里面就记述了, 绵延了两千多年, 不止两千多年。周朝到现在三千年了, 这么久的历史都能够没有人质疑, 为什么偏偏我们现在开始质疑了, 难道我们都比古人聪明、智慧? 所以这里头必有道理, 不能够一棍子打死。

为什么说要三从? 从父、从夫、从子。年幼未嫁之前她是要在家里的, 当然从父, 这个好理解, 她是跟从父亲, 总不能自己过生活, 一切听从父亲的安排。既嫁从夫, 听从先生的安排, 这个有些人就起逆反了, 为什么我得听他的? 他得听我的才对。这个也是有一定的原因, 客观的原因来讲, 在古代男子接受教育比女子机会要多, 当然不能说女子就没有机会受教育, 曹大家就是出身名门, 她受到了教育。因为男子受教育不光是为自己, 他是要为国为民的。所谓"学而优则仕", 他学得好, 出来为国家服务, 要为民效力, 当然应该要优先给他们教育的机会。既然他受了这些教育, 特别是古圣先贤的教育, 他的见识、他思想肯定比较纯正, 相对来讲, 总比那个没有接受圣贤教育的要更加纯正, 这个从是有道理的。既然你已经受了良好的圣贤教育, 你立志做圣贤, 我听从你的不等于听从圣贤的一样吗? 所以这样讲法, 确实是客观的因素。

男女之间, 女子以柔弱为美, 注重谦卑的品德。男子以刚强为美, 他要顶天立地, 撑起一个家, 他要为国家、为人民效力, 他没有两下子不行。他不能太柔弱, 如果女的也柔弱男的也柔弱, 那这个家就撑不起来了。必定有一个刚的有一个柔的, 刚柔相济, 这个结合才是最完美的。既然一个刚一个柔, 当然柔的顺从刚的比较容易, 刚的顺从柔的比较难, 他要强迫自己顺从, 可能会一下就断了, 太刚他就会断。

顺从这是一种智慧, 这个智慧高于那个被顺从的, 在佛法里讲，叫作恒顺众生，随喜功德。顺从，恒顺众生，随喜功德，这是普贤行。《华严经》到末后，华严经主普贤菩萨所修的法门就是十大愿王，这是成佛的法门。里头有两条，一个是恒顺众生，一个是随喜功德，这就是从的意思。自己如果没有智慧，肯定会执著，执著是烦恼，一执著你就不能够从、不能够顺了。如果去测试智商，我估计应该女子比男子的智商要高，她有智慧，因为她懂得从、懂得顺。不过现在女子也很刚强，那就不一定了。她能够随时、随着环境柔顺的，就可以随缘相处得很好的，这种人智慧要高。《道德经》里讲的，弱能胜强，柔能胜刚，这真的有道理。不是说从夫从子这就是不好，这是有智慧的，使得一个家庭和谐美满。

从当然也不是盲从。如果是丈夫或者儿子他没有道义，陷于不义的时候，这就不能从，所以从真的要有智慧，随从的是义。你看我们第一天讲的夫义妇听，这是五伦十义里面夫妇这伦，夫要有义，妇就要听，听就是顺从。丈夫要是不义？那就不能盲从。可是不能盲从又不能够抛下他不管，抛下不管也是不义，你要有那个智慧去改变先生，这就是柔顺的智慧。

那如何能够有智慧？一定要你放下执著，你能恒顺众生，随喜功德，你就有智慧了。为什么？智慧是本有的，不是学来的。学来的只是知识，只是才华，这些可以学来。但是智慧是你本性中具足的，只要把本性的障碍给放下了，你那个智能就源源不断地流出来。

所以圣人的母亲都是很有智慧的，但并不一定都是很有才华和学识。我们看孔子的母亲、孟子的母亲，这些母亲都没有读过书，可是她们都很有智慧，知道怎样培养儿女，造就出圣人的儿子，所以才华、知识跟智能是两码事。一个女子她具足了女德，她可以没念过书，她不识字，但是她能够让整个家庭和谐、安乐、幸福，儿女都能成才。我们也见过不少这样的家庭，真正是一个家里有个好母亲、好太太，这是一家的福相。

所以这个从不是盲从，一定要放下自我。有一个我，你就把智慧挡住了，挡住智慧也挡住德行，你的德行就不能完备。因为有我就有私，有私就会有争：这是我的，我就不给你，你的我也要，这个工作为什么我要做，你不能做？只要争了，那离道就远了。所以圣人为而不争，一定是修谦卑、修恒顺。

《道德经》里讲，"上善若水。"往往我们把女子比喻成水一样的美。美在哪儿？上善，上善不是一般的善，最高的善。善在哪儿？《道德经》里讲，"水善利万物而不争。"水滋养万物，它可以用于灌溉，用于给人饮用，善利万物。而且水它不需要任何的形式，它在什么样的形状里头它都能很好地生存。你挖一个井，它就是圆的；你搞一个水塔，它是方的；你那个河道弯弯曲曲的，都可以，恒顺众生。你就能够想到，这是上善。而且它能利万物，恒顺当中利益众生，又不跟众生争，它只有让，只是往下流，它不会往上争，这就是上善若水。

这些自然中的道理，我们好好去体会，也就懂得如何修女德了，然后对于这个三从的说法，你也就不见怪了，这是高级的修行，智慧的道理，是圣人的教化，我们虚心地接受，才能真正得利益。所以这三者你都做到完备了，"皆克尽其贞纯之德"，这是女子的全行。全行就是她的德行圆满，也就是女中圣人了。

原文讲，"惧夫后人，不能追步。"惧是恐惧，就是担心，《女论语》的作者担心后人，夫是一个语气词，后人就是后来人，不能够追步，就是赶不上。我们看王相"笺注"中说，"然此乃古人所常，今人宜勉而法之。"九烈三贞四德，古人都能做得到，不难，你要真肯做，可以做到。为什么？那是你本性中本善，是你的性德，你只是恢复你本来的面目而已，并不是难事。况且是求自己，又不是求人，有何难哉？所以"今人宜勉而法之"，要勉力的效法，努力去依教奉行。但是又"恐后之女子，不能追其步迹，而履其行也"。

这也是事实，特别是现在这个所谓的开放时代，男女平权时代，女子都走出家门，要跟男子争平等了。其实她本来地位就高过男子，何必再去争？主内的工作更高，结果这么重要的使命扔掉了，教养后代这是大使命，不要了，出去外面争，那就导致种种乱象发生了。自己幸不幸福？你去问问她，她哪有幸福。她所追求的、得到的成就，只是一种外面名闻利养给她的刺激而已，她内心里面得不到那种喜乐，她没有幸福感，没有安全感。愈争的人其实是愈没有安全感，正因为没有安全感，她才去争，恶性循环。我们也很感谢宋尚宫的慈悲，写这部《女论语》，她是担心后世的女子追不上，就是不能够履行这样的女德，所以写这一部书，流传后世，让我们来学习效法。

顺便举一举刚才讲的四德，妇德、妇言、妇容、妇功。在《周礼》里面就记载，《周礼·天官》，"嫔掌妇学之法。"嫔是指皇帝身边的嫔妃，宫中的嫔妃也学习这些妇道，"九以教九御妇德、妇言、妇容、妇功"。这里就讲到，所谓的女德，三从、四德、九烈、三贞，这统统都是古圣先贤的教诲，都是教我们恢复性德的。

〖**乃撰一书。名为论语。敬戒相承。教训女子。**〗

为什么写这部书？以上是讲了这个原因。女德非常重要，但是担心后世的人如果没有学习，她就很难做出来，所以写这部书，叫《女论语》。王相"笺注"里面说，"恐女教未修，乃编撰此书。"写这部书的目的为了光复女教，这是治国平天下的根本，书名曰《女论语》。

"敬戒相承，教训女子"，"笺注"里面讲"俾使女子童而习之"，女孩从幼童的年龄开始就要学习。这个习就是做，要依之奉行，做成习惯。"必敬必戒"，敬是讲存心。敬是最重要的存心，《礼记》第一篇"曲礼"，第一句话就说"毋不敬"。所谓"一分诚敬得一分利益，十分诚敬得十分利益"。女子德行，敬是最重要的。在家敬父母，还要自己敬重自己，自爱自重。出嫁了，敬丈夫、敬儿子、敬公婆、敬那些叔侄长幼，家里任何人没有不敬的，毋不敬。敬就是谦德的作用。戒是我们身体言语的造作，戒是规矩，要守规矩。这一套《女论语》就是规矩，只要守住，那你就是敬，你就女德完备了。所以"承顺其言，体而行之"，体会了，你要去力行,"方成贤淑世之遵守,以为女子之规则"。所以这部《女论语》的作用很大,女德作用可以使我们世道人心美好、贤良,这是贤淑世之遵守。如果这些女性都能遵守这样的女德,一定使得天下太平。我们之前讲了很多女德的意义,所以这是女子的规则。

〔若依斯言。是为贤妇。罔俾前人。独美千古。〕

如果我们依照《女论语》上说的去做,就叫贤妇,就是窈窕淑女。"罔俾前人"这个罔就是不,俾是使,不使前人独美千古。古人她能够做到,成为贤妇,名垂千古,我们今人也不能只是让前人独美于千古,我们也要美于千古,做一个贤德的女性。

"笺注"上说,"言女子若能依此而行,即与古之贤妇贞女,同其美名。罔俾,犹言无使也",罔俾就当无使来讲,无使前人独美千古。"后世女子,能遵行此教",能够遵依这样的教诲来实行,"则贤良众多,不使前贤独擅美名,于千古而无继也"。所以这是要继往开来,往昔的贤人,像曹大家,像宋氏姐妹,这都是在历史上留下千古美名的人,我们也绝不能让古人独占此美名。正如《孟子》里头讲的,"舜何人也? 予何人也? 有为者亦若是"。舜是大圣人,他是什么人? 我是什么人? 我跟他本来是一样的,本性本善,圣人跟凡人在本性上没有区别,为什么我们现在变成这样? 习气使然。只要断掉习气,我跟他一样。为什么我不立志成圣成贤? 只让这些古圣先贤独美于千古,为什么我不能够留下美名? 要发心继承往圣先贤的这种德行, 为后世子孙做个榜样, 继往开来。真正发起这个心, "为往圣继绝学, 为万世开太平", 从哪做起? 从落实女德做起。真正从我自身上落实女德了, 你就是一位贤淑的女子, 你的这个影响力就非同小可。特别是现代社会, 没人做了, 就你一个人做, 你一定会名扬四海, 名垂青史。真要做不难。当然我们并不是要这个名, 只是希望 "学为人师, 行为世范", 做社会人的好榜样。和谐社会、和谐世界, 从我做起, 从落实女德做起, 你这是真正为世界的和谐做贡献了。

三、立身章第一

我们来看正文。全书文字并不多，分成十二章。"立身章"是总说，后面是分说，后面十一章都教你怎么立身，包括：

"学作章"，就是女功；

"学礼章"，这是待人处事接物的礼仪；

专门立"早起章"这一章，早起很重要，一日之计在于晨，如果太太不能早起，那这一家勤劳的这种风气就很难养成。过去曾国藩要求子弟都要早起，人不能早起就懒了，他也就很难有所作为。

"事父母章"，未嫁之前在家事父母；

"事舅姑章"，已嫁之后侍奉公婆；

"事夫章"，这讲如何对待丈夫。夫妇相处之道这个很重要，是和谐的根本，家庭和谐的根本；

"训男女章"，这是教儿女的，这也是一个很重要的项目；

"管家章"，女子她是管家的、当家的，所以主内的事是当家，很重要。怎么管？《大学》里讲的，修身齐家，做女子齐家是最容易落实的，因为你主内，齐家这是你的本分事业。你把自己管好了你就能管好家。齐家在于修身,修身在于修德,所以你把女德落实了,你这个家不管自然整齐,你不用有管的心。这个管不是用一种控制的心,管着自己的丈夫、管着儿女,不是。这个是什么?自己做一个好榜样,能感化一家,自然使家里有很好的家道、家风;

"待客章",这是对待宾客的礼仪;

"和柔章",这是讲到她的德行,以和为贵,以柔为美;

还有最后"守节章",为夫守节,这是贞洁。

这总共十二章。

我们先来看"立身章第一":

【凡为女子。先学立身。立身之法。惟务清贞。清则身洁。贞则身荣。行莫回头。语莫掀唇。坐莫动膝。立莫摇裙。喜莫大笑。怒莫高声。内外各处。男女异群。莫窥外壁。莫出外庭。出必掩面。窥必藏形。男非眷属。莫与通名。女非善淑。莫与相亲。立身端正。方可为人。】

这一章是《女论语》的一个总纲。一般来讲,这第一章是提纲挈领,也是开门见山,把这一篇最重要的核心内容点示出来。《女论语》是教女子立身的,所以本章的章名就是"立身章"。无论男女都是要以立身为重,立身就是修身。儒家四书《大学》里面讲,"自天子以至于庶人,壹是皆以修身为本。"修身是根本,不管你是天子还是庶人,也不管你是男的还是女的,老的还是少的, 都要重视修身。只有能够修身, 我们才能够齐家, 进而治国平天下。现在我们政府提倡的构建和谐社会, 共建和谐世界, 怎么样来建? 还是要修身。每个人都各自以修身为本, 这个和谐社会才能实现。重要的是, 我不能要求别人去修身, 我只能要求我自己修身。学女德, 这是女子修身的一部教材, 那只能要求我自己按照这一篇《女论语》去做, 我不能要求别人去做。如果我要求别人, 自己通常就会松懈。责人之心强了, 责己的心也就轻了; 责己的心重, 责人的心自然就轻。这个非常重要, 这是《大学》里讲的 "此谓知本", 你就能知道根本了。

《女论语》如果大家已经通读过一遍之后, 你会发现这里头实际上都是讲我们怎么生活, 怎么待人处事接物。因为女子居家为主, 这完全是在家里头修身的教学。它的内容实际上跟《弟子规》如出一辙, 只是它把《弟子规》更具体的落实在女子的修身上。和《弟子规》是通用的, 男女都需要, 这篇《女论语》实际上是《弟子规》在女德上的具体落实, 我们学这篇也是等于学《弟子规》。这个女德也就是落实八德, 孝悌忠信礼义廉耻,《女论语》是更具体的来给我们讲述, 作为一个女子教我们如何来落实八德的, 让我们懂得如何去应用、去做。

我们来看正文, 总说是头四句。

【凡为女子, 先学立身。立身之法, 惟务清贞。】

这四句是总说, 好比《弟子规》的总序, 给我们点出纲领。

我们先看王相"笺注"对这四句的解释，他讲"凡为女子，先学立身"，这个"立"跟"成"字的意思是一样的，所以立身就是成自己的为人之道，就是你如何去成全你的品德，成全你为人之道。也就是说，女子首先要学做人，做人之道要懂。作为女子跟男子也有区别，就共同点来讲，男女都要落实《弟子规》，《弟子规》就教你成人之道，怎么做人。那怎么做一个女人？《弟子规》就没有那么具体，本篇《女论语》就非常具体，教你怎么做女人，教你怎么做淑女。做人之道对女子来讲重要的是什么？就是"立身之法，惟务清贞"，女子做人概括起来就是两个字"清贞"，可以说概括得非常好。

什么叫清，什么叫贞？王相注解里头讲，"端洁安静之谓清。纯一守正之谓贞。"端就是端正，洁是清洁。端正是首先心地要端正，然后举止行为就端正了。诚于中而形于外，如果心地不端正，自然行为也就不端正。而女子品行端正尤为重要，这不光是关系到你一人，这关系到社会的治乱。一个社会如果都是没有女德的女子，那这社会就肯定大乱。我们想要使社会安定，从我做起。落实女德，从哪做起？从我心做起，我心要端正，这就是《大学》讲的正心，诚意正心。正心最重要的是放下私心，把自私自利放下。如果一个人有私心，他就会有烦恼，具体表现为贪瞋痴慢这些烦恼都来了，那心就不正了。

《大学》里讲，"有所忿懥则不得其正；有所恐惧则不得其正；有所好乐则不得其正；有所忧患则不得其正。"好乐是什么？是贪。你有喜欢的，你有贪欲，贪什么？各人贪的对象可能不一样，有的人贪财，有的人贪色，有的人贪名，有的人贪吃，有的人贪睡，只要有一样，心就不得其正了，这个端就没有了。端没有了，清也就没有了。这个清贞，第一个就讲到端，端正。有所忿懥，忿懥是发脾气了，女孩子千万不能够脾气大，脾气大了这就跟淑女相差很远了。有愤怒，这是瞋恚心，心就不正了，不正就是不端，不端就是没有清，不清不贞。那还有忧患、恐惧，这些属于痴，贪瞋痴的痴，愚痴。最重要的愚痴是什么？不明因果，这是愚痴。不明因果心里才会有忧患，才会有恐惧。知道凡事该来的就来，不该来的不必去想，你就不会有忧患，你也就不会有恐惧。还是跟《大学》讲的修身一样的道理。

洁是清洁，身要干净，心要干净。这个洁都是通身和心，身心干净了你家才能干净。《朱子治家格言》第一句话就说"黎明即起，洒扫庭除，要内外整洁"。这就是妇女在家里要干的活，黎明就起来了，一早就起来，先打扫卫生，洒扫庭除，庭院内外，屋里屋外都要扫得干干净净，要内外整洁。通过这样的打扫你要觉悟，打扫外面的这些堂屋庭院，更重要的是打扫自己的心地。扫地先扫心地，扫心地是内整洁，外面自然就会整洁，内外是一不是二。你把心都修好了，你家里肯定就齐家了。

安静，这也是一个清的标准。安静是指少言，言语多了表示她心是浮躁的。一个人心安定，一定是少言，话不多，心永远是定的。这是讲到清。

贞是纯一守正。纯是单纯，一是一心，没有二心。具体表现，没有喜新厌旧的心。特别是对婚姻问题，贞尤其重要。如果能够一生都有守一的念头，那你的心是安的。你到最后回顾一生，可以说你会问心无愧，没有遗憾。纵然是在事相上可能有一些遗憾发生，但是对自己的心来讲你是无愧无悔。人能够无愧无悔的离开这个人世，他一定是到好地方去，能得善终。因为这人生总是要无愧无悔的过，好过也是过，歹过也是过。人生是漫漫长劫当中的一刹那、一瞬间，要在这短短的一生当中，我们要提升自己的灵性。所以一个女子她有清贞的德行，她下一生往上提升。清贞反过来是污浊，污浊的灵魂一定是向下坠落。她纯一，单纯，心守一，守着正，守着正念，无论是遇到任何不幸，我这个正念永不失去。这样的心境就跟圣贤心境契合，所以女子也能成圣人。

所有传统文化的教学，目标都是同一个，让我们这一生成圣成贤。成圣成贤任何人都可以成就，不论你是什么样的身份，你是天子也好，庶民也罢，你是贫富贵贱男女老少，任何一个人都能成圣成贤。《孝经》里面第一章就告诉我们"夫孝，始于事亲，中于事君，终于立身"。你能够立身，这就是成其大孝。孝顺第一层次事亲，孝顺父母。孝顺父母，把孝心养成了，我出外敬顺尊长。对女子特别而言，没出嫁前在家事亲，孝顺父母，出了嫁之后事君，我们一般讲夫君，夫就是君。君当然也包括公公婆婆，你把孝心扩展了，一切的长辈都是以敬父母的心去孝敬他们。圣人之所以能成为圣人，没别的，就是能把他的孝心保持一生不改变，而且能够扩展到对全社会的人，都是以对自己父母的那一颗孝心去对待。

女子出嫁，嫁到夫家，对于公公婆婆，对于丈夫，也是以一颗孝敬心来对待,这就是侍君。有所谓"敬夫如天",你看那种恭敬心,跟佛法里讲的礼敬诸佛是一样的,这是普贤行。普贤行讲礼敬诸佛,是对什么人来讲?是对一切众生,一切众生是未来佛,我对他们的礼敬如同对已成就的佛一样礼敬。生佛平等,生佛不二,这个礼敬的心是一样的,他没有分别。女子在家事亲,出嫁事夫君、事公婆用同样的孝心,这岂不也是修礼敬诸佛的普贤行吗?这不就是在成就圣贤之道吗?能够终生不改变,那你就立身,这就是所谓的守正,你的心永远守在正道上,守着仁,守着孝。孟子说得好,"尧舜之道,孝悌而已矣",尧、舜这都是大圣人,他们的立身之道也就是孝悌而已,你也是行孝悌,你最后也不亚于尧舜。

我们说了为什么要先学立身,《大学》里讲为什么要以修身为本,这个道理就很深了。《大学》里讲,"物有本末,事有终始,知所先后,则近道矣。"物有本末的物是什么意思?宇宙万物。宇宙万物它有一个本一个末,这本末是属于二相,虽说是两个相,其实它是一体的。这一体是什么?《中庸》所谓的"天命之谓性",是生命宇宙的本源。佛法里称为自性、真心、真如,宗教里面称为造物主、真神、上帝,道家讲就是道,儒家《中庸》里面讲天命之谓性。无论你用什么名词来形容它,都指的是一个,你晓得就行了,"道可道非常道"。

《大学》里讲的"物有本末",本和末是连在一起的,就像一棵树,根本和枝末它是一体。你知道本末了,你要使国家天下都能太平,国家天下是属于枝末,那属于境界相,佛法里面称为依报，本是正报，依报随着正报转，那我要齐家治国平天下的话，必须是以修身为本。所以答案有了，为什么说要以修身为本，为什么这里讲"凡为女子，先学立身"？这我们明白了，因为如果不立身、不从根本上修，这个枝末上的家国天下乃至宇宙不可能好的。

打个比喻，你嫁给了一个男子，你自己不立身你想他好，这是不可能的。他是你的依报，你一定要正报好，才感应有这样好的依报，这叫知本。凡人就是不知本，只会埋怨境界。嫁了人之后天天说你怎么对不起我了，你怎么怎么不好了，我对你多好，你对我就不好，全埋怨到境界上，这是什么？在枝末上求，永远得不到她所希望的。一定要回归到本上来，本就是立身。这个本又是身，又是心，身和心是一不是二。

然后再说修学，这个事就是修学之事。有终始，终始是讲先后，哪件应该先开始，哪个是最后。《大学》讲的修身齐家治国平天下，哪个为先，哪个为后？当然以修身为先了，齐家治国平天下是自然感召的，不用刻意去求，自然而然，水到渠成。那你就是知其先后了。知所先后，懂得哪个先，哪个后了，就近道了。近道是什么？你快要得道了，你抓住根本了。所以真正有智慧的人绝对不埋怨境界，他只是认真地修持自己，必定会感得家庭幸福，事业顺利，乃至影响社会和谐，天下太平。

〖**清则身洁，贞则身荣。**〗

前面我们看到王相的注解，说"清"是端洁安静，简单地来讲,这个清就是清净身语意三业。身能够端正清洁,这就是身业清净;口的言语也能够端正清洁,讲话也是要清洁,不能讲脏话,讲那些妄语、是非,这都是属于不洁了;意业也是要端洁安静;这是清。"贞"是你能够纯一守正,你有操守,能够坚定地守住正道,这种人他有身洁、身荣的果报。清和贞是因,身洁身荣是果。王相"笺注"里面讲,"女子而能清,则洁净而无玷",能清的人,她的品行就是洁净,没有玷污。"女子而能贞,则身立而名荣",她立身做到了,也能够扬名后世。《孝经》讲的"立身行道扬名后世",这是大孝。扬名后世不是说她自己希望得到什么名,如果自己得到名,她会想扬名于现在,不是想扬名于后世。可为什么能扬名于后世?因为为后世人做一个好榜样,树立了一个典范,这是起到教学的效果。

《五种遗规·教女遗规》里头有一篇《吕新吾闺范》,这也是讲女德,女子应该有的这些规范、仪则。他讲到,"温柔卑顺,乃事人之性情。纯一坚贞,则持身之节操。"这是讲到性情,女子以温柔卑顺为美。如果是很强悍的,傲慢的,个性很强的,那人们会敬而远之,不敢跟她深交,太强了。如果是夫妻两个都很强悍,个性很强,那真的就是小吵天天有,大吵三六九。为什么是大吵要三六九才有?不能天天大吵,天天大吵吃不消,只能小吵才天天有。你看这过得哪能像人的生活?

如果我们能够温柔卑顺,这说明什么?并不是无能,反而温柔卑顺的人才是坚强的。《道德经》上讲,柔能胜刚,弱能胜强,这个道理我们要懂。性情,女子的性情,大家都希望性情如水的人。水很温柔，它到哪儿都能适应。流到哪儿，不管是什么样形状的山涧也好，转弯处也好，它都能够通过，因为它柔，它不刚，它能够谦卑，它往下流，它能够顺。这个是《道德经》讲的上善若水，这种性情是最美的。

纯一坚贞是她持身的节操，外在虽然是温柔卑顺，可是内心里面她能够有守一坚贞的气节，内刚外柔，内方外圆。内心是刚正不阿，一股正气，往往这种人她才能够真正做到温柔卑顺。内心里面她坚强，外表她才能够去恒顺众生。外面不能够恒顺别人的，看起来很刚强的，往往显出她内心的空虚，她没有主心骨，节操往往未必能守得住。

《闺范》里面讲"至于四德，尤所当知"，这四德我们前面也讲过，所谓"妇德、妇言、妇容、妇功"，这个我们尤其应该知道。上次用班昭的《女诫》里面讲的四德来开解，"吕新吾闺范"，吕新吾是明朝的大儒，《闺范》讲到，"妇德尚静正，妇言尚简婉，妇功尚周慎，妇容尚闲雅"。讲得就简单，但是我们一下就能懂。

妇德崇尚的是静正，静是安静，安静也是一种德。人之所以能安静，因为她的心是定的。《大学》讲的"定而后能静"，她心守着纯一，她就能够做到清贞，她心是静的，她没什么可想，只守着正道而已，没有那些乱七八糟的念头，这能安静。正是她心地纯正，没有那些邪思、邪念。尤其是妇女在怀孕的时候，静正一定要讲求。文王的母亲太任，在怀孕的时候真正做到眼不看恶色，耳不听淫声，口不出傲言，心地永远保持着纯净纯善，静正这个妇德她做得很完备，所以生出文王这样的圣人。这是胎教，周朝开国的时候就已经有胎教，三千多年前了。胎教奠定一个孩子先天之本，母亲能够有妇德，这是关键。

四德里面第二个是妇言，女子讲话以少为美。"简婉"，简是少，《弟子规》上讲的"话说多，不如少"，说得多就错得多，少的话反而显得高雅。婉是婉转，很多话不要直裸裸地说，要委婉一点，特别是女性，有一种含蓄的美，这就令人敬重了。

妇功就是讲工作，多半在家里面。这些所谓女工，古时候以纺织，以做饭菜等等这些工作为主。不管做什么工作都要周慎，周详谨慎。这不就是讲《弟子规》吗?《弟子规》专门有一章是谨，就告诉我们做事要周慎。

妇容，容貌要娴雅，不一定要浓妆艳抹，淡雅一点反而显示她的气质高尚。

四德当中，针对现在社会，清贞这一条特别要指出。尤其是女性，在这个问题上如果自己不注意，那真的是自己最吃亏。对于两性的关系不检点，那女子受损害要多，自己名声不好，对自己身体也是一个大的摧残。

下面我们来看"立身章"第三段，第三段是讲威仪，这也很重要。

〖行莫回头。语莫掀唇。坐莫动膝。立莫摇裙。喜莫大笑。怒莫高声。〗

"行莫回头"就是行步走路不要随便回头。一边走路,一边往后看,前瞻后观这个很失威仪。尤其是女子,女子如果她能够心单纯,守正,自然而然她就有这种威仪。反过来,如果是她的身体不正,走起路来到处看,你就知道她的内心肯定是不单纯。诚于中而形于外,从外表你就可以看透她的内心。你看看佛门里面真正的修行人,走起路来眼观鼻,鼻观心,目不斜视,专注,这种修持才叫高贵,所以出家修行人称为是人天师表。女子的这种威仪也能够得到人神恭敬。

"语莫掀唇"是讲话不要把两片唇掀开露齿,这个威仪就不好看了。所谓讲话言不露齿,笑不露齿,这是讲话的仪容。

坐的时候不要摇膝,两个膝盖要定,这跟《弟子规》都是相同的,"勿摇髀"。你想想一个人要是坐的时候两只腿一直在那抖,在那摇,很难看,你也知道这个人内心七上八下,心浮气躁。内心真正安静的人,他的身体一定就会定,这都是很好的威仪。我们自己学了之后要这样去练习,通过把身体定下来也把我们的心定下来,这不就是修行吗?这就是立身。

站的时候,因为女子都穿裙,摇裙,左右摇,看起来很轻佻,而且也站得不稳。所以要站有站相,坐有坐相。

如果这四条做不到,走路的时候老是回头看,东张西望,讲话的时候露牙,坐的时候老是摇腿,晃来晃去,特别是《弟子规》上讲的不能够箕坐,特别是女子,坐的时候双腿并拢,不能张开,站立的时候左摇右摆,这都不是贵相,贵相正好跟它相反。所以要切记,你一人的修养品性全在你的言语、动作上表现出来。

"喜莫大笑,怒莫高声",欢喜的时候不要大笑,否则就真的很失威仪,特别是女子。男子这样大笑说得过去,还有点豪爽劲儿;女子大笑,学男子那样豪爽,那就不美了。一个人她有涵养,心是定的,欢喜她也不会过分的欢喜,发怒也不会怒形于色。当然最好是内心不要发怒,发怒是瞋恚心,这要断烦恼。

《礼记》里面讲的圣人治人七情,把七情六欲降到最低,这样你的学养功夫就深了。七情是什么?喜怒哀惧爱恶欲,这七情要是过分了就不好。喜是欢喜,我们内心确实要有欢喜心,但是不能够过喜。过喜是什么?往往是外面的一些喜讯来了,你听到喜讯就非常欢喜,过分欢喜这就失态了。跟真正内心涌出来的法喜不一样,那个像流水一样,潺潺流水,它不会让你很冲动。怒,发脾气;哀,哀伤;惧,恐惧。女子往往一恐惧的时候就大叫,这也都是失威仪。这表明什么?她的涵养不够,定力不足,需要平时去修学的。所谓学问深时意气平,真正有学问有道德的人,不论男女,他的气是平和的,心平气和,他不会那样波澜起伏。发怒的时候一定要立刻化解,不能够不节制怒气。而且如果是高声大骂,那就非常的失礼,尤其是在公众场合。你想想一个女孩,在公众场合破口大骂,骂街,多难看,太不自重了。她不自重,别人就不尊重她,她自重别人才尊重她。所以这就是女子之道,不可以轻视,要谨慎去修学。

总结起来就是用一个礼字,以礼来规范自身。就像颜回终身奉行的四勿,"非礼勿视,非礼勿听,非礼勿言,非礼勿动"。你行要是回头,这是非礼就视了,不是非礼勿视。回头看什么?走你的路就好好走，专心的走。人的心专，自然就有定力。讲话的时候掀唇露齿，言就非礼了，言语的时候就没有守到礼。坐要是动膝，立要是摇裙，喜大笑，怒高声，这都是属于非礼之动。女子如果真正能守住这种妇德，这种威仪，她对于自身，对于家庭，对于国家社会都有很大的裨益。

我们都希望这个社会能够祥和，所谓"风调雨顺，灾厉不起"，人民的心地都能够和善，没有争端，那最重要的讲求阴阳之气要和谐。一般来讲男子是阳，女子为阴。阳是以动态为主，像天，我们看天空有日月星辰，都是动的，都是从东方起西方落，所以男子之德以自强不息为美。女子的这个德叫坤德，坤是大地，大地是不能动的，大地要动了就地震了，所以以静态为美，守静重要。这样阴阳才能够平衡，动静要平衡，自然就感得风调雨顺。我们看到这个社会里面基本的构成单位是家庭，家庭最基本的是夫妻，如果夫妻阴阳失衡了，该动的不动，该静的不静，动静失衡，那家里就没有风调雨顺了。你看做大地的她偏偏要争着做天，把天压下来做地，这属于什么？天翻地覆了。家庭里天翻地覆现在也都不是新闻了，为什么？就是阴阳失衡，大家想想是不是这个道理？

所以各自守着自己的本分，天下太平，从我家开始做起。如果我不能做到守本分，不能够顺应自然，男女配天地，顺应自然，阴柔她有她自然的一种状态，不能顺应自然，肯定感得家庭当中的动荡，社会有不安，或有天灾，或有人祸。要真正使得社会和谐，我要从自身上落实女德做起，那你就是来挽救世间的，你是来消灾免难的, 你就等于是救世的菩萨了。怎么做? 把女德落实, 你就是观世音菩萨。做现代观世音菩萨, 没别的, 女德统统落实就行, 做世间好榜样。

我们来看下面第四段。第四段是讲男女大防的, 这也是女德当中很重要的一层, 清贞之要。男女之间要保持一定距离:

〚**内外各处。男女异群。莫窥外壁。莫出外庭。出必掩面。窥必藏形。**〛

按照古礼, 男女所居住的地方要分内外, 男居住在外, 外庭外院, 女居住在内院内庭, 这也是符合自然的。最简单的, 如果有盗贼进来了, 那肯定是外面那层先来保护, 男子身强力壮, 是应该保护内庭的。所以男女分内外, 男主外, 女主内, 这属于天然之道。这当中就一定要有别了, 不能够混在一起, 混在一起就乱了。古代的家庭, 那都是大家庭, 一个家庭往往是四代同堂, 五代同堂, 少则几十口人, 多则几百口人都有, 那要是住在一起, 男女混居这就会出乱子, 容易出现很不检点的事情。古时候男女五岁就要分席吃饭, 更不能睡卧在一起, 为什么? 真的是保护孩子的清净心, 这不是禁锢孩子, 这是保护孩子。

过去, 走路都是男左女右各不相犯, 男的走在左边, 女的走在右边, 这叫"男女异群", 不在一起起居生活, 所以大家庭, 几百口人都不乱, 都很有规矩, 这真的是它有内外礼法。

女子"莫窥外壁", 没事的时候不要在窗户上东张西望, 这是好奇心，想看看外面的世界，这样是什么？把心散出去了。中国古代圣贤学问没有别的，都是在让我们收回妄心。孟子讲的，"学问之道无他，求其放心而已"，放心就是心散出去了你把它收回来，一切的行持都是帮我们求其放心，收心。收心，心专注了，你才有定力，你才能开智慧，成圣成贤也都是从收心来做起的。如果是女子老爱在窗户上张望，那也会引来一些不必要的邪缘。

"莫出外庭"是不出外面的庭院。一般情况下，没有事女子不出门。为什么？女子为坤为地，所以守静。女为阴，一个房子屋里是阴，屋外是阳，女子少出门这也符合天道。

当然有时候办事也要出外，出外门庭，特别现在女孩子也要去上班了，也要出去做事了，这一条我们就要更符合现代社会，这表示我们的心地一定要往内收，不要随着外面外境去转，出外庭时一定要"出必掩面，窥必藏形"，这是把我们自己的心收住。

男女异群，男女有别，当中也体现到服装上，男子穿男子的服装，女子穿女子的服装不能够男不像男女不像女，这就不行了。《吕新吾闺范》当中说到，在历史上，假如有一个时代，男女穿着装束是一样的，这往往会出现动乱。他举了一个例子，说夏朝末年夏桀这个皇帝，他宠爱妃子妺喜。妺喜是一个美色人物，让夏桀天天神魂颠倒。据记载妺喜就是很喜欢穿衣戴帽，穿戴男子的服装，而且很喜欢过问政治，她常常左右夏桀的决定，夏桀因为宠幸她，所以就听她的话。她不安心于后宫生活，穿男子的装束，影响当时的政治，结果夏朝就崩溃于夏桀手上。

在春秋时代，齐国齐灵公也是，他有一个很古怪的想法，他很喜欢看到妇女穿男子的衣服。于是他就下令让自己的后宫这些妻妾们都穿着男子的服装，戴男人的装饰。结果上行下效，满城的女子都穿上男装，男不男女不女，见了面都不知道他是男是女，男女无别了。结果社会就乱了，齐灵公看了也很不顺眼，于是就下令民间的女子不准穿男装，但是准许自己宫廷里面的女子穿男装。结果下了令没有人听他的，因为你自己都不这么做。结果他很生气，就下令凡是在路上见到穿男装的女子，可以把她的衣服给撕裂，给她难堪。虽然这种强制的命令下去，还有一些女子她不怕凌辱，她还是穿着男装。当时宰相晏婴就知道这样强迫不行，于是向灵公建议，若要禁令通行最好要从宫内做起。最后灵公只好下令让宫中的妇女也都改回女装，民间的这种不正之风也就自动绝止了。

所以男女异装这也是属于男女有别。服装也是一种潮流，面对潮流我们要想到它对于人的品性修养会不会带来好处。如果是有好处的，我们应该提倡；没有好处的，我们应该从我们自己身上禁止，我们自己先做个好榜样。我们的穿着属于妇容，大方得体，绝没有那种暴露的服饰，这是自重，希望能够带起优良的社会风气。要改变风气，必定是从我做起。

我们再看下面第五段：

〖**男非眷属。莫与通名。女非善淑。莫与相亲。立身端正。方可为人。**〗

男子如果不是兄弟至亲的, 虽然有什么联系, 但是在言语交谈之间, 按照古礼女子是不跟他通姓名, 所谓男女有别, 保持距离。这种礼反而是互相的尊重, 过于亲密反而就不尊重, 而且会引起一些可能的问题, 对这一点古礼要求得非常严格。现在很多是事业型女性, 当然要出来工作, 交往当中递一个名片, 这是时常有的, 当然这个也是未为不可, 但是保持一定的距离这是有好处的。

有一个这样的故事, 是在周朝末年, 楚国楚昭王的夫人叫贞姜, 她是齐国齐侯的女儿, 这个女子非常有女德, 特别是清贞这方面, 对于跟男子的交往非常的注意, 保持距离。有一次楚昭王出游了, 把自己的夫人贞姜留在了一个水台上。在离开她之前跟她约好, "如果是有人回来叫你走的话, 说他是代我来叫你, 那你必定要看这个信符, 这是代表我的, 如果不是带着这个符来找你, 那你不要跟他去。"后来江里发大水了, 差不多要把这个水台给淹没了, 楚昭王这时候赶紧派人去迎接贞姜, 可是匆忙之中忘了拿信符。来接的人没带这个符, 怎么说贞姜都不肯走, 说"江水来了", "江水来了, 没有这道符, 我跟夫君已经约好了, 没有这个符谁来叫我都不走"。结果后来大水淹没水台, 贞姜也就被淹死了。

她的这种做法我们姑且不论, 可是从她的存心上我们去体会, 这位女子把贞洁、把诚信看得比生命还重要。这个女子后来谥号是贞, 贞姜就是清贞、贞洁的贞。虽然这种做法可能在现代社会里面不太可能, 但是对于这种能够重信轻生, 重贞洁轻性命, 这种精神我们是应该赞扬的。孔子孟子提倡的, 所谓杀身以成仁, 舍生以取义, 为了仁义之道, 生命都可以舍弃。那我们现在知道了, 学佛懂了, 人的生命绝对不是这一遭, 生生世世都不知过了多少生, 无量生。生命虽说是可贵的, 但是比起道义来, 道德仁义更可贵。能够为仁义而死者, 这种人他死后一定超升, 他的生命层次提升了。古人所谓的"宁为玉碎, 不为瓦全", 就是这个道理。

我们再看下面说"女非善淑, 莫与相亲"。刚才是讲跟男子的交往要保持距离, 不是眷属都不跟他通名。过去讲的那真是非常严格, 你说通名都不通了, 那再进一步交往肯定不可能。现在自己的分寸要懂得掌握, 不能够过于亲密。即使是女子, 我们也要有所选择, 这是选择交友。孔子在《论语》里面讲的"无友不如己者", 不要跟不如自己的人交朋友。为什么? 因为我们如果跟她交友就是向她学了, 就会影响到自己的德行。我们应该跟仁人君子来交朋友, "能亲仁, 无限好, 德日进, 过日少"。不交朋友不是说不跟他来往, 在礼节上我们不能缺, 但是不跟他学习, 不跟他亲近, 保持距离。《朱子治家格言》里讲, "三姑六婆, 实淫盗之媒。"三姑六婆是讲那些不是善淑的女人, 不贤善, 不是淑女, 这种人往往是淫盗之媒。《水浒》里面就讲到, 武大郎的太太潘金莲跟西门庆勾搭上了, 中间就是有一个婆子做媒人。这个潘金莲是跟这个婆子先认识, 最后就走上这个邪路。所以是什么? 你跟那些不三不四的人交往, 跟他们亲近, 所谓"近墨者黑", 所以交友不得不慎。现在讲求女德的人不多, 我们真正有心学女德, 一起学女德的人可以交朋友，慢慢去影响别人，不要被人影响，这个重要。

"立身端正，方可为人。"立身能够端庄正直，这才能够为人。人跟天地合称为三才，所谓"三才者，天地人"，人之所以能够跟天地合称，正因为人能够修德。这个立身端正，这就是修德，才可立于天地之间。作为女子，清贞是女德的核心，往往自己一生的名节就在于细节上的操持。

有一部电视连续剧，是讲虚云老和尚这一生的，叫《百年虚云》。这个连续剧非常值得看，虚云老和尚一百二十岁，这一百二十年的人生历程。其中就有一个细节，虚云老和尚在没出家之前，他十七岁就结婚了，家里给娶了两个太太，两位太太不分妻和妾，都是正室。其中有一位是田小姐，因为小的时候这些同学们都是在一起玩。当时都是孩子，玩"娶媳妇"，一位谭少爷就娶这个田小姐，结果长大了谭少爷就钟情于田小姐。但是田小姐已经被家里人许配给了萧古岩，（虚云老和尚没出家之前叫萧古岩），许配到萧家了，但是因为幼时的交往，虽然是儿戏，已经生了染心，所以谭少爷长大了就对这个田小姐很钟情，就一直想拆散她跟萧古岩原来定好的亲事，想让田小姐嫁给他。乃至后来生起来了歹念，就在外面造谣说田小姐跟他自己有染，污损田小姐的名节，结果田小姐差一点儿就自杀了，后来把她救下来。从这个故事就体会到男女有别之重要。虽然是未成年的孩子，但是家长在教养儿女的时候对这方面留心谨慎，那可以避免日后不必要的麻烦，不要污染孩子的清净心，不要污染他童真的心，这就是保护孩子。

《吕新吾闺范》里面又举了一个例子，讲到一位贞操的女子感天动地的行持。这是讲江南有一位女子，他的父亲进了监狱，她又没有兄弟去探望，所以这个女孩只好随着她的一个嫂嫂去看她的父亲。结果到了一个叫高邮的地方，那个地区蚊子很厉害，大概是夏天，蚊子非常厉害，如果不在帐篷里面休息，晚上蚊子能把人都咬死。结果这个女子跟她嫂嫂一起走路，随着一些人一起走。到晚上男子架起了帐篷，就招呼这两位女子一起进帐篷来睡觉，为了避蚊子。嫂嫂没有办法，抵不过蚊子的侵害，所以她就依从了，进到帐里头休息。但是这个女孩她说男女有别，怎么可以跟男子共帐？所以自己就单独睡在草地上。走了几天，竟然被蚊子咬到筋骨都露出来了，过了几天之后就死了。后人为了纪念她这种操守，专门给她立了祠来祭祀，这个祠叫作"露筋庙"，因为蚊子把她的筋骨都咬出来了。

这位女子可谓是贞女，有贞操，能守礼，爱惜名节。这是名节重于生死，能够为了礼义而舍掉生命，连男子都自愧不如。你说在大难当头的时候，在诱惑现前的时候，男子能够有操守，坚定不移把持正道的，这也是忠义之士。女子她也能做到这一点，跟男子比，真的操守上并不会让过男子。这所谓死都重于泰山，宁死重于泰山，不生轻于鸿毛。

《太上感应篇》上讲，"是以天地有司过之神，依人所犯轻重，以夺人算。"算是寿算，犯得太重了，他的命就给夺掉了。"算减则贫耗，多逢忧患，人皆恶之"，人人都讨厌他，"刑祸随之，吉庆避之，恶星灾之"，头顶有恶星恶神，"算尽则死"。所以一个人如果没有操守，反而从事恶业，本来有好的命都会折福、折寿，我们知道死了以后一定堕三途。所以自己真正把女德做好了，那是增福增寿，而且往生到善道去。

四、学作章第二

第二章"学作章"，这一章是教女子养成勤劳的好习惯，勤以治家。古人讲的勤俭持家，持家首要的就是勤。女子在家里是担负起这一家主内的重要任务，可以说太太是家庭中的核心。她如果能勤、能俭、有德，这一家就有兴旺之相。所以在"立身章"之后教具体去修德立身，首先讲学作，这里主要是讲学做家务。太太要是不懂做家务，那一家肯定会乱的，很难和谐。

汉朝有一个人叫陆续，他的母亲治家有法，陆续后来做了官。因为当时有人谋反，结果牵连到他，他就被关到了监狱里，在洛阳坐牢。他母亲就从家乡走到洛阳看望自己的儿子，结果看不上，大概是狱卒不让他们母子见面。没办法，他母亲只好回到住的旅店，自己准备一些饭食，托人送给狱中的陆续。大概也不允许送的人见面，只能交给狱卒，狱卒就把饭菜端到陆续面前。结果陆续一看到这个饭菜，立刻就悲痛得泪流不止。看管的人看到他这样悲伤，就问他："你为什么这么悲伤？这是谁给你送的饭菜？"陆续就说："这是我母亲做的饭菜，很可惜我这做儿子的不孝，现在深陷牢狱，累得母亲来看我，结果还看不上，所以悲从中来。"看管的狱卒就问他:"你怎么知道这饭菜是你母亲做的?"陆续就说:"我看到这个饭菜,肉切得方方正正,葱都是以一寸为单位,切得一条条,非常地整齐,这就是我母亲一贯的作风。所以我一看到这个饭菜,就知道一定是出自于我母亲之手。"看管的人听到他这么一说也非常感动,后来去找做饭的人,看到果然是他母亲,于是吏卒们把陆续母子的这一段故事上疏,报上去了。上面看到这种情状,大概也受了感动,所以不久就赦免了陆续,让他回家了。

这个故事很感人,你看他母亲能够以她这种生活上的行持救自己的儿子出狱。这可不是故意想出来的点子,是在不经意当中成就了好事。她有这样的感召,都是因为在日常生活当中做每一样事情,都是做得工工整整,你看这里讲的"切肉未尝不方,断葱以寸为度",这就是行持。人心正,她所做的事就正,不可能说心正做出的事会歪歪扭扭、不工整,做事谨慎也代表她的心细腻,做事用心,不会马虎苟且。

像我们跟在恩师旁边看老恩师一举一动,我在2001年的时候,说话也有十年了,有一次跟我母亲到新加坡看望他老人家,老人家很高兴,在他的小客厅里面招待我们喝茶。我留意到他一个细节,让我至今都不忘。是什么?喝茶时旁边放一个纸巾,纸巾拿起来擦了一下嘴之后,恭恭敬敬地把它叠好,放在旁边。就这样一个小动作,让我印象深刻,老人家对纸巾都是这样恭恭敬敬,就可想而知他那种心地,真是一切恭敬。我为什么对他这个动作这么有感触?因为我平时在这些细节上没有注意,纸巾用过之后，在过去可能都是把它一抓就扔到垃圾桶里去了，很自然，没想过纸巾用完了，把它叠好之后以后还可以再用。就这样一个小动作，一个人的修持、厚德，都在这细节上体现。所以，以后我也学着他，什么东西都要摆得整整齐齐，一切恭敬。

《礼记》第一篇"曲礼曰：毋不敬"，诚敬的功夫，正是一个人学问、道德的体现。像这位陆续的母亲，你看就以这样的诚敬之心，没想到救了自己的儿子！所以大事的成功往往是在小节，一位女子的德行、操守并不是从她轰轰烈烈的行为里边去体现的，往往是在日常生活当中，一举一动才体现出她的女德。而我们对每一样事物，如做家务，哪怕倒杯茶、做个饭、擦个桌子、扫个地，都以认真恭敬的心去做，不也就在成就圣贤之道？所以"学作章"没有别的，还是教我们立身，还是成圣成贤的基本！

我们来一起学习这一章：

【凡为女子。须学女工。纫麻缉苎。粗细不同。车机纺织。切勿匆匆。看蚕煮茧。晓夜相从。采桑摘柘。看雨占风。滋湿即替。寒冷须烘。取叶饲食。必得其中。取丝经纬。丈定成工。轻纱下轴。细布入筒。绸绢苎葛。织造重重。亦可货卖。亦可自缝。刺鞋作袜。引线绣绒。缝联补缀。百事皆通。能依此语。寒冷从容。衣不愁破。家不愁穷。莫学懒妇。积小痴慵。不贪女务。不计春冬。针线粗率。为人所攻。嫁为人妇。耻辱门风。衣裳破损。牵西遮东。遭人指点。耻笑乡中。奉劝女子。听取言终。】

这一章讲得非常具体，教女子如何来纺织，做这些女工。虽然只举这纺织一例，但是我们要懂得举一反三，闻一知十。现在女子在家不需要纺织，现在都是大机器生产，买衣服很方便、很容易了。但是做其他的家务也是用这样的一种精神，我们要通过这一桩事去悟里头的理，这个很重要。理跟事是分不开的，有其事必有其理。你能悟到这个理，那你不仅做一桩事做得好，做哪一桩事都能做得好。所以这里不是教大家真的在家里开始纺织，那你就是学呆了。你要通过这一个例子学到那种存心，那个精神，那个道理，然后在你自己生活当中去运用，这叫活学活用。

"学作章"第一句：

〖凡为女子，须学女工。〗

凡为女子的凡，凡是没有例外，只要你是女人，你一定要懂得女工，这是四德之一。主内的活都得会，要不然就不能称为男主外，女主内。当然男子也应该学，家里的活非常的琐碎，可是能把它做得好，而且长年累月都这样做得好，那么耐心，那么恭敬，一味地做一生，这种人真的也就可以成圣成贤了。中庸是圣人之德最高的境界，中是不偏，你能恭恭敬敬地做好每一件事情这是用中，庸是长久，恒常，日复一日、年复一年，一辈子都这么做，那叫庸德。中庸，夫子讲的这是圣德。圣德怎么造就？还是通过日常小事去造就的。

女子在家里当家，做这些劳动，本身就是修行，第一个就是我们能够生感恩心，感恩什么？感恩自己父母养育之恩，古谚语有句话说得好"养儿方知父母恩"。习劳才知感恩，在家里女子她要工作，工作的时候才知道原来父母养大我很辛苦，不容易，有这种感恩的心，那我们德行才能够增进，所以学女工做事情很重要。男子也是一样，从未成年开始就应该学耕作，学干活，家里的活也都要学会干。过去有所谓的男耕女织，这说明什么？男女都得干活，习劳知感恩，而且干活能够把所学的道理拿去运用，不至于变成书呆子。即使是士大夫的家庭，也有所谓耕读传家，半耕半读，这就是知行并重，知行合一。

我们学女德，懂了道理了，回家就得干活，如果没有干过活的，现在先学着干。这一章是举纺织为例，学做，讲得非常的细，通过这些非常细的描述，我们就能够体会干活真的得细心，培养我们自己的感恩心，培养勤劳的习惯，培养会照顾人的心态。如果一个人不会干活他就不会照顾人，不会照顾人他的爱心怎么能够发挥出来？说要爱人，那是空的，假的。

〖**纫麻缉苎。粗细不同。车机纺织。切勿匆匆。**〗

这里讲到的"纫麻缉苎"，纫和缉这两个字都是缝纫的意思，一针一针地来缝。过去没有机器，麻和苎都是一种植物，用来织布的。过去就是用丝线来把这些麻或者是苎缝连在一起，织布。麻和苎有"粗细不同"，粗细我们就要分开。"车机纺织"，这是讲到用纺车，不知道我们在座有没有人见过古代的那种纺车，全都是手动的，把纱线放在纺车上来纺，穿引到机上，然后织成布匹。纺织的时候最重要的就是要谨慎，"切勿匆匆"，一匆忙纺织的疏密就不一样，它就不能够连贯，密度大小就不一样，织出来的布匹就不好。《弟子规》上讲的"事勿忙，忙多错"，不能匆忙。

〖**看蚕煮茧。晓夜相从。采桑摘柘。看雨占风。滓湿即替。寒冷须烘。取叶饲食。必得其中。取丝经纬。丈尺成工。**〗

"看蚕煮茧，晓夜相从"，是讲做丝绸的，纺丝的，刚才是纺布，这里是纺丝。纺丝要用蚕茧，丝来之不易，蚕结了茧之后要煮茧抽丝。"晓夜相从"这是讲到夜以继日，干得很辛苦，辛勤来料理。"采桑摘柘"，柘这种树它的叶子也是用来喂蚕的，采摘下桑叶和柘叶来养蚕。"看雨占风"这是说到要注意气候，因为蚕晾在架子上，它们在那里活动，吃桑叶，或者放在箱子里头，它们要透气。看着风雨，如果是下雨，要把它收回来，采摘这些树叶也是按时令，这都是"看雨占风"的意思。"滓湿即替"，滓是有垢污了，不干净了，湿，养蚕的箱子、工具搞湿了就要马上替换。"寒冷须烘"，天气要是冷了，蚕可能会死，这时候就要用炭火来进行烘焙，保持养蚕的温度。"取叶饲食，必得其中"，给它们吃这些桑柘的叶子，喂它们也要适度，不能够过饱，过饱会撑死，过饿也不行，所以要适得其中。"取丝经纬，丈尺成工"，蚕慢慢长大了自己就吐丝结茧，古代丝绸全都是用人工，煮茧、抽丝，抽丝的时候要注意经线和纬线的走向不能乱，这一乱就很麻烦，可能那一批丝都浪费了。就这样子一丝一线织成丈疋，疋就是一匹布那个匹，一点一点把它织成丝绸，这都是做衣服的材料。

从这些描述当中，我们要体会到我们身上穿的衣服确实来之不易，所以对身上的衣物要珍惜。要知道身上穿一件丝绸的衣物，那是多少蚕丝，蚕被煮死，杀生了，杀了不知多少，也是对于人工的一种浪费。所以如果不爱惜衣物，那真的叫暴殄天物，这个损德损得厉害，所以在家一定要以勤以俭来持家，这是惜福。人的福分总有一定，就像银行里面存款一样，你要用得太多了，很快就用完了。你节俭一点用，慢慢用，你这一辈子，用到头还有余。如果在没到头之前就把它用光了，那就是古人讲的"禄尽人亡"，福用完了人就该死了，寿命还没到人就得死。古人有仁慈心，不仅爱惜人力和物力，也爱惜生命，这个煮蚕抽丝那是伤害多少的生命，古人仁爱心重，所以不穿丝绸，只穿布，这些都是应该学习的。

〖轻纱下轴。细布入筒。绸绢苎葛。织造重重。〗

这里是讲轻纱，她们把它纺成了丝织品，纺成一匹之后把它卷起来，用卷轴把它做成一个卷。细布也把它卷成一卷入筒，所以丝用轴来卷，布卷成一筒来进行放置。"绸绢苎葛"这都是讲布的不同材料，丝绸的、绢的，苎、葛这都是讲布的粗细不同的一种材料。"织造重重"，要我们不断地努力去做，去积累，不能够说等明天要穿衣服了，今天才纺织，那不可能，要及早做准备，宜未雨而绸缪，勿临渴而掘井，讲的是预先做准备。

〖**亦可货卖**。**亦可自缝**。**刺鞋作袜**。**引线绣绒**。**缝联补缀**。**百事皆通**。〗

如果你能勤劳一些，你做得多一些，还可以拿去贩卖，换一点钱来补充生计。所以过去女子在家里以纺织为业，她勤劳一些，多纺一些布匹拿去卖，来养家糊口。有一些贞妇，守着贞操，虽然丈夫已经早死了，但是她也能够靠纺织为生，来赡养公公婆婆和自己的儿女。如果不懂得操持家务，不懂做这些工作，那你空有其愿不能落实。

现在当然不需要学纺织，可是女性做的工作现在很多，只要我们能够精通一两样，维持生计是绝对没有问题的，还能够对家里老人、儿女都有帮助。可以贩卖这些所织出来的丝布，或者自己缝制衣服，还可以"刺鞋作袜"，以补充日用。"引线绣绒"，这是刺绣，也可以做些精美的刺绣品，女子手艺好她可以刺绣，刺出来很漂亮的东西，像手绢等等，这些也可以拿去贩卖。"缝联补缀"这都是讲缝补，缀就是缝补的意思。"百事皆通"，所以女性要学会缝衣服、补衣服，最好是做衣服。

过去我母亲在她年轻的时候，就自己学做衣服，我从小到大，可以说六岁以前，我的衣物全都是我母亲缝出来的，她懂，她不需要出去买。我小的时候家庭经济也是比较困难，全社会的经济都是比较困难。我出生在"文革"时期，你就想想，什么物资都紧缺，我母亲有这两下子，她自己做衣服，用度上就能省了很多。衣服需要修补的自己就做了，所以到现在她都是自己修补衣服，非常得心应手。现在虽然不用自己做衣服，花钱买已经是很容易办到的事情，我们现在也有这个能力了，但是你会做衣服你就会买衣服，你会看那衣服质量怎么样，缝补的工艺如何，你就会挑。我母亲不看那个衣服是不是名牌，她说那个都不一定可信，还是自己亲自看看这衣服做得怎么样，不能信名牌，名牌未必能做得很好。这都是什么？女工首要的就是你能够缝补。

对于刺绣，现在已经可以作为一种艺术了，如果需要一些刺绣的物品，如手绢、毛巾之类的，你随时可以买到，也很便宜，但是自己练练手艺，练得心灵手巧也是一桩好事。心跟手指是连在一起的，手指灵活她心就细腻，所以叫心灵手巧。你看那些外科大夫做手术，平时他们都学刺绣，一个人他心要是灵，那他办起事来，待人处事接物就会有智慧。有科学报道，说会做家务的孩子比一般不做家务的孩子要更聪明，学习成绩要更好，这是有道理的。为什么？因为他做事情心灵手巧，手巧就心灵，他会干活他就会懂得如何来学习，道理是相通的。

〖**能依此语。寒冷从容。衣不愁破。家不愁穷。**〗

"能依此语，寒冷从容"，就是依照这里面所说的话，你能够纺布，你能够做衣服，寒冷你都不用害怕了，你有足够的布来做衣服,你能保暖。"衣不愁破,家不愁穷。"这衣服也不怕会破,破了你能补,家里即使穷,但是你的用度上也不会缺乏,像我母亲在我小的时候就是这样。所以学习女工本身就是自利利他。现在社会已经进步了,很多的女孩从小也不学这些。不学这些家务活会出现什么问题?很容易变成一个很娇气的小姐,而且是什么事情都会懒,人懒了就容易笨。她能够干活勤劳,她才能够聪明。如果从小福报很大,在家里不用干活的,现在学了女德之后应该要发心了,重新学着做。能不能改?一定能改,过去这些没学过的,现在从头学,学着做家务,我们现在不需要学纺织,但是至少要学做饭,学打扫卫生。

在汉朝,有一位叫鲍宣的人,他娶了一位太太叫桓氏,字少君。鲍宣他本人家境比较贫寒,这个太太是出身于富贵之家,她嫁的时候,当时她父亲给她备了很多嫁妆,希望以此来周济一下男方的家庭。结果鲍宣就不太高兴,他对自己的太太说:"你生于富贵之家,是一位千金小姐,你习惯穿豪华的衣服,过着奢侈的生活,我家是贫贱的,我不敢当,不想接受你这么多嫁妆。"结果他这位妻子说:"这是我父亲因为敬重夫君您的德行,所以让我带这么多嫁妆来,既然是父命我们就依从,您就不用担心。虽然我出生富家,但是我到了您家后,我就跟您一样过清贫的生活,而且我会担负起应该担负的这些工作,承侍夫君,承侍公婆。"鲍宣听了之后也就很满意。结果这位女子到了她夫君家,果然立刻把自己身上华美的服饰全都卸下来,穿上粗布的短褂,这些粗布衣服,用来干活穿的,于是就挽起袖子,开始到厨房干活,干得非常起劲，最后整个乡里都赞叹这一家的太太确实是很贤德。

从这个例子我们看到，一个人只要有志气，有志向，改变习气并不困难。要知道像少君这样的富家女子到了贫穷人家能够放下原来那套习气，整个变了一个人一样，这是不容易的。就不要说女子了，做男子的，如果已经习惯于富裕的、安逸的生活，一下子把你放在一个艰苦的环境里去磨炼，那我们也未必能够承受得了。像少君这样的勇于担当的精神，实在是可敬可佩。夫子在《论语》里面讲，"仁远乎哉，我欲仁，斯仁至矣。"行仁，做一位仁者，仁离我们很远吗？远不远在你的心，你要真正想行仁的话，"我欲仁，斯仁至矣"，你就能成为仁者，仁就来了。关键看你肯不肯去追求，有志者事竟成。

电视连续剧《百年虚云》，演的虚云大师的生平事迹。虚云大师也是出身于富家子弟，但是他有志出世、修道、成道。19岁离开了富贵家庭出家，出了家之后在山洞里面修苦行，修了六年。每天就在山里采集一些野菜充饥，喝的山泉水，衣服都破烂了，在里面苦修。六年！在山洞里不好过，他为什么能做？原来是富家子弟，能够去除习气没有别的，因为他有大志，他要成就圣人。后来他通过苦行，六年出了山洞之后，他学天台学了五年。他母亲在刚生下他之后就过世了，然后听闻自己父亲去世，虚云大师为报父母恩，从普陀山三步一拜到五台山，几千里路，拜了好几年才拜到，三步一拜。最困难的是遇到风雪，在荒无人烟的地方，好几次险些都病死、饿死、冻死。但是凭着他顽强的毅力，征服了常人没办法征服的困境，最后拜到五台山。后来他参禅打坐，大彻大悟。所以有志者事竟成，只是看我们肯不肯去做，愿不愿意成就德行，而吃的苦都是帮助我们断习气，去除习气而已。那些骄慢放逸的习气，正是通过这些苦行可以放下。所谓"梅花香自苦寒来"，一个人真正想要修身立德，成就令人尊敬的操守、品德，那我们不能怕吃苦，怕吃苦很难有成就。

下面我们来看第四段。

〖**莫学懒妇。积小痴憜。**〗

积小就是讲自小时候积起，养成了懒的习惯，痴憜就是积懒成性，就变得愚痴了。一个人勤劳他才会有智慧，懒则会愈来愈笨，这是真的。如果从小就养成懒的习惯，那就很麻烦，这一生不可能有成就。所以教育儿女最重要的是教他勤劳，所谓勤能补拙。笨拙，先天的笨拙没有关系，勤能补上，其实勤劳也就使他愈来愈聪明了。为什么他能聪明？实际上你要知道本性当中有圆满的智慧，本性本善，本性本觉，人为什么会觉得笨？那是因为他习气重。所以我们能够用勤劳去断除习气，让本性智慧显发出来。

〖**不贪女务。不计春冬。针线粗率。为人所攻。嫁为人妇。耻辱门风。**〗

这是讲到如果是从小养成了懒的习气，"不贪女务"这个贪是勤勤恳恳地去做的意思，用贪字更显得女务是我们应该去做的。"不计春冬"这是讲养蚕、纺织我们要看时令、时节。如果该做的女工不做，放弃了自己的本分，养蚕、纺织也不会，那就为人所责笑了。这个人首先是家里的父母，会为父母所呵责，为兄弟姐妹所耻笑。"嫁为人妇"，长大嫁出去了"耻辱门风"，为公公婆婆所见笑，所辱骂，"这谁家养的闺女，怎么什么都不会？"一骂把父母都骂了，这就是自己对于父母祖先的一个耻辱。

在古时候责备人最重的就是失教，这个人要是行为不好，失教，没教养，骂的不是这个人，骂的是父母，让父母蒙羞，这是最严厉的批评，这就是大不孝。前面我们提到的那位女总裁，出嫁的时候她父亲跟她讲了三句话，第一句就提醒她你该干活，你去到别人家得多干活，而且干活还得干仔细，不能够耻辱门风，说咱们家没有教养。所以从小要不学女德，将来自己丢脸，也给父母家里丢脸。

〖衣裳破损。牵西遮东。遭人指点。耻笑乡中。〗

这里举了例子"衣裳破损，牵西遮东"，破损了衣服还不会补，"牵西遮东"已经是捉襟见肘，露这里露那里。"遭人指点，耻笑乡中"就会遭人耻笑。自己的衣服都不会补，怎么还可能给夫君、公公婆婆补衣服，也就是她不会照顾人。这是什么？小的时候没学，那将来出嫁了她会烦恼。

为人父母者，如果有女儿，希望自己的女儿能够将来有一生的幸福,最重要的是让她学做家务。这是幸福的物质基础,不能不讲求。还有更重要的是德行,从做家务当中就能培养德行。在家里她善做家务,她就能孝养父母,出嫁了她能够勤劳持家,能够孝敬公婆、相夫教子。女德最重要的就是她能干活,所以"学作章"排在第二,排在很前面,意思我们不能够不了解。

〖**奉劝女子。听取言终。**〗

这是宋尚宫奉劝女子一定要学习,要听取这种劝告,不能够忽视,戒除懒惰的坏毛病。这关系自己一生的幸福,也关系到后代,一个勤劳的母亲就能养出勤劳的儿子。我自己深受我母亲的影响,我母亲各方面素质都相当好,她能够早起,在过去一般四点来钟就起床,现在学佛了更精进,三点多钟就起床,天天如此。起来首先把家务活料理一下,早餐该准备的那些东西都准备好。譬如说要喝的果汁事先从冰箱里拿出来,回温,不能够拿出来马上喝,那很冰凉,对身体不好。所以起来之后洗漱完毕就开始先预备早餐的东西,菜要洗的先泡上,然后去做早课。做完早课五点钟了,然后就开始做早餐,很从容淡定,井井有条,六点钟就能吃早餐。早餐非常丰富,我母亲说早餐要像皇帝一样,午餐像平民一样,晚餐像乞丐一样。这个早餐要好,因为营养价值高的早上吸收,全天给你去消化,你晚上吃很好的话,睡觉的时候那些好东西积在你肠胃里面可能就变质了。所以宁愿早上吃得好,晚上愈少愈好,愈粗淡愈好。真的母亲带动好习惯最为重要,千万不能够懒，不能够脏，这一个懒一个脏是女子最要戒的。反过来应该勤，应该洁净，勤劳洁净，这是持家有方！

五、学礼章第三

　　【凡为女子。当知礼数。女客相过。安排坐具。整顿衣裳。轻行缓步。敛手低声。请过庭户。问候通时。从头称叙。答问殷勤。轻言细语。备办茶汤。迎来递去。莫学他人。抬身不顾。接见依稀。有相欺侮。如到人家。当知女务。相见传茶。即通事故。说罢起身。再三辞去。主若相留。礼筵待遇。酒略沾唇。食无叉箸。退盏辞壶。过承推拒。莫学他人。呼汤呷醋。醉后颠狂。招人所恶。身未回家。已遭点污。当在家庭。少游道路。生面相逢。低头看顾。莫学他人。不知朝暮。走遍乡村。说三道四。引惹恶声。多招骂怒。辱贱门风。连累父母。损破自身。供他笑具。如此之人。有如犬鼠。莫学他人。惶恐羞辱。】

　　《女论语》四字为一句，便于孩子的读诵。这一章其实讲的事情也都很简单，就是有关迎来送往，待客之道，但是这个对女子非常重要。

　　〖凡为女子。当知礼数。〗

　　女子出嫁跟先生在一起是一体的,女子的使命就是相夫教子,相夫就是帮助丈夫,如果自己不懂得礼数,那是给丈夫丢脸。在交往的时候,古代男女有别,男众由男众互相招待,女众的招待,女子当中自己进行,男女一般不混在一起。很多时候女性来进行外交联谊更有一种优势,易于家庭与家庭建立起朋友的关系。现在我们看到如果是家庭之间成为好朋友,男的跟男的出去外面打球,女子与女子之间也有她们共同的方式,一起购物等等。所以"学礼章"能够令女子帮助丈夫来进行社交,这也是对夫君的一种帮助。现在有家庭在做生意的这方面行待客之道,我们看到有一个好太太,真的是对夫君帮助很大。

　　这里讲待客之道,"凡为女子,当知礼数",要学礼。这个礼古今有不同,我们要懂得古礼的精神,抓住要领运用于现在,用现在人接受的礼仪方式来进行教导。

　　两年前我曾经到过中国驻澳大利亚大使馆,大使馆的大使和夫人出来跟我们见面,那次我是跟恩师一起去的。大使的夫人非常健谈,她给我们介绍,说她自己发起大使夫人的一些聚会。在澳大利亚的首都堪培拉有国家政府办公的国会,还有很多大使馆,是个以国家和国家外交为主的政治小城。我们中国的大使夫人她就跟所有国家的大使夫人一起聚会,一起搞一些活动,譬如说哪里有灾难要义捐,有时候进行文化的交流、学习各国的文化。夫人她所做的这个工作对于国与国之间的联谊就有很大的帮助,所以中国大使馆在堪培拉跟大家的关系都非常好。这是什么? 夫人外交。但是你要懂礼数,让大家能够生欢喜心,这不仅是对自己一家有好处，你看对一国都有好处。

所以女子不学礼数怎么行。"不学礼，无以立"，《礼记》里面告诉我们，"无以立"之立就是你在社会上不能立足，你自己也不能立身，一定要学礼。这个礼体现的核心就是敬，《孝经》上讲"礼者，敬而已矣"，礼就是敬人。敬人是一种精神，这个精神从古至今没有变。至于说礼敬的方式，那古今是有所不同的，我们采用的是现今的，大家都乐于接受的这种方式。

〖**女客相过。安排坐具。整顿衣裳。轻行缓步。敛手低声。请过庭户。问候通时。从头称叙。答问殷勤。轻言细语。备办茶汤。迎来递去。**〗

从这里我们来看，这是宋尚宫所讲的唐朝时候的礼，从这里面我们能够学它的精神。"女客相过，安排坐具"，因为男主外女主内，一家里面男子待客是在外厅，女子待客是在内室，这个都是礼数，不可不知。"安排坐具"就是客人来了，马上请人坐，倒茶，这是基本的。"整顿衣裳，轻行缓步"，安排坐具、茶具都要事先准备好，等客人来了自己要有很好的仪容，"整顿衣裳"就是整肃自己的仪容，自己的衣服要正，要得体，行动"轻行缓步"这是稳重、安详，显得有教养。"敛手低声"就是不要太喧哗。现在有一些人见了面，特别是西方人热情奔放，跟东方人不一样，见了面后大笑一声，然后就互相拥抱，东方人就比较的含蓄，他不会这样热情高涨，各有特点。这里讲中国人以安详稳重为美，对客人也是热情,和颜悦色,但是一点没有造作。

"请过庭户"我们可以想象出来,把客人请到自己的内院,开始招待,过庭户就从外院进入到内院,在内室里招待。"问候通时",这是说见面都要问寒问暖,互相讲一讲上次我们什么时候见的面,您别来无恙?叙叙旧,这是联谊,感情能增进。"从头称叙"这就是讲到要叙叙旧。"答问殷勤,轻言细语",这一答一问,客人有问我们必定就有答,言语之间显出一种热情。客人都来造访,我们不能够不热情,不热情是无礼,他们有问的我们必须有应对,不要给人一种冷漠的感觉。因为是女士,讲话要"轻声细语",不要声音特别大,像男人一样,这个就有失女子的风范。"备办茶汤,迎来递去",就是招待客人饮食、倒茶、汤水那都是尽自己的能力,用最好的、上等的食品来招待客人,这是对客人的尊重。宁愿自己吃差一点,客人来了我们拿出最好的东西来招待,这是恭敬。礼仪当中我们都看出礼的精神体现一个敬字。敬的反面那就是慢,慢待客人,那就失礼了。

〖**莫学他人。抬身不顾。接见依稀。有相欺侮。**〗

这是我们要戒除的,"莫学他人",他人是无礼之人,傲慢无礼,客人来了"抬身不顾",都不起身去迎接,这是很没有礼貌的,即使是晚辈来到你家都应该起身相迎。如果年纪大可以不用出外庭去迎接,至少在人进来的时候,站起来做一个迎接的姿态,总是对人有一种敬意。"接见依稀"是礼貌不周,失礼了,怠慢了。"有相欺侮"这是对宾客的欺侮，可能因为宾客无知，可能因为宾客的身份比较低贱，或家境比较贫寒，有种种的原因，你去欺侮他，这都是不对的。要知道对人不能爱敬，就是对自己不能爱敬，对人欺侮就是对自己的欺侮，只有自爱自重的人，他才能够爱敬别人，尊重别人。

凡是有这种情况，假如我们遇到了，我们也不要跟他计较。为什么？现代学礼的人少，父母没教他们，父母小的时候可能也没学，父母的父母都没教。这真是《无量寿经》里讲的"先人不善，不识道德，无有语者，殊无怪也"，你不能见怪，你只能够同情他、怜悯他，你去包容他，希望用你的得体的礼仪去感化他。

〖如到人家。当知女务。相见传茶。即通事故。说罢起身。再三辞去。〗

"如到人家，当知女务。"有时候我们要出门，去应邀，人家来邀请我们上别人家去。那我们到别人家，不管是亲友走动，还是因什么事情到了别人家，"当知女务"，女务就是女子所务之礼，就是你知礼。"相见传茶，即通事故"，人家招待我们，给我们递茶，那我们也恭敬欢喜接受。坐定之后，茶上来了，开始叙旧，"通事故"就是开始沟通，事故就是叙旧的意思，从叙旧开始慢慢进入正题，这都是在感情上的融通。人与人之间就是个缘分，缘分得结一个善缘，说话进退那就是跟人结善缘，你要懂、知礼，让人生欢喜，不知礼的讨人厌。该谈的谈完了，"说罢起身,再三辞去"。谈完了就不要流连太久,应该赶紧回家,赶紧起身告辞。

〖**主若相留。礼筵待遇。酒略沾唇。食无叉箸。退盏辞壶。过承推拒。**〗

"主若相留,礼筵待遇",主人如果很热情,他希望留你款待你吃饭,当然如果自己没有急事,可以留下来应供,应邀,受主人的接待。古人他们也摆酒,女子也喝酒,古时候的酒度数不高,稍微喝一点问题不大。我们这些听讲的,特别是修行人,最好就不沾酒了。《弟子规》上讲"年方少,勿饮酒,饮酒醉,最为丑",尤其是女人,酒醉的女人那是最丑的,丑态百出。所以这里讲的"酒略沾唇",喝酒的时候稍微沾沾唇,表示表示就很好了,千万不要显示你酒量很大,喝两斤酒好像都不会倒,这没什么值得去炫耀。席间一定注意碗筷要摆得整齐,"食无叉箸",叉是筷子交叉放,这是叉,箸就是筷子,筷子拿起来夹菜的时候,夹完之后整整齐齐摆好。一举一动都有规矩在,都有威仪在。筷子随便乱放,摆的像个叉似的这就很难看,就显得非常没有教养。

"退盏辞壶,过承推拒",吃完饭了,没事赶紧要告辞了,"退盏辞壶"就是要推辞了。特别是主人热情的要敬酒,敬酒的时候你不要再喝下去了,顶多是第一杯,第二杯就要停。学佛的人不用喝酒,吃的东西也是吃素淡的。在别人家里面吃饭,千万不要吃过饱,也不要吃得时间太久,这都是显示出不够教养,食不求饱。看到时光差不多了，席间的人也都吃得差不多，这时候你就起身告辞，不能够恋座，拖延迟缓这是失礼。如果是坐了很久，又有客人来了，她都不起身告辞，这个人程度一定不高，为什么？她都不知道分寸，到人家家里面去坐，一坐在凳子上就黏在那了，人家也不好意思催你，这就让人很难堪。主人愿意留你，这还比较得体。不要等到主人都在暗示，暗示还不走，那就真的是丢面子，下次她再也不敢请你，有第一回没第二回了。所以这个礼不得不学，总要给人多一点余地，让人多一点轻松，少一分压力。

〖**莫学他人。呼汤呷醋。醉后颠狂。招人所恶。身未回家。已遭点污。**〗

"莫学他人，呼汤呷醋。""呼汤呷醋"这是形容在酒席当中，你一杯我一壶，斗着喝。男子如此互相劝酒，比试看谁喝得多，看上去都已经不雅观，如果女子这么做，那真的是很不雅观。所以切忌在席间毫无忌肆，喝酒没有一个分寸，所谓的狂饮大嚼，这个很难看，宁愿少吃一些，千万不要吃得过饱。在别人家吃饭，你吃得直打嗝，那也是很难看的事情。如果是饮酒醉了，"醉后颠狂，招人所恶"，"饮酒醉，最为丑"，人醉了之后，他丧失了理智，他胡言乱语，癫狂，这是失态了，这就招人厌恶了。

"身未回家，已遭点污"，他要回，因为酒醉了回家的时候七扭八歪，走路歪歪斜斜，衣服也有垢污，女人这点尤其要注意。这里讲到"身未回家，已遭点污"，这个点污表面上看是身上的衣裳有了垢污，实际上自己德行有亏缺，这就是最大的点污。所以不修女德就是自己侮辱自己，孟子讲过"人必自侮，而后人侮之"。自己欺侮自己，自己不要脸面，别人才会欺侮我们，才会不给我们脸面，自己要是自爱自重，别人怎么敢欺侮你？

〖当在家庭。少游道路。生面相逢。低头看顾。〗

"当在家庭，少游道路"，这是讲女子应该多在家庭里头，少出门庭，少出游，少闲逛，否则不符合自然之道。女为阴、为坤、为地，阴是在屋内，屋外为阳，所以女主内这符合天道。女子与大地相配合，大地是守静，它不动，这是跟天地相应，这叫坤德。所以老在外面逛的女子，不想回家的，那这种女子女德方面肯定就会欠缺一些了。所以，自己的心要多收回来，真正的学问就是看你收心的功夫。孟子讲，"学问之道无他，求其放心而已"，求其放心就是收心，能够常常端身正意，制心一处，这个人他能够境界提升得很快。人到世间来走一遭，目的是什么？就是提升自己灵性而已。

如果是不得已要出门，那怎么样？"生面相逢，低头看顾。"过去真正有女德的人那是威仪齐整，出门都是遮着面，不使外人（特别是男性）看到自己的脸。因为如果有邪缘，男性看到自己如果长得不错，他就会起歹念，这是自己把自己置于危险的地位。所以走路必定是"低头看顾"，看着自己路走，也不用走得很快，但是专注地走路,不失威仪,切莫左顾右盼,这是一种招摇,显得轻佻。

〖**莫学他人。不知朝暮。走遍乡村。说三道四。引惹恶声。多招骂怒。辱贱门风。连累父母。损破自身。供他笑具。如此之人。有如犬鼠。莫学他人。惶恐羞辱。**〗

"莫学他人,不知朝暮",就是不要学那些无知的女孩,一天到晚不知早晚,所谓"走遍乡村,说三道四",到四处走家串户,干什么?跟人聊天,说三道四,讲的多半是是非,讲是非无所忌惮,这是自己损自己的德,还无意中会结怨。所以"引惹恶声,多招骂怒"。古德讲得好,"来说是非者,必是是非人",一个人爱讲是非,没事他找人去聊天,讲张家长李家短,这种人往往是招人的厌恶多,在佛法里面讲属于两舌恶口,自己招来的果报。女子少言寡语反而显得更有教养。

如果老是在外面串,就会"辱贱门风,连累父母",这是损伤自己的颜面,更是玷辱家门,让自己父母蒙羞,败坏自己声名,还败坏祖宗的声名,这是"损破自身,供他笑具",所以无德之人那是自招其辱,被人笑话。"如此之人",她说"有如犬鼠",这里批评得就比较严重,像狗,像老鼠一样,招人厌恶。说这个话虽然语气比较重,但目的是为了提醒我们,教诫我们,不要自己自招其辱。

所以"莫学他人,惶恐羞辱"。惶恐是因为跟人结了怨,可能说话不谨慎,或者自己没有注意到细节方面的问题,无意中伤了人, 你伤人人家就报复你, 你就处在惶恐之中。如果是我们说三道四讲是非, 往往也被人讲是非, 一报还一报, 自己也就被羞辱。这里是讲妇言的问题, 四德里面妇德、妇言, 这个礼数不得不学, 总是以守静安分为美。

六、早起章第四

下面我们来看"早起章第四"，这一章专门提倡早起这个好习惯。早起确实好处多多，首先对身体来讲，人能早起必定有良好的作息习惯，规律的生活，这是健康的一个关键。人得病其中一个要素就是因为生活没有规律，不正常，身体总是处在紊乱当中，这就容易得病。早起是与天相应，人效法天的话，天早上亮了，亮之前你起来，天黑了，天也休息了，我们也该休息了，与天同步，随顺自然，这你就健康。真正早起的标准古代是五更或者寅时，寅时是三点到五点，这段时间起来这才叫早起，这对身体确实有好处。晚上睡觉，因为你要早起，你得保证睡眠，晚上最好十点前睡觉，这对身体最好。现在因为要工作，各方面的原因，不要超过十一点睡觉，十一点就进入子时，子时必须要睡觉，人身体要卧倒，全身血流归肝，养肝。如果一个人很晚睡觉，早上又很晚起来，肝气不足，肝得不到调养，那这种人一定是什么？面色青，或者是黄，精神头不够，血气不旺。特别是女子，血气是最重要的，男子在精女子在血。所以女子养血是很重要的，养血，早起早睡的好习惯也是很重要的一环，这个比你吃什么好的补品都好，这叫天补！你利用天时来补充养分，补充精气神，比吃药要强。

自古以来真正有成就的人，无不是能够早起。古诗有云"三更灯火五更鸡，正是男儿读书时，黑发不知勤学早，白首方悔读书迟"，讲到男子他立志有所成就，要成就学业、事业、道业，那就要早起，女子在家也是如此，特别是学道之人，用早起克服懒惰的习气，这是很好的。

清朝有一位大官李鸿章，他在他的家书里头说："清晨之气最佳，终夜紧闭卧室之内，浊气充塞，一吸清气，精神为之一爽，百病皆除。"这是懂得养身，清晨那股清气最好。晚上我们休息的时候是紧闭卧室的门户，晚上睡觉确实要关锁门户，不要开着窗吹风，吹风把自己身上阳气都吹跑掉，卧室最好宜小，阳气保全得好。现在我晚上的寮房，卧室很小，实在热了，晚上可以开空调。可是开空调要注意，不要整夜开，整夜开这个空调的冷气也是把我们身上阳气给吹掉了，早上起来你会觉得全身酸软无力，这是什么？阳气亏了的表现，最好是你要真觉得热，把空调打开，开个半小时，那整个房间都凉快了，你睡下来之后关掉，一觉到天亮。第二天你要是被热醒，那正好起床了。一起来先打开窗户，外面的那股新鲜空气进来，你深深吸一口，浊气吐出来了，清气吸进去了，吐故纳新，精神为之一爽，这股清气包治百病。所以早起，对身体确实有好处。我母亲一生都是早起，所以她到现在晚年都没有什么病痛，很健康，还是坚持早起。早起之后做的事情很多，你看做完早课一小时，做完早餐，吃完早餐才开始天亮，你看看天亮了出去外面散散步，呼吸呼吸新鲜空气，然后回来再开始你的工作学习，这都不晚。所以一日之计在于晨，清晨的时间要把握好。

有的人说我的工作很多，我晚上做完工作都很晚，可能做到一两点我才能睡，第二天我怎么可能早起？其实这样也有调整的方法。你先问问你自己一天睡几个小时，譬如说你一天睡六个小时，那你与其两点钟睡觉，早上八点钟起床，不如调一调，你晚上十点钟睡觉，早上四点钟起床，来做你的事情。你调一下时差，把时间换过来，晚上工作早上来做，早上精神清爽，那做的效率就高。一天二十四小时有个时间点，一天也有四季，春夏秋冬，一天的春天是早上三点到九点，夏天是九点到下午三点，秋天是下午三点到晚上九点，冬天是晚上九点到第二天早上三点，春夏秋冬的运作，所谓春生夏长秋收冬藏。冬藏就得睡觉了，春天就得生发起来。最健康的是什么？晚上九点钟睡觉，睡到第二天早上三点，冬藏，冬眠可以，早上三点起来，春天就要起来，这个作息是最健康的，你看寺院里都是这个作息，真的是健康。

《弟子规》上讲"朝起早，夜眠迟；老易至，惜此时"。人要想这一生有所作为，确实不能懒，要早起。夜眠迟，古时候晚睡那是九、十点钟就是晚睡了，因为天黑了就是晚了，到了天黑之后三个小时就已经很晚。曾国藩家书里面也讲到"晏起，为败家之凶德"，晏起就是晚起，这是败家的凶德。如果一个家里的晚辈都不能够早起的话，这会习懒成性，懒惰就紧接着是放逸，一放逸，人就会为所欲为，那就是败家了。所以"治家以不晏起为本",这是曾国藩讲的。"勤字工夫,第一贵早起,第二贵有恒。"勤俭持家这个勤,第一就是早起。这一点我母亲可以说是最令我敬佩的,她早起,一生早起,早起和有恒。她有恒心,她不是一下子冲动,明天我三点钟起床,完了第二天就五点钟起床,再过一天就七点钟起床,再过一天九点钟起床,又恢复本性了,那没有恒心。人想要炼自己的毅力,自己的恒心,就从持之以恒保持早起做起,看你是不是真有修行功夫,看你能不能早起。早起是要克服自己的睡欲,自己的懒惰习惯。人在昏睡的时候,是糊涂,睡得多的时候,人就会变得笨。真正一开始练早起,得咬牙,要克服自己的那种睡欲,当然保证晚上早点睡,慢慢把时差调回来,调好了,终身受益无穷。

下面,我们一起来学习正文:

【凡为女子。习以为常。五更鸡唱。起着衣裳。盥漱已了。随意梳妆。拣柴烧火。早下厨房。摩锅洗镬。煮水煎汤。随家丰俭。蒸煮食尝。安排蔬菜。炮豉舂姜。随时下料。甜淡馨香。整齐碗碟。铺设分张。三餐饭食。朝暮相当。侵晨早起。百事无妨。莫学懒妇。不解思量。黄昏一觉。直到天光。日高三丈。犹未离床。起来已晏。却是惭惶。未曾梳洗。突入厨房。容颜醒赧。手脚慌忙。煎茶煮饭。不及时常。又有一等。餔餟争尝。未曾炮馔。先已偷藏。丑呈乡里。辱及爷娘。被人传说。岂不羞惶。】

"早起章"主要是讲女子在家里早起去做家务。一日之计在于晨，能够早起，就百事都能够办得非常的有条理，会不慌不忙。

〖**凡为女子。习以为常。五更鸡唱。起着衣裳。盥漱已了。随意梳妆。**〗

俗话说：早起三光，晚起三慌。我们大家大概都有这种经验，如果晚起来了，那个心情一定是很慌乱的，因为要赶时间，所以什么都是匆匆忙忙。如果是天天都这么匆忙，就渐渐会形成不好的习惯。所以第一句讲，"凡为女子，习以为常"，早起的习惯非常重要，如果我们能养成好的习惯，终身受益；如果习惯不好，那终身都吃亏。好习惯要从小养成，尤其是早起的习惯，如果已经真正做到了习以为常，都能够早起，一点都不困难，困难的是什么？平时不能早起，有事要早起那是很困难的。所以好习惯的建立是非常重要的。这里举早起为一例，我们要懂得举一反三，做什么事都要懂得养成好习惯。

这个习惯养成，下面讲到如何做才是早起，它的具体标准如下，"五更鸡唱，起着衣裳"，五更天就要起床了，这五更大概是现在我们讲的几点？古时候从戌时开始算是一更，亥时是二更，戌、亥、子、丑、寅，子是三更，丑是四更，寅是五更。晚上入夜了就是一更，一更可以休息了，那是很健康的。到了寅时五更，就是早晨三点到五点，这个时间应该起来。纵然不能够做到三点钟起来，那五点钟也该起来了，这是五更最后一个时间，那个时刻起床，还勉强算得上五更起来。所以我劝大家慢慢养成好习惯，五点钟起床。你会发现这一天，时间很够用，而且你早起的话，精神头提起来，这一天效率特别高。夏天，五点钟天已经开始亮，也确实应该要起来了。五更天鸡鸣，现在城市里面没有鸡鸣，我们用闹钟。

早起如果不习惯的话，一开始是要咬牙的，要修一段苦行，我自己就有这样的经验，即使是你想把你的作息时间往前提早一个小时，一开始都觉得很吃力。譬如说你习惯五点钟起来的，你要提到四点钟起来，开始大概有一个礼拜，是需要调时差的，上了闹钟四点钟起来了，醒是醒了，闹钟响了又把它摁停了，然后眼皮一耷拉又睡着了，这是常有的事。等到一觉起来，五点都过了，比那个平时时间还要晚。但是慢慢你要去练，毅力就是这样练成的，早起是最能练人毅力的，最能练人恒心的。你果然有这种毅力，这种恒劲，你这一生肯定有所成就，这就是修行。起来了之后，穿上衣服，都不用很匆忙，因为你起得早，时间很够用，所以你的动作举止就非常的安详。

然后洗漱，"盥漱已了，随意梳妆"。女子的洗漱时间可能会比男子要多一点，她的麻烦事多一些，但你有时间你可以从从容容，你可以不用那么急忙，所以"随意梳妆"，这表示你从容。试想如果你晚起来了，譬如说你八点钟上班，你睡到七点钟，然后突然惊醒，一看表是已经七点了，就猛地冲入洗手间，然后随意地去刷牙，去洗脸，梳理也没时间，搞到真有点蓬头垢面，就非常的失仪容。所以关键就在于我们能不能早起，安详闲定的气质，其实早起就能帮你养成，这种叫风度，女子的风度，那真的也是可以摄受人的，让人尊敬。

〖拣柴烧火。早下厨房。摩锅洗镬。煮水煎汤。〗

"拣柴烧火，早下厨房。"自己梳洗完毕了，开始做家务，就是开始上班了，工作。那么主内的工作，主要是三餐，家里人可能这时候还未必能起来，但是你先起来料理早餐。过去是烧柴火，现在用煤气，用电，电磁炉，这些都方便了，你下厨房按照家里的饮食习惯开始备料，洗菜，准备煮粥煮饭。"摩锅洗镬"，就是把那个锅碗瓢盆该洗的都洗了，然后"煮水煎汤"，煮茶或者煮粥等等，备早餐。过去儿子媳妇都是跟公公婆婆住在一起，所以这些工作是由媳妇来做，媳妇把这些工作做好了，然后请公公婆婆出来用早餐。如果未嫁，对于自己的父母也是如是来做，这种习惯在未出嫁之前就养成，勤劳，热爱劳动，这都是优良的品德。这些我们看起来好像都是很小的事情，宋尚宫这一章里面选用了不少《礼记·内则》里的事情，《礼记》里面也是记载这些日常生活小事。但是你要知道，小事里头就体现了道，所谓道不远人，道就在你的日常行为，只要你能够认认真真，诚诚敬敬地把你该做的事情做好，你就能入道。

〖随家丰俭。蒸煮食尝。安排蔬菜。炮豉春姜。随时下料。

甜淡馨香。整齐碗碟。铺设分张。三餐饭食。朝暮相当。侵晨早起。百事无妨。》

　　"随家丰俭。蒸煮食尝"，随着你家里的经济情况，你所煮的饭菜也是相应的。这个尝，是通常做饭菜的时候，你试试那个味道，拿个勺子，舀一点菜汁出来尝一尝，咸淡如何，这个都是做饭时的一些动作。"安排蔬菜，炮豉春姜"，我们吃的这些蔬菜，这里讲到蔬菜，她没有提到肉，可见得宋尚宫也是提倡以素食为好。吃素身体健康，我自己吃了十六年的素，你能够做一手好素菜供养家里人，不仅是供养饮食，真正是帮助他们身心得到健康。"炮豉春姜"的豉姜，都是调味品，我们也要把它准备好。"随时下料，甜淡馨香"，所下的这些调料，那要恰到好处，中庸之道不就在这里可以体现了吗？不过咸不过淡，正好，这就是适中，这个度要掌握。平时做饭做菜都用心，用心你就能成为专家。"整齐碗碟，铺设分张"，把菜做好了，该炒的炒，该煮的煮，备好了之后，开始摆桌子，家里有几个人，摆几套碗碟，碗筷，"铺设分张"，按照人数，摆设得整整齐齐，虽然家境未必很富裕，但是你这么样摆，就是一种格调，这就是家里头的向心力、凝聚力。妇女，就是做媳妇的人，在这中间起到了决定性的作用。如果做这些事情都是马马虎虎，心不在焉，那家里何以能够有凝聚力？家里人又怎么能生欢喜心？儒家所讲做圣，是行仁，仁者爱人。佛家讲成佛，佛以慈悲为本，慈悲也是能体贴人、爱护人，全都是在你这个简单的动作里头去体现，你把饭菜做得很好，把碗筷摆得很整齐，让人看了之后真正生起欢喜心，这就是布施，这就是行仁，这就是行菩萨道。尽管家里穷，也要尽自己的能力，把饭菜做得最好，让家人感受到你的爱心，穷也能得到快乐。

"三餐饭食，朝暮相当"，每天做三餐饭，都是以这样的恭谨之心去做。"朝暮相当"，指早餐、午餐、晚餐都要做得像个样子，不能马虎，把碗筷都摆好了，然后请家里人来用餐。那么请他们用餐之后，你就收拾碗筷，洗碗，这个都是花时间的。在过去讲是公公婆婆跟儿子儿媳妇最少四口人的话，那你要做这个饭菜，可能你要花上两小时备料和做饭。现在的蔬菜都有农药，都要事先泡。什么时候该下什么菜，哪样先炒，哪样后炒，你也要懂得它的顺序。那个容易凉的，炒起来容易熟的，放在后。那个不怕凉的，或者炒起来时间很久的，先炒先做。那么现在饭有电饭锅，可以一同进行。你把这个时间分配好，先后顺序不要倒乱。《大学》讲的，"知所先后，则近道矣"，不慌不忙，很有效率，很有法度，就在这厨房里面你也能成圣贤。那么两小时做完，就想到把饭菜端出来。如果是冬天很容易冷，端出来，可能这时候你要盖上个盖子，然后请家里人来，你再把盖子打开。做的分量也合度数，你看这都是学问，都是需要我们动脑筋的。做的这些品种，不能够天天一样，那是单调，吃个几天也就厌烦了。你得要动脑筋，每天有一点新的花样，有新的菜式，天天都有不一样的，大家吃起来很欢喜。天天一样的，那当然是容易做，但是这个我们的爱心就少了。爱心处处，这些细节中你能够去体现出来。家里人都能够感知的，人心都是肉长的，都能够感觉得到，感觉到你在爱他们。在家里建立了这种亲爱的关系，和乐融融，然后你就能够影响乡邻，影响小区，你岂不也是在做治国平天下的事业了吗？不离你的本位，你就能干出圣贤事业。

所以归根结底，最重要的，先从早起做起，"侵晨早起，百事无妨"。侵晨，就是天刚刚准备亮，这叫侵晨。天没亮我们就得起来，百事都能够做得很顺。那么在家里的这些家务，你可以有条不紊，不会延缓，使整个家里面作息都能够有恒，这对全家人都是有好处的。特别是家里面有老人，三餐一定要定时定量。如果三餐不定时，身体就很容易出毛病，凡是肠胃有病的，多半是因为三餐不能定时定量。

〖**莫学懒妇。不解思量。黄昏一觉。直到天光。日高三丈。犹未离床。起来已晏。却是惭惶。**〗

"莫学懒妇，不解思量。"这是劝我们不要学懒妇，懒人不解思量，就是她没有用心，对自己的分内工作她随便、马虎、不负责任，那是什么？就是自私自利，她只想着自己的满足享受，该睡她就睡，睡过笼了，她也不管，懒，懒是什么？是因为自私。那么自私肯定会在家里面有矛盾，你自私就跟家人对立了，你满足了自己的欲望，那就是让别人受到了损害，你的工作没做好，家里人不就受影响了吗？所以这里讲到，"黄昏一觉，直到天光"，这个够懒的了，黄昏就是天刚刚入夜，还没有完全黑下来，那段时间叫黄昏，就开始睡了，一觉到天光，睡个九小时、十小时。"日高三丈，犹未离床"，早上不能早起，太阳都已经老高了，还没有起床，夏天七八点钟日头就老高了，这时候还不起床，那就很懒了。而且也不健康，因为什么？起居不符合天时，该起床的时候不起，这对身体没有好处。前面我们谈到，一天有四季，早上三点到九点这段时间是一天的春季，春生，生发，人就得在这段时间起来。三点到六点，这是早春，早春你就开始生发的话，那你的阳气上升，这个人就会有精神头，纵然睡得少，你也会有精神。

所以我建议，如果大家不能够早起，或者是晚上睡得太晚，第二天就不能早起了，你把时差调换一下，晚上要做的事情提到早上做，对身体有好处，对整个人的精神面貌有好处。一个人他能早起，整个身上阳气很足，面色会特别的红润。要是阳气足，面部都能放光。如果是起得很晚的人，那个阳气就会衰，因为该生发的时候，阳气生发不起来，你还在睡，把阳气给盖覆住了，你去看这个人他的脸色，一点光彩都没有，严重的可能是蜡黄，不管他吃多少补品，脸色都补不过来。对身体不好，又耽误工作，何苦来？

这里讲的，"起来已晏"，晏就是晚，"却是惭惶"，起来晚了之后，心情肯定不好。为什么？你是处在急忙匆忙当中，你也会觉得很惭愧，今天又迟到了，今天又过钟点了，你会有自责的心态，惶就是惶恐，担心工作做不完，你会很匆忙，匆忙之间又会做错些事情，那使得你会更加的惭愧惶恐，久而久之这种心态就变成一种病态，这是心理病。现在很多人都会有这种心理病，精神过于紧张焦虑，现在患焦虑症的人特别多。为什么？他起得晚了，他精神处在高度压力状况下，他要跟时间赛跑，他就不能从容淡定。这都是自我折磨。我宁愿把睡眠少一点，克服一下这些欲望。你真正能够坚持良好的作息的话，你睡眠质量会高。我该睡的时候，我现在就要睡眠，身体已经习惯于这种严格的作息制度，像军队一样，到了睡眠的时间就要睡觉，起来的时候就起来，那你效率会很高。

我过去念中学是在广州华南师大附中，这是个重点中学，他们最成功之处就在于有严格的作息时间，我母亲跟我都是同样的观点。我们学生都住宿，早上六点钟就开始出外做早操，跑步，锻炼，回来之后去吃早餐，八点前就进入教室开始上课，中午有午休，下午有锻炼，晚上十点钟熄灯，一定要睡觉，躺在床上，有老师巡房，谁要是还在搞东西不睡觉的话，那就会被处罚。所以我们这些孩子在那里，学习生活都非常的有规律，非常的守时。我在那个学校六年，初中三年，高中三年，也养成一个习惯，所以后来上大学，出国留学，乃至到现在，还是以这样一种良好的习惯作息，只是现在睡眠比以前中学时代要少了，起来就比以前早了，但是都是在年幼的时候养成的规律性。他们高考之前也不允许学生搞突击，假如说明天考试，不允许今天晚上就突击用功用到十二点，不给，你十点钟就得睡觉，逼着你在有限的时间完成这些工作量。人的效率就是这样养成的。所以我们就很感恩，在学校里受到良好的教育。教育不在乎我们都学了什么。我们学了什么，到现在你说用得上多少，难说。在于你有没有养成好的习惯，好习惯让你终身受用。养成好的学习习惯、工作习惯、作息习惯, 那都是终身得益。

〖**未曾梳洗。突入厨房。容颜齷齪。手脚慌忙。煎茶煮饭。不及时常。**〗

这里讲到, 这懒妇日头高三丈了才起来, 起来晚了确实惭惶, "未曾梳洗, 突入厨房", 我们可以想象出来, 已经晚了, 一看钟点, 过表了, 过钟点了, 立刻就冲入厨房去准备, 也没有梳洗。这个 "突入" 的突字, 就特别形象的刻画出那种匆忙慌乱的样子。"容颜齷齪", 因为没有来得及梳洗, 所以这个面容, 这个形体, 女孩子的头发长, 也没有梳理, 那看起来就很不像样, "齷齪", 就是很不像样、很脏。"手脚慌忙", 这人一忙就会出错,《弟子规》上讲, "事勿忙, 忙多错", 所以可能煮饭都煮糊了, 炒菜味道也调不好, 那就会让家里人都生烦恼, 自己也会生烦恼。"煎茶煮饭, 不及时常", 可能是晚了, 不能及时了, 或者是这个质量很差, 仓忙之间做出来的饭菜那是很难吃的。做饭要有爱心, 你看日本的江本胜博士做的科学实验证明, 我们用爱心对水, 它的结晶长得很美, 如果用不良的心念对那个水, 它结晶就很丑陋。那你煮菜煮饭, 那些饭菜里面都是水分, 人的身体里面百分之七十是水分, 从食物里面吸收的水分很多, 假如我们用爱心去做, 那里的水结晶就很美, 人吃了这种饭菜, 身体营养好, 心情也好, 百病不生。

〖又有一等。餔餟争尝。未曾炮馔。先已偷藏。丑呈乡里。辱及爷娘。被人传说。岂不羞惶。〗

"又有一等，餔餟争尝"，这个餟是通假字，跟那个口字边，右边是四个又，那个字是一样的，就是尝、喝的意思。这是讲又有一等人，她好吃，前面讲是懒做的。好吃的妇人，饮食她先自己尝食。她这种尝食不是为了试味道，而是她贪吃，看到好吃的，她就先吃掉。《弟子规》上讲，"或饮食，或坐走，长者先，幼者后"。饮食，要好的饮食先给父母长辈用，这是在家里。如果出嫁了，公公婆婆就是父母，先给公公婆婆，然后给夫君，按照这样的一个顺序，最后自己才吃。一个是好吃，一个是懒做，这是女子需要戒的，好吃懒做的女子没有人喜欢。"未曾炮馔，先已偷藏"，这是好吃还不够，尝了之后觉得好吃，自己先私藏起来了，就是还没有分给大家吃之前，自己先偷藏，这种私藏，那是私心作祟，这就跟家里人产生了对立隔阂。《弟子规》上讲，"勿私藏，苟私藏，亲心伤。"既然是一家人，好吃的大家共享，所谓是同甘共苦，大家是一家人，就是一体，不能够先为自己考虑，自己先享用，不顾父母爷娘、公公婆婆，这都是品性出了问题。"丑呈乡里"，这种丑态，这种不良的品性，如果让乡里人知道了，传出去了，"辱及爷娘"。爷娘是自己的爹娘，会让父母蒙羞。"被人传说，岂不羞惶"，好事不出门，坏事传千里，自己的德行不足，被人传出去之后，那岂不就是非常羞愧、惶恐了？这是令人见笑。实际上都是先自己侮辱自己，然后人才侮辱自己的，"必先自辱，然后人辱之"。

如果真正自爱自重,他一定对自己的这些欲望能够控制。这个欲望不外乎财色名食睡五欲,这里提到了两条,好吃,懒做,一个是食欲,一个是睡欲,这都需要去控制。那财色名,这些更需要控制,尤其是对女子而言。如果不控制,人的这个贪性,先天的这种烦恼滋长得特别快,如果没有受到良好的圣贤教育,一般女子也就很容易滋长贪爱心。贪爱,各种人的欲望不一样,有的人贪财,有的人贪色,这个色,男女色欲都包括在内,有贪名的、贪吃的、贪睡的,这都是非常损害道德的。所以朱熹朱夫子曾说,要存天理灭人欲,凡是不能够战胜自己欲望的,就被欲望战胜了,做了欲望的奴隶,那天理就没有了。人能够一心存天理,他自然能够控制、降伏自己的欲望,欲望愈淡愈好。靠什么控制自己的欲望?一个勤劳,一个早起,开始炼自己。看起来好像是苦行,实际上是对自己品德修养的一种良药,做习惯了,你会发现,那些欲望是很容易放下的,可以不需要。渐渐地你在修学圣贤之道的时候,你就能够出法喜,所谓学而时习之不亦悦乎,从你的修学圣道依教奉行当中,慢慢你能体会到这个喜悦。它不是外面欲望的刺激产生的,它是内心里心与道合产生的一种像涌泉一样的那种法喜,你那个自在,绝对不是世间欲望的满足可以比拟的。

七、事父母章第五

这是教我们对父母尽孝的。实际上就是《弟子规·入则孝》对于女子具体的落实。孝是德之本也，所谓百善孝为先，女德也是以孝为先，以孝为本，孝是无论男女，都必须要建立的根基。成圣成贤不外乎就是孝道的发扬光大而已，所以从小要养这个孝心。孝心这种修养必须要去力行，要去做，所以这里讲"事父母"的事，体现了孝要你去做。如果你不去做，你光懂得理，不可能成就。通篇的《女论语》我们看到讲的都是事，讲理不多，讲的好像都是生活琐碎之事，但是大道理全在这些小事里头体现。事理是圆融，离开了事，那个理就是空理了，而事里头就有理，理事圆融。

【女子在堂。敬重爹娘。每朝早起。先问安康。寒则烘火。热则扇凉。饥则进食。渴则进汤。父母检责。不得慌忙。近前听取。早夜思量。若有不是。改过从长。父母言语。莫作寻常。遵依教训。不可强良。若有不谙。借问无妨。父母年老。朝夕忧惶。补联鞋袜。做造衣裳。四时八节。孝养相当。父母有疾。

身莫离床。衣不解带。汤药亲尝。祷告神祇。保佑安康。设有
不幸。大数身亡。痛入骨髓。哭断肝肠。劬劳罔极。恩德难忘。
衣裳装检。持服居丧。安理设祭。礼拜家堂。逢周遇忌。血泪
汪汪。莫学忤逆。不敬爹娘。才出一语。使气昂昂。需索陪送。
争兢衣妆。父母不幸。说短论长。搜求财帛。不顾哀丧。如此妇
人。狗彘豺狼。】

〖**女子在堂。敬重爹娘。**〗

"女子在堂，敬重爹娘"，首句八个字是这一章的总纲领，教
我们做女子在家，"在堂"就是在家，还没有出嫁，敬重爹娘，就
是孝顺父母。供养奉侍父母，这是一切道德的根本，圣贤教诲也
是从这里开始教起的。"每朝早起，先问安康"，这是教我们如何
去做，讲得非常具体。

实际上《孝经》里面告诉我们，孝有三个层次，"始于事亲，
中于事君，终于立身"。三个层次最基础的，事父母，就是事亲，
能够在家里对父母养成这一颗孝心，出外事君，对男子而言，古
代男子是入朝做官，侍奉君上。女子一般主内，主内的出嫁了，
她有夫君，事君也就是事夫，而事夫最重要的，就是侍奉公公婆
婆，代自己的先生来孝养父母。既然出嫁，就跟夫君是一体，是
一不是二，夫君的父母就是自己的父母，所以用孝顺自己父母的
那种心和做法对待公公婆婆，这是事君。最后终于立身，终极的
就是立身，立身是你一生都能够这样事亲事君。

事君，事夫君，还有一个就是为夫君留后，不孝有三，无后为大。这个后代最重要的是教育他们成为优秀的儿女，才叫有后，不是说光生儿女那就是有后了，生了之后更重要的是教育他们。高尔基曾经说过一句名言，说"爱孩子，母鸡都会，重要的是教育他们"。如果说生儿育女那就是有后了，那动物里面都有了，动物比人做得没有节制，生得比人还多，不是这个说法。有后，重要的是你能教出好儿女，圣贤的儿女，能传承家道、家风、家学、家业，这才是真正有后。所以母亲的角色至关重要。这都是孝心的体现，能够一生这样做，那就是立身。立身行道，你能成圣成贤。像周朝三太，她们都是女圣人，她们也没有说参加朝廷里任何的工作，就在家里面相夫教子，她就能成为圣人，她的儿女都是圣人。

事亲这是基础，最重要的。《孝经》里面讲的，如何事亲？所谓事亲者，"居则致其敬，养则致其乐，病则致其忧，丧则致其哀，祭则致其严"，这是所谓的"事亲五致"，"五者备矣，然后能事亲"。居则致其敬，对女子而言，在家里能够侍奉父母，出嫁了侍奉公婆，侍奉夫君，致其敬，这个敬就是恭敬，至诚恭敬心，那就是要依礼而行。孔子说的，什么叫孝？"生事之以礼，死葬之以礼，祭之以礼"，礼是很重要的一种方式，要以礼来敬亲孝亲。光有孝心，不懂礼，那也不能够落实事亲五致。内心是敬意，表现出来必定是合乎礼的。这一章就教你这些礼节、礼仪。那礼仪虽然说的是表面上的这些事，但实际上我们要懂它的精神，礼，敬而已矣，那都是内心有这种至诚恭敬心，才能把这个礼做出来，所以居则致其敬。养则致其乐，孝养父母一定要使父母快乐。

"病则致其忧"，父母病了，做儿女的，会很忧虑，千方百计将父母的病治好，甚至古人有所谓的割股疗亲，现代也不乏其人，报道上也有不少关于像捐肾救母、割肝救父的例子，这是病则致其忧。到"丧则致其哀"，父母走了，他过世的时候，非常哀痛，丧礼要办得很完备，这都是尽孝。最后，"祭则致其严"，到祭祀的日子，至诚祭祀父母，以表自己的哀思。这五养做到了，那你事父母才能做到。

《弟子规·入则孝》里面就是围绕这"事亲五致"来讲的。这个致就是尽，极尽你事亲之能事。居要致敬，养要致乐，病要致忧，丧要致哀，祭要致严，严就是祭祀要庄严，致是体现我们的存心，一定是至诚心。《弟子规》中的"入则孝"，也是按照这五个方面来讲。"父母呼，应勿缓，父母命，行勿懒，父母教，须敬听，父母责，须顺承"，这八句就讲"居则致其敬"。到"冬则温，夏则清"往后，是"养则致其乐"，就是让父母快乐，养父母之身和心。"病则致其忧"，是"亲有疾，药先尝，昼夜侍，不离床"。"丧则致其哀"，就是讲，父母去世的时候，"丧三年，常悲咽，居处变"。"祭则致其严"，就是"祭尽诚，事死者，如事生"，完全按照《孝经》的这个分法。

《女论语》的"事父母章"这个还是按照《孝经》的"事亲五致"来排列的。第一段，就属于"居则致其敬"。

〖每朝早起。先问安康。寒则烘火。热则扇凉。饥则进食。

渴则进汤。〗

这里面讲的是居家对父母的奉侍。每日要早起，就是刚才讲的"早起章"，早起自己梳洗完了，看看父母有没有起来，还没有起来，你先准备早餐，父母起来了，去问父母安康，父母昨晚睡得怎么样？那是由衷的问，不是个形式，如果是睡得不好，为什么不好？是不是有蚊子？还是说天气太热了，太冷了，棉被不够？等等，问明原因，加以解决，这都是你细心去体恤父母的需要。如果是寒冷了，要烘火，热则扇凉，这是讲到"冬则温，夏则清"。以前烘火，现在可以用暖气取而代之，扇凉，用空调取而代之，这个方式有变化，但是精神是一样的。

《三字经》里面讲到的"香九龄，能温席"，九岁的黄香冬天晚上冷的时候就能给他父亲温席，他先睡到被窝里面，让被窝暖和了才让他父亲进入被窝休息。虽然我们现在用不上这种做法了，但是我们也要想到。譬如说父母年纪大了，冬天我们给他买一张电热褥，提前至少一两个小时把它插上电暖和了之后父母进入被窝了，你把电源关上，不要带电睡眠，都要这样细心。空调也是，如果夏天很热，把空调先打开半个小时，整个房间凉快了，父母入到房间里休息了，要把空调关上，不要吹着空调睡觉，这对身体不好，把阳气都吹跑了。既体恤细心地去照顾父母，同时又是科学的生活。

我曾经就遇到有一位六十岁的妇女，她儿子很孝顺，给她买了新房，装修好了，房间里开空调，结果开了一个晚上，第二天她醒不来了，这个属于脑中风。为什么？空调直接吹到脑袋上，中风。这些都是什么？虽然有那个孝心，但是不懂得科学，这也不妥。

"饥则进食，渴则进汤"，父母饥渴的时候，你要立刻拿出饮食。真正善于观察的，了解父母什么时候需要吃东西，特别是年纪大的，总是要少食多餐。老年人比较喜欢没事吃点东西，很多老年人爱吃点饼干什么的，这个时候，你看他真正想吃，给他一小块，他吃不多，可能一天除了三餐以外，还要吃两顿点心，这都要照顾到。侍奉老人，那是要非常细心的。这是讲到在家里敬重父母，对父母有需要的这些工作，我们也尽量地去帮助，协助完成。

在《德育课本》里面，我们看到历史上有一个"刘女代耕"的故事。这是讲明朝的刘玉，他生了七个女儿，但是没有儿子，家里很穷。古代多半是务农，所以要靠耕田为业，可是这刘家生了七个女儿，没有男丁，就没有人耕作，所以她父亲就非常的难过。有时候就扶着这个犁，耕犁，他就叹气，自己没有儿子，家境那么贫苦，每天自己还要顶着烈日去种田，这真是很不幸。那自己要是耕不动了，该怎么办？这个老父亲很忧虑。结果这个话让他的第四和第六个女儿听到了，这两个女儿很孝顺，她俩就立志终身不嫁，代她父亲耕田。所以从那以后，他这两个女儿就穿着短衣，天天代父亲到田里去耕种，使得年老的父亲得到安慰，这样一直到她父母都离世。因为家里很穷，她们没有能力去安葬，这两个女儿就把自己的住屋改成了坟，像生前一样天天早晚在坟前问安，"事死者，如事生"。这个事情后来被当地的官员听到了，就非常赞叹，亲自到家里去看望她们，那个时候这两个孝女都已经是六十多岁的人了。

所以我们一般讲男耕女织，男主外，女主内，但是在这种特殊的条件下，也有例外的，这种例外也都是孝心的体现，这是巾帼不让须眉。自古以来也有女儿家代替男子的工作的，那都是在不得已的情况下。譬如说宋朝杨家将，这杨家为了抗击金兵，这些男丁全部都遇难了，或者是失散了，结果后来佘太君、穆桂英挂帅，这都是历史上的佳话，这是代替男子的工作。还有花木兰从军，这些故事都是讲的女子能对父亲尽孝。所以关键是有孝心，至于说工作，虽然大体上来讲，男主外女主内，但是也有例外。

〔父母检责。不得慌忙。近前听取。早夜思量。若有不是。改过从长。〕

这还是讲到"居则致其敬"，对父母那种恭敬，就是《弟子规》里讲的"父母责，须顺承"。父母在呵责的时候，往往是自己有过失，不可以慌慌忙忙。"近前听取，早夜思量"，那就是去恭恭敬敬地听取父母的教诲，有则改之，无则加勉。如果自己有过错，父母批评了，那我们应该尽快改正，不可以有逆反的心，也不应该辩驳。如果是强词夺理辩驳，那就是有违孝道。即使是父母批评错了，也不需要去辩驳，"父母责，须敬听"，我们恭恭敬敬地听取。如果是没有这个过失，我们以后注意不要犯这个过。要及早来思量，这"早夜思量"，早晚都反省，就是曾子"吾日三省吾身"，圣贤之所以能成就，就是因为天天反省改过。

父母在我们身边，能够提醒我们，他们是我们的善知识，是我们的老师。在这个世界上，只有两种人会对我们提出过错，毫不隐瞒的批评我们，那就是父母和老师，这两种人是大恩人。如果没有人提醒我们，没有人来批评我们的过错，那我们的过错可能一生都不能够发现，更不要说改过。有人能够发现我们的过失，给我们提出来，帮助我们改，让我们以后不要再犯同样的过失，不再造同样的业，这不就是对我们的恩德吗？怎么能够对父母有逆反的心？如果是父母骂错了，责备错了，正好自己消业障，还应该欢欢喜喜地来听取父母对我们的这些批评。

唐太宗李世民，他有善于纳谏的雅量，他欢迎臣子给他提意见，不管是谁，不管提什么意见，他都欢欢喜喜地接受。他的一个谏臣魏征，每天给他劝谏，给他挑毛病、批评他，有时候说得也很严厉，不留情面，他都能够忍受。他作为皇帝，有这个度量，很难得，能够听取人家的劝谏。古人讲，兼听则明，你能够听取人家的批评意见，你能够变得更聪明，更有智慧，你会少犯很多过失。所以唐代有"贞观之治"，李世民治理国家，那是安定繁荣。

所以能听取人的意见，能够受谏的，这是福报，看你有没有福，就从这里看。如果你要是没福，你不能听人家意见，你会抵触，你会反驳，人家给你提一次，以后再也不会提第二次，看到你有过错也不敢提了，你不能接受，你是自己遭殃，吃亏的是自己。所以"若有不是，改过从长"，"不是"是自己真的有过错，贵在能改。"改过从长"，你能改过，这就是你的长处。必须要改过，圣人没有别的，就是能够勇于改过而成就的。过则勿惮改，知耻近乎勇。人的这种勇猛心，就体现在他能不能够对自己的过错勇于改正，他不是对外面的人有多勇，而是对自己的过错。雷锋讲过，对自己的过错要像秋风扫落叶一样，绝不姑息。一个人这一生生命短暂，能不能够在有限的生命当中成圣成贤，就看你会不会对自己严格要求。

〖父母言语。莫作寻常。遵依教训。不可强良。若有不谙。借问无妨。〗

这一段就是讲"父母教，须敬听"，《弟子规》中的"入则孝"跟这一段"事父母章"非常相应，所以学这个女德，实际上还是在学《弟子规》，还是教我们怎么落实。父母讲的话，是父母的教诲，"莫作寻常"看待，这是老人言，不可忽略，要认真对待。不听老人言，吃亏在眼前。俗话讲，老人走的桥，比我们走的路还多，他见的世面多，他有人生的经验，所以他对我们讲的话，哪怕是好像非常轻描淡写地说过，我们都要认真地去领受。你有这种善学的心，你就有福。

记得小时候，我和我母亲都有吃完饭散步的习惯，散步的时候，我妈妈就跟我讲很多人生的经验，讲她过去的那些事情，给我分析一些人生的道理，真让我受益良多。所以等我长到二十岁以后，上了大学了，别人都感觉到我好像思想比同龄人要成熟一些，这是得益于从小得到母亲的教诲，这是熏习。而我自己并不是一个聪明人，我相信我的智商也不高，但是母亲善教。我有一个优点，这是我舅父讲的，就是两个字，听话。从小比较温顺，很少有这种所谓逆反，在我印象中好像没有逆反的心理，对父母言听计从。但是自己也会调皮，调皮捣蛋是有，但是父母只要一呵责，一批评，就不敢再做。我父亲有时候跟我聊起过去我小的时候的事，他说我有个特点，听话倒是挺听话，但是也挺调皮。譬如说我老爱动弹，很多人说我小的时候是不是患小儿多动症，很爱动，我父亲说，你坐下，我就立刻坐下。然后他一转头，我就站起来了，但是我父亲一转头看我的时候，我就又坐下。听话，可是比较调皮。

从小因为有对父母这种敬爱的心，对父母讲的话特别重视，乃至于以后长大了，我母亲给我规划人生的道路，叫我上大学，出国留学，读博士，做教授，这完全是我母亲给我规定好的，我只是听话而已。自己从小没有太高的志向，自从学了传统文化，学了佛以后，才知道做人要立志，要发大愿。在成长的过程中，父母真的是最重要的老师，做儿女的要有这种好学的心，不可以傲慢，不要觉得父母又不懂计算机，现代这些科技也不懂，甚至可能连用手机发信息也不会，就看不起父母，结果浪费了很好的学习机会。

"尊依教训，不可强良"，这个强良就是极度的自以为是、任性、蛮横无理，这是强良，那是一种非常不好的心态。要把这种强良心态放下，有一种恭顺的心态来对父母的教训，去接受，去依教奉行，最后，得利益的是自己。现在回头想一想，我从小到大，真的比同龄人幸运，走的人生道路都很顺，我母亲给我设定的一个个人生目标，都能一一完成，好像没有走什么歧途，别人都跟我这么讲，说你很幸运，没有走弯路。到现在我把工作辞掉了，也是父母同意支持，跟着老恩师来学习传统文化、学习圣贤之道、学习佛法，这都是什么? 走的快捷方式。人当然有一个缘分，但更重要的是，你要具备那种接受福报的心态。人总会有这个那个的机遇，好机遇其实人人都会有的，但是如果我们没有一个接受好机遇、接受福分的那个心态，可能福分来了我们还不认识，当面就错过了。这个心态是什么心态? 就是这种孝顺心，能够"遵依教训，不可强良"，放下自我，老实听话，这个心态最为重要，这使你能够受福。要不然福来了，你受不了，当面就错过了。

"若有不谙，借问无妨"，这谙是熟悉，如果有不熟悉、不明白的地方，那不妨可以从容借问父母，向父母请问。特别是年幼无知，很多事情需要问，问明白，不可以任意妄为。有问题应该问，你看，君子九思里面有一条是"疑思问"，有疑难，应该想到去问，问善知识，问老师，问父母，问在行的人，自己能够少走弯路。不要在那里凭着自己的意思乱碰，在那里往往会花很大的血本，你会吃很多的亏，付出很大的代价，所得来的这些经验，其实老人家早有，你只要问一句，就不会去碰壁了。这里不明不熟的地方，包括很多，譬如说怎么做饭，怎么做家务，怎么待人处事接物, 这些不明白的地方, 或者不是很熟悉的地方, 都应该问。问了之后, 最重要的是, 你自己要虚心接受, 细心体会, 用心记住, 然后活学活用。

〚**父母年老。朝夕忧惶。补联鞋袜。做造衣裳。四时八节。孝养相当。**〛

"父母年老, 朝夕忧惶。"父母年纪老了, 年迈, 我们要有一种忧虑的心, 像《论语》里面讲的, "子曰, 父母之年, 不可不知也, 一则以喜, 一则以惧。"父母的年龄, 我们自己要知道得清清楚楚。看看父母今年有多大年纪, 自己知不知道, 这个都不知道了, 你赶快得落实清楚, 如果不知道, 那是没有孝心。关心老人, 不可不知父母之年, 一则以喜, 一则以惧, 喜的是父母现在还健在, 那是我们人生一大幸事。君子三乐, 第一就是父母俱存, 兄弟无故, 这是君子之乐。同时, 也要知道, 父母一年比一年衰老, 一年比一年接近人生的终点, 所以有一种忧惧的心, 这个"朝夕忧惶", 就是一则以惧, 忧虑, 恐惧, 惶恐。担心什么? 日后光景无多, 要报恩的时间机会稍纵即逝。如果不抓紧现前的机会好好去尽孝, 日后就会懊悔的。古诗提醒我们, "树欲静而风不止, 子欲养而亲不待", 儿女想要养父母, 可是父母不等我们, 不要说等把我们自己的事情都处理好了, 再去孝养父母, 那时候可能已经晚了。能够当下为父母做点事情, 就多做一点事情。

这里举出几个例子。"补联鞋袜", 这是给父母补补鞋, 鞋破了,你要会补,袜子破了,你也会补。"做造衣裳",你能够给父母做点衣服。现在不用做衣服,你应该会想到看父母需要,给父母买一下衣服。"四时八节,孝养相当",四时是春夏秋冬,八节是八个节令,四季每个季有两个节,春天有立春、春分,夏天有立夏、夏至,秋天是立秋、秋分,冬天是立冬、冬至,八节。时令的变化,我们要想到父母的寒暑需求,冬天来了,我们要准备添置冬衣棉被,夏天来了,要给父母想到添置夏装,想到这些季节,必需的一些物品,这是养父母之身,这都是"养则致其乐",一定要让父母欢喜。只要自己尽心尽力,哪怕家境可能并不是很好,但是你也能够让父母欢喜。"四时八节",就是讲一年四季的变化。一天也有四季,这一天下来,我们要调理父母的饮食,三餐要定时,不要让父母过饥或过饱,饭菜供应要健康、新鲜,这是最基本的生活起居,要照顾父母。

大连的一位孝子,他父亲二十多年前成了植物人,躺在床上二十六年。这位孝子细心照顾他父亲,一天二十四小时基本是全天候来侍奉,每一个小时要给他父亲翻身,擦一次身体。每天要喂他父亲五六顿饭,每一次只能喂一点点,不能吃很多,不能让父亲过饱,也不能够饿着。每天给父亲洗床单,因为他说这个床单要天天换,要是一天不换,汗就会把床单弄湿了,身体就会难受,因为他父亲是植物人,所以皮肤会容易长褥疮,天天换。

譬如说有时候他父亲感冒了,口里有痰,怎么办?因为痰他吐不出来,孝子就用一根吸管,一头放在自己嘴里,一头放到他父亲嘴里,把那个痰吸出来。这些简单的动作,他重复了二十六年。放弃了自己出国工作的机会，放弃了成家的机遇，离开他父亲从没有超过有半个小时这么长时间。他离开父亲都是上街买点东西，立刻赶回来，总在半个小时之内，因为半个小时要给他父亲翻一次身。

有时候也帮助他父亲锻炼身体，促进血液循环。怎么锻炼？让他散步。一个植物人怎么散步？恐怕我们都没法想象，想也想不出来。孝子是把他父亲抱起来，父亲两个脚站在自己两个脚面上，他就这样抱着他父亲，然后自己往后退，让他父亲做散步走路的这个姿势，这样锻炼。他父亲一百六十斤重，散步一个小时。你就想一想，用这样的心来孝养他父母，做了二十六年。虽然他没有工作，只能拿社会救济金来生活，但是他觉得自己非常幸福，非常快乐。这种幸福快乐，那不是世间五欲六尘的刺激可以比得上的，内心完全是一种充实感。能够向圣贤迈进，这种喜悦凡人是很难体会的，没有这样做下去，就没办法体验他的那种快乐。所以，自己真正向父母尽孝，自己就得到最大的快乐。能够这样尽心尽力的孝养父母，让父母感觉到非常的幸福，乐而忘忧。这是对父母孝养，不仅孝养父母之身，也孝养父母之心。像孝子王希海讲的，他为什么要这么做？他说，他就想让他自己父亲活出体面来。虽然有这个重病，但是也要体体面面的活。

〖**父母有疾，身莫离床，衣不解带，汤药亲尝。**〗

你看，这位孝子就做了最好的表率。父母难免会有得病的时候，作为儿女，那是朝暮侍奉床前，《弟子规》上讲的，"亲有疾，药先尝，昼夜侍，不离床"。儿女都是一样，不分老幼贵贱，像"二十四孝"里面讲到的汉文帝，身为皇帝，万人之上，他母亲得病了，他守候在母亲身旁，亲尝汤药，看看这个药会不会冷，或者过热，或者是煎的火候不够，自己先尝尝，然后再让父母去用药。自己守候在母亲病床前三年衣不解带。

王希海这位孝子，我们看到，是二十六年衣不解带、目不交睫，这是行人之所难行。今年五月份，我应邀到青岛参加第三届企业家论坛，我在这个论坛上做了一次演讲，这位孝子也做了一个报告，让我们座下的人无不感动流泪。他在报告里面向大家忏悔，就有一次，也是唯一的一次，他把父亲抱起来坐在床上，要给他做按摩，结果因为自己太累了，就抱着父亲睡着了。一个小时之后，等他醒来，他父亲坐在那里，大概是太累了，已经全身都流汗，汗湿透了衣服，他自己就觉得非常的内疚。以后，他父亲只要是坐起来的时候，他不敢睡觉，目不交睫，一定是让他父亲安稳的睡下来，他才能够自己去休息。休息也不可能睡得很安稳，因为他每一个小时要给父亲翻身一次，他不能让父亲的皮肤在一个地方接触太久，因为他血液循环不好，所以接触久了容易长皮肤病。这二十多年，他每年都带着父亲去医院复查，有一次遇到一个老教授，听说他父亲已经是二十多年植物人躺在床上，居然发现他父亲身上一点儿褥疮、一点皮肤炎症都没有，他觉得不可思议，不相信这是一个二十多年的植物人。结果后来回去找到他父亲的病历，当这位老教授捧着一沓厚厚的病历出来，流着眼泪对这位孝子说，你对于你父亲的这种护理，已经远远超过了医学院里护理教授的这些理论了，你做出来了。没想到，对一位二十多年植物人，他全身护理得这么好！那个肌肉都这么有弹性。

这真的是纯粹一个孝心使然。孝悌，《孝经》上讲，"孝悌之至，通于神明，光于四海，无所不通。"现在他父亲已经去世了，非常安详地离开人世，心满意足地离开人世了，这位大孝子也就放下了他的心中的一块大石头，尽了对他父亲的这份孝心。他自己说，对父亲算是有个交代了。所以很多地方，包括医院、养老院，都要请这位大孝子去授课，讲怎么护理老人。只要是用心，他就是专家，这可是世界级的专家了！只要孝心到了极处，没有不能通的。《孝经》讲，通于神明，连神明都能感通，何况人乎？只要你能至诚，可以感动天地鬼神，像我们人偶然见到一位孝子，会不会也会受到感动？你见到这样的孝子，你也会去帮助他。天地鬼神也不例外，只要能够真正以至诚心，我去尽孝，父母有病，求神明护佑，会有不可思议的效果，真有保佑安康的这个效果。后面我们会讲几个孝子的故事，来做一个证明。

〔祷告神祇。保佑安康。〕

我们前面提到"事父母章第五"，实际上跟《弟子规·入则孝》没有什么区别，它讲的完全也是为人儿女如何尽孝的，可以跟《弟子规·入则孝》互相参看。实际上本章也是以《孝经》"事亲五致"的顺序来进行教导的。《孝经》上讲，所谓孝亲，是"居则致其敬,养则致其乐,病则致其忧,丧则致其哀,祭则致其严"。我们现在看的这段,是讲"病则致其忧",父母有病,我们做儿女的是很忧虑的。这个忧虑是一种真诚心,父母对我们恩德如山,所以当父母需要我们的时候,我们一定尽心尽力地照顾好父母。表现出来,就是"身莫离床,衣不解带,汤药亲尝,祷告神祇,保佑安康"。所做的这些举动,他不是故意造作,而是他真心诚意的自然流露,只要有一线希望能够救父母的,哪怕自己舍掉生命也在所不惜。所以古人常有"割股疗亲",把自己大腿上的肉割下来,作为药引子,帮助父母来治疗。现代像这类的割股疗亲也不乏其人。

根据2007年8月31号《光明日报》的报道,在四川省邻水县石永中学,一位高中女学生叫曹瑜,她来自一个农村的家庭,家里经济比较拮据,可以说比较贫困,父母要到外地去打工。2006年11月的一天,父母都在外地,母亲打来电话,说她父亲患了尿毒症,需要换肾治疗。当时算了一算,要给父亲换肾,大概需要几十万,钱当然没有,只能是卖掉刚刚建起的新房子,还不够,卖了房子只有十几万,还要向朋友借。即使有了钱了,还找不到合适的肾源,怎么办?曹瑜这位女孩心急如焚,突然想起来,亲人之间是可以换肾的,而且这样费用会很低,不用去买肾了。于是她就到医生办公室双膝跪下,哀求医生说,希望能让自己的肾捐给爸爸。这个事情后来让她父亲知道了,她父亲不愿意拖累自己的女儿。但是曹瑜苦苦的哀求,终于感动了父亲,感动了医生和医院的所有人。那位医生对曹瑜说,"手术会有危险,这一刀划下去那可能让你终身致残，你清楚吗？"曹瑜毫不犹豫地点点头。到了手术那一天，她是自己微笑着走进手术室的。手术也很顺利，医生成功地把曹瑜身上的一个肾换到她父亲身上。为了减少医院费用开支，曹瑜在术后大概二十天，就瞒着她的父亲自己先出院了，然后每天都来为父亲煎药做饭，照顾在康复当中的父亲。她安慰父亲说，"没有过不去的坎，只要我们努力，一定一切都会好起来。"她的这个故事，感动了无数人，无数人为之落泪，这就是现代版的割肾疗亲。

人有这样至孝的心，当然可以感动神祇。所以神灵，我们要祷告，关键是你用至诚心，有至诚心，你一定会有至诚的行动，不可能是嘴里说，我一定要为父亲治好病，但是行动上没有表示，那怎么能感动神明？所以《论语》里面孔子有一次也得了病，他的学生子路想要为他的老师去祷告神祇，希望能够感动上天，来让夫子的病迅速好转。孔子讲了一句话，说"丘之祷久矣"，丘是孔子自称，说我祷告神明已经很久了，一直都在祷告神祇。那孔子是怎么祷告的？一心行善，这就能感动神明，你不去祈祷，不去要求神明，神明都会来保佑你。反之，如果我们心地不善，自私自利，损人利己，即使每天在神明的像前烧香磕头，那没有用。真正的祈祷是用至诚心，用善心。能够对父母尽孝，一心想着父母早日恢复健康，这就是祷告神祇。

在《吕新吾闺范》这部书里头，记载着这样一个故事元朝有一个女孩叫葛妙真，九岁的时候她听说她母亲活不过五十，寿命就要到了。妙真非常的悲伤，于是天天都向神明祷告，而且发誓一生不嫁,一生吃素,来以此为她母亲延寿。结果真的是至诚感通,她母亲后来真的过了五十岁的坎,到了八十一岁才走。所以人有至诚心,真的可以帮助父母恢复健康,延长寿命。

现在量子科学家也都证明了这一点,证明什么? 意念的力量不可思议。著名的诺贝尔物理学得奖者普朗克博士,他是著名的物理学家,专门研究量子物理学。他说他一生的研究最后表明,这世上根本没有物质,物质只是意识单位所组成的。意识单位是什么? 心波的能量,这种能量是一种波动,由此产生光子,光子就是一种能量体,也叫量子,所有的物质都是由量子组合而成。这个波动的速度慢的,形成了像山河大地比较坚固的物体;波动速度快的,形成植物;再快的,形成动物、人,最快的就形成像电磁波、光波。所以整个宇宙,实际上统统都是意念波动而形成的现象。这跟佛法里讲的"一切法从心想生"、"万法唯识"这个道理是一样的。物质只是意识单位所组成的,现在物理学给我们揭示出来了。祷告为什么有这样的效用? 那是因为有意识的能量,以至诚心去祈祷真有效果。这里葛妙真给她母亲祈祷,真的给她母亲延寿,真诚心可以改变时空的能量分布,改变物质,改变身体状况。

我自己就有这样的体验。今年年初的时候,我父亲因为感冒,患了肺炎,咳嗽很厉害,整个晚上都睡不着觉。当时我就侍奉在他床前,陪着他,我给他念佛,想的就是让他得到安慰,让他能够在比较安定的磁场里面容易入睡。晚上需要什么的时候,我守在旁边也可以照顾到。结果好几个晚上,父亲好像愈咳愈厉害。当时我就发了一个愿，这也是一种祈祷，我祈愿父亲的病由我来背，我来承受他的病苦，以此能够使他迅速的恢复。结果发了这个愿之后，真的就有效果，我也得了肺炎了，我也咳得很厉害，我生平第一次咳得这么厉害，也是晚上睡不着觉。之前看西医，打点滴，都没什么效果，到了第二天，我就带着我父亲去看一个老中医，当地一个很有名的老中医给他去看，然后开了两副中药。我自己没有专门用药，只是喝了一点我父亲喝剩下的药。结果没有两天，只吃了两次药，我父亲的病就好了。他的病好了之后，我的病也好了。

这就使我领悟到，人的意识能量是不可思议的，关键是我们要用至诚的心祈祷。如果真正是父母有病的时候，我们用至诚心来祈祷，真能让他迅速康复，这个效果是很不可思议的。那个药物实际上是一种缘，一种因，都是属于辅助治疗，那实际上在你的至诚心。关键是我们为人儿女要发出这种真诚心，要想到父母跟自己是一体的，没有父母哪有自己？所以父母受苦，不就是自己受苦？那自己年轻，多代替父母受苦，那岂不是很好？该受多少苦，这个总是一定的，你能够代父母受苦，你发出这种真诚的意念，那实际上父母的苦解决了，你虽然说代受苦，实际上得佛菩萨、神明的加持，你跟你父母这个总体的苦都能够降低，这是感动神祇。

从这里我们可以引申，父母有病，也包括遇到任何的灾难，任何的不幸，我们都要想方设法去解救。在《闺范》这本书里面我们看到，有这么一个故事，在春秋战国时期，当时齐国齐景公非常爱槐树，他这是一种癖好，他就命一些士兵守着这个槐树，而且下严令，任何人不许损害槐树，如果有损害槐树的，视损害的程度，或者给他加重刑，或者杀头。结果这个守卫槐树的人，他自己有一天喝醉了，喝醉了在槐树旁边，他就把那棵槐树给伤了。齐景公知道这个事情就非常愤怒，就下令要杀他，这是知法犯法。这个守树的人有个女儿，这女儿知道父亲犯了损伤槐树的罪要被杀头，所以非常地担忧，于是到了晏子府上。晏子是当时齐国的宰相，他跟孔子同时代的，也是一位很贤德、很有能耐的臣子。这位女孩就到晏子那里跟晏子讲，说我父亲现在犯了君命，这个罪固然当死，但是，"妾闻明君之治国也，不为畜伤人，不以草伤稼"。这女孩很懂道理，很会说话。妾就是她自己的谦称。说我听说明君治国，不会因为畜生去伤一个人，不会因为草去伤那个庄稼。那现在我父亲醉酒伤了槐树，如果是国君把我父亲杀了，就剩我一个女孩孤苦伶仃，那恐怕被邻国听到了，会说我们国家国君是爱树不爱人。晏子听了之后，觉得这女孩讲得特别有道理，确实这是事关人命的大事。于是他第二天一早就到景公那里去劝谏。结果景公也就明白了，所以也就收回了成命，不去杀这个守树的人了。

这个女子她有智慧。智慧从哪里来的？智慧从真诚的孝心那里来的。如果没有这种至诚的孝心，那智慧出不来。为什么？智慧是本有的，心性中每个人本有如来智慧、圣人智慧，你跟圣人没有两样，只是我们现在被我们的烦恼习气给盖覆住了。可是有一种方法，可以把习气这个障碍去除掉，就是用你的至诚心。所以你能够用孝心就有这种大智慧、大无畏。这个女孩，小小一介女子，居然敢去面见相国去游说，心能有至诚，她就得天理，就成功。人能得天理，就是正知，哪怕是一国至尊的国君，他只是有势，但是如果没有理，那面对正理，他也会折服。

讲到这个故事也使我联想到我母亲。我母亲在"文革"期间刚刚高中毕业，因为受到家庭成分不好的影响，她没有能够上大学。我外公被下放到广东北部翁源那个地方，在干校劳动。从大陆来的人，大概都知道这段历史，"文化大革命"，所有知识分子都得上山下乡，劳动改造，尤其是原来那种家境富贵的。我外公在解放前是大富人家，所以现在就变成了专政对象。而且我外公原本在大学里教书，工资也被冻结了。我外婆没有工作，没有经济来源，家里只剩下我外婆跟我母亲。我的两个姨妈一个舅舅，都在外地很远的地方工作，照顾不了家里，母女两个人相依为命。工资冻结了，那怎么吃饭？经济本来就困难，还要冻结工资。于是我母亲当时就奋勇地去跟当时的革委会，实际上就是跟单位里头的这些领导去谈。

因为当时我母亲属于所谓被专政对象，别人看你都贱一等，但是我母亲凭着她的勇气，她的智慧，跟那些领导辩驳，说明为什么我外公应该得到这份工资。过去的历史，我们慢慢来审查，现在要等米下锅，况且她母亲（我姥姥）在家里没有经济来源，她是清白无辜的，应该得到这份工资。所以经过跟不同的领导去争取，每一次抠回一些钱来，就这样的度日，一直到"文革"结束，非常的困难。在这种压力很大的环境下，但是我母亲一点没有被压力所屈服，而且安慰我姥姥，一起走过了那一段很难再回首的岁月。后来我外公被平反，才回到家里，我姥姥说："我是跟良玉（我母亲的名字）共过患难的。"所以真正要发出孝心来，其实再大的困难都能够解决，再大的压力都能承受，反而这些困难和压力，造就了我母亲坚强的性格，超出常人的智慧和办事的能力。

我们再看下面一段，下面是讲"丧则致其哀"：

〖设有不幸。大数身亡。〗

父母总有不幸离开我们的一天，大数到来，寿命到了，那是没有办法，各自走各自的路。作为儿女，孝心流露，想到父母劬劳养育之恩，恩深似海，无以为报，而现在父母又离开了，再也没办法报答父母，悲从中来，这里讲：

〖痛入骨髓。哭断肝肠。〗

这个都是自然流露出来的举动，不是造作，人的这种感情，他会应景流露。《孝经》也讲到，孝子为父母哭丧，三天都不进饮食，痛苦之至，不思饮食。但是也要有一个节制，节哀。如果是一直都不吃饭，那自己身体就坏了。所以不能以死伤身，毁不灭性，已经死了的人，他已经离去了，已经没有办法回来，那这时候，自己还是要注意保重自己的身体，"身体发肤，受之父母，不敢毁伤"。所以三日之后,必定要进饮食。

〖**劬劳罔极。恩德难忘。**〗

"劬劳",就是父母生我们养我们所历尽的千辛万苦。"罔极"是没有边际,这是真的,父母恩难报。念念想到父母的恩德,那就一定要把父母的丧事做得圆满,尽一分最后的孝心。所以丧事这里提到:

〖**衣裳装殓。持服居丧。**〗

"衣裳装殓"是对父母,《孝经》上讲的棺椁衣衾,给父母穿上寿衣,这都有一定的礼仪。如果是没有寿衣的,也可以给父母穿上他平时喜欢穿的衣服。"装殓"是入殓进棺,古时候的棺材,一般分两层,里头的叫棺,外头的叫椁,小棺材套到大棺材里头。"持服居丧",是自己穿上孝服来居丧。

〖**安理设祭。礼拜家堂。**〗

这是讲到料理祭祀的这些丧礼,需要周慎详明,不可错乱,这都是反映自己诚敬之心。《论语》里面讲的,"死,葬之以礼,祭之以礼"。父母死后葬礼、祭礼要讲求。这个讲求不是指奢华、排场。如果通过很庄严的很排场的祭礼葬礼来显示自己的这份孝心, 有显示的心就已经不真诚了。一定是随着自己的家境, 随分随力来办, 必定是自己尽心尽力, 把它做圆满。

〖逢周遇忌。血泪汪汪。〗

"周"是周年, "忌"是忌日, 忌日包括父母生日和去世的日子。这都是念父母恩的日子, 要祭祀父母。想到父母恩德, 自己哀痛得情不自禁, 这里讲"血泪汪汪"。虽然父母不在世了, 但是自己孝心没有丝毫的减少, 《弟子规》上讲的"丧尽礼, 祭尽诚, 事死者, 如事生"。在居丧期间, 一般讲守丧三年, 这三年, 按照《礼记》里面的说法, 实际上是二十五个月, 从第一年到第三年, 有二十五个月, 就是头尾三年要守丧。《弟子规》讲的, "丧三年, 常悲咽, 居处变, 酒肉绝", 这都是《周礼》里面讲到的, 三年当中, 就是二十五个月当中, 常常悲咽, 痛哭流涕, 就是血泪汪汪。"居处变, 酒肉绝", 居处就是讲我们住的地方, 住的地方要改变, 如果原来住的很舒适, 现在要调整, 古人那是守墓, 当然女子守墓在外面居住不方便, 在家里有灵堂, 守着灵堂。酒肉绝, 就是不饮酒不吃肉, 斋戒, 包括一切生活的享受娱乐都断绝了, 沉浸在对于父母的那一分哀思缅怀的心情里头, 就是尽孝思、敦人伦, 这本身就是孝道的教育。

记得我母亲带着我, 为我姥姥送终, 那时候我们已经学佛了, 是1994年, 我姥姥八十四岁走的。母亲跟姥姥生活的日子最长久, 感情最好, 学了佛了, 就希望老人家能够往生西方极乐世界,就不断地进行鼓励劝导，最后给她做临终助念，这就是西方人现在讲的临终关怀。临终关怀佛教里早就讲了。最重要的一个环节，当时我跟我母亲一起给她通宵念佛。她走的时候非常安详，真是寿终正寝，含笑而走。念了一天一夜，第二天把陀罗尼被打开看她的面容，还有很好的笑意，很灿烂的笑容，她生前好像都没有笑得这样开心过，全身非常柔软，证明走得很好。

我那时候还在广州中山大学里念书。她走了之后，我母亲就带着我发心为她吃长素，一开始准备吃四十九天，结果没想到一吃吃到现在，已经十六年了。到她三七的时候，我就梦到她，她回来告诉我说："我要往生西方极乐世界了，你现在念佛送我一程。"然后就在她家里的那个小床上，结跏趺坐，双腿一盘，还是念佛。我就在梦中给她念，念得很大声，念佛声把我自己吵醒了，我一看，凌晨三点，大概是这个时候老人家回归安养。

她走后，我们按照《地藏经》的做法，给她做了很多很多的善事功德回向，把她所有的存款全部拿去布施。我母亲也是把自己很多的存款拿来作为印经、放生、赈灾、济贫等等，这都属于居丧期间应该做的，她能不能得到？一定能得到。刚才我们讲到的，现在量子物理学家已经证明了，人的意念能量不可思议，你发出真诚的善念，这个能量怎么能得不到？凭着这个能量她真的能够超生。

至于说人有没有来生后世，有没有灵魂，现在的西方科学界已经拿出大量的案例证据证实了。孔子也承认有轮回，他在《易经》里面就谈到，说"精气为物，游魂为变"。精气为物，是讲这个物质，人生命最初是受精卵，这是生命的一个载体。但是他真正有完整的生命，那是有一个魂投进去了，游魂为变。所以一个人的生命包括两部分，一个是肉体，一个是灵魂，肉体可以生灭，灵魂是不会生灭的。

所以父母过世了，要祭祀，这是有道理的。《孝经》上面讲，"祭则鬼享之"，你祭祀他的时候，父母的魂真的会来。这个鬼，在孔子那时候，专门是指父母的灵魂，祖先的灵魂，叫鬼。这个灵魂真的会来享用你的祭祀。这种祭祀实际上是什么？他得到你的能量，你真诚的祭祀，这种意识能量，化作量子的能量，让他受益了。这跟前面讲的祈祷是一样的。祭祀，是要终生都要祭祀，居丧是三年，天天等于是都在祭祀当中，哀思当中。那老是这样当然不行，人也要恢复正常的工作，三年之后，那就每年祭祀的日子要进行祭祀。《孝经》上讲的"春秋祭祀，以时思之"，这个春秋实际上讲的一年四季春夏秋冬，都有选定的日子来祭祀。

现在民间一般主要是三个日子，清明节，中元节，中元是农历七月十五，还有冬至节，这三个是祭祀的日子。慎终追远，这是养自己的孝心。到了父母去世的日子，也是应该斋戒，不能够饮酒作乐，所以叫忌日。这些都是一种孝心的培养、孝道的教育。现在社会上应该提倡这种孝道的教育，让大家都能慎终追远。慎终就是给他做临终关怀，要谨谨慎慎地给他送终叫慎终，追远是给他祭祀。祭祀，学佛的人通常是用念经回向，做功德回向。自己能够一日斋戒、诵经念佛给他老人家神识回向，他真正得到这个功德的利益。《地藏经》里面有说明。

我母亲现在就带着我，真的，每年都用这种方式给过世的
老人、祖先做祭祀。孔子赞叹子路，"生事尽力，死事尽思"，那我
想我母亲也能担得起夫子这句话的评价。我们自己对父母还算有
一点孝心，这个孝心实际上是什么？父母身教言教带出来的。有
真正孝顺的父母，才会有孝顺的孩子。父母要是不孝了，却想要孩
子孝，这很难，这个恐怕千古能够遇到一两个就算不错了。像舜，
像闵子骞，这种人那都是非常难遇到的，那都是再来人才可以
有这样的一种德行，否则孩子一般都受父母的影响。所以做母亲
的，自己先落实女德，把《女论语》你都能做到了，保准你有贤善
的子女，你种什么因就得什么果。

末后一段是结劝，劝诫我们不要做忤逆不孝的儿女：

〖莫学忤逆。不敬爹娘。〗

做一个忤逆的女孩子，那是不贤不孝，就是对爹娘父母表现
出不恭敬。我们一般讲的逆反心很强的人，父母的教诲，父母的
训斥，她会逆反、对着干，严重的甚至离家出走，这是不贤不孝。
如果自己曾经有过这种想法，赶紧要自己忏悔，因为孝是德行的
根本，是福报的源泉，不孝的人无德也无福，她一生会活在痛苦
烦恼当中。等她长大了，她就知道了，等她有儿女了，她就真正明白
了。所以从小都能够孝顺父母的，长大她就能够得到幸福快乐。
古圣先贤教我们这些德行，不是说用这些东西禁锢我们思想的，
不是的，真的是让我们得到幸福快乐的人生。你能照着这做，即

使你不理解，你能照做，你就能得福。我们现在就把这些道理争取讲明白、讲透彻。你能明白了，你能够真干、照做，那你就得福报了。

所以这里教我们不要学那些逆女，叛逆的女子，不敬爹娘。她不敬爹娘，将来也就不敬丈夫、不敬公婆，她谁都不尊敬。为什么？父母都不敬了，她能敬谁？《孝经》里讲的，"不爱其亲而爱他人者，谓之悖德；不敬其亲而敬他人者，谓之悖礼。"父母对我们恩德如山，有再大的过错，我们都应该对他爱敬。如果父母都不爱敬了，这世界上你能爱敬谁？那爱敬都是有条件的，你不可能有真心爱敬的人。譬如说嫁了先生，爱这个先生，可能是爱他的资产，不是爱敬他的人。或者是在工作单位上你能够尊敬领导，那种尊敬是谄媚、是巴结，不是真诚的，领导有一天下了台了，那个人就不爱敬了。为什么？她没有根，根在于爱敬父母。

那这里你看她表现出：

〖才出一语。使气昂昂。〗

父母刚说出一句话来教训这个孩子，她马上就摆起那一种好像跟人要对着干的那气势，"昂昂"是表示这个气势很强，强势女子，这很可怕。有一句话所谓的，"一言九顶"，父母才讲一句话，她能顶上九句。

〖需索陪送。争竞衣妆。〗

在家里她要穿得好,吃得好,要享受,做千金小姐,把父母都看成自己的佣人,对父母无止境的索要。到了出嫁的时候,还要捞一大笔嫁妆。这是说明,她的心根本没有把父母放在心上,她追求的是自己的物欲享受。

〖**父母不幸。说短论长。**〗

这种不幸包括多方面,譬如说工作上的这种不顺,赚钱赚少了,她就在那里"说短论长",或者父母有病了,需要她照顾了,她就说自己很辛苦,完全没有真心孝顺父母。她的心在哪儿?

〖**搜求财帛。不顾哀丧。**〗

到了父母往生以后,走了,去世了,她没有心思去哀丧,她想的是赶紧搜索父母的遗产,如果有兄弟姐妹的,她可能要想到跟人家争,没有哀凄之情。

〖**如此妇人。狗彘豺狼。**〗

这样的人真的叫人恶心。这里是比喻,"狗彘豺狼",彘是猪,我们讲狼心狗肺,不知恩义。说老实话,狗彘豺狼都不如了,畜生里头也会有知恩报恩的。《北京晚报》登过一个报道,这是个真实故事,是讲狼报恩的。故事讲到,在60年代(20世纪)后期，当时北方很多人都被派到北大荒下放劳动。有一位从部队里被打成右派下来的，也算是有一点名气的人，叫崔云鹏，他是跟当时女作家丁玲有一样的名气，所谓的新闻人物，被下放。在北大荒，他在一个农场里面居住，只有他一个人，住在一个小木屋里头，住了六年。冬天，冰天雪地，他自己一个人很寂寞，就想出来散散心，忽然就发现，雪地里有一只大灰狼。这大灰狼的左后腿拖着一把大夹子，很明显是被猎人放置的夹子给夹住了。这个狼也不敢叫，因为狼也很聪明，它知道一叫，那个猎人就来了，那它又逃不走，所以非常痛苦。崔云鹏看到这个情况，就生起了怜悯心，看它这么痛苦，就想解救它，但是又不敢近它的身，怕它这个狼残忍成性，反倒把你咬伤了，或者吃掉了。

于是他就观察这个狼，他发现这个狼是一只母狼，这个狼常常向着一个方向去看，而且低声在那里悲鸣，于是他就知道，它所看的方向一定是自己狼窝的方向，他就向这个方向走过去。果然，大概三百米远的地方有一个小山洞，人是钻不进去，大概这就是狼窝了，那里头有小狼。所以他就想到用个妙计，拿一些烤熟的野猪肉放在洞口，因为很香，就把那里头的小狼给引出来了，总共有四只小狼，于是他就把这些小狼抱到了母狼的身旁。这小狼见到自己的母亲，于是就爬过去吃奶。到了晚上，崔云鹏就在那个狼旁边生起篝火，给它点温暖。母狼饿了，他就给它扔一些窝窝头，野猪肉块，让它充饥。就这样过了整整三天三夜，母狼那种警惕的、防范的眼光终于松弛下来，大概是知道这个人不但不会伤害它，还是个好人。这样慢慢地人和狼就熟了，于是他就慢慢走近这个狼的身旁，给它把夹子解开，然后把它放回自己的住处。

后来，这个狼它常常回到崔云鹏的那个小屋子那里，给他捕捉一些猎物，把猎物放到屋子前面供养崔云鹏。后来过了好几年，有一年崔云鹏有一次很不幸遇到了一只大狗熊，狗熊向他扑来，这时候他生命已经危在旦夕，忽然间看到那只瘸狼上来就攻击这个狗熊，因为它的一条腿是瘸的，跟狗熊厮打打不过。这个狼又在那里大声地叫，没过多久，竟然有二十多只狼都来了，一起围攻这只狗熊，其中三只狼都被这个狗熊用熊掌打断了腰骨，受了重伤，但是它们依然在那里奋战，终于把这个狗熊给咬死了，把崔云鹏给解救下来。解救之后，它们又各归其所。

当时看了这种争斗的场面，崔云鹏是心惊胆战，也是感慨万千，没想到，当时一念善心救下了这只母狼，最后竟然成为他的保镖。所以狼也懂得报恩。知恩报恩，我们讲这是本性本善，不仅人有，动物也一样有，一切众生本来具足。所以如果说我们不知恩、不报恩，父母恩德如山，赋予我们生命，养育我们，我们还不能够报答他们，还对他们态度不好，还会有逆反，甚至虐待，这种人真的是连豺狼都不如，那就是天地不容。

八、事舅姑章第六

"事舅姑章第六"，这一章是专门讲女子出嫁以后，对公公婆婆尽孝的，舅姑就是公公婆婆，这是女德里面特别注重的。要知道女子嫁到夫家，就是跟丈夫同体，既同体，便是同道，为人子之道，就是孝敬父母，所谓为人子，说到底就是在家尽孝。媳妇过门了，就应该跟先生一同尽孝。做孝子不容易，做孝女、孝媳更为难能可贵。

在陈弘谋编的《五种遗规·教女遗规》里面收了唐翼修的《人生必读书》。这本书里头就讲到，"媳妇不唯自己要尽孝，尤当劝夫尽孝。语云：'孝衰于妻子。'"这句话在朱子的《小学》里面有引用，它是出自于汉朝刘向的《说苑》。"孝衰于妻子"这是很耐人寻味的，是讲一个男子原来能够尽孝，但自从娶了媳妇，生儿育女了，对父母的孝心就一日比一日淡薄了。为什么？这是娶来的媳妇不贤良，没有帮助夫君去尽孝，加强增进这个孝心，反而是让孝心减弱了。所以媳妇不仅自己要尽孝，这包括出嫁之前对父母尽孝，嫁了以后对公公婆婆尽孝，这是自己的本分，更应该劝自己丈夫也尽孝，这才是相夫教子。相夫就是帮助丈夫，帮助他什么? 帮助他立身立德。教子就是教导儿女, 第一是教导他尽孝, 孝是德之本也, 善之先也, 百善孝为先。所以讲到"孝衰于妻子, 此言极可痛心", 这句话让人听了很心痛。

"故媳妇以劝夫孝为第一", 是不是贤良的媳妇, 最重要是看这一点, 第一就是看孝, 百善孝为先, 劝人以善, 莫过于劝人以孝, 这是最为首要的。所以相夫教子第一德、第一事, 就是帮助先生增长孝心, 成全先生做个孝子, 这才是好媳妇。

下面说, "要使丈夫踪迹, 常密于父母, 而疏于己身, 俾夫之孝行, 倍笃于往时, 乃见媳妇之贤"。这话说得好, 你有没有女德, 从这一种存心上能够看到, 真正的贤女, 贤媳妇, 她对丈夫怎样? 她不会有控制占有的念头, 而是有成全的念头, 成全他的德。古人讲, 男子女子都一样, 一生要立德、立功、立言。相夫教子, 你得帮助丈夫立德、立功、立言。第一是立德, 而德之本在孝, 所以要使丈夫的踪迹, 踪迹就是他的举止行为, 在家里要常常亲近父母, 而跟自己要稍微疏远一点。你看这个德行, 一般的太太, 哪个不希望先生靠近自己多一点, 远离他的父母? 这种心态不贤, 反过来就对了, 希望先生稍微跟自己疏远一点没关系, 要亲近父母, 就是亲近自己公公婆婆。你看这一种真叫作无私的心, 没有嫉妒, 看见丈夫跟父母好, 她不会心里不满意, 这是没嫉妒。

我们前面讲到的《关雎》这首诗, "窈窕淑女, 君子好逑", 这是赞叹周文王的太太太姒的后妃之德。太姒之德最明显的在于什么? 她不嫉妒。所以这首诗讲, 后妃广寻贤女来为文王服务, 怕自己相夫教子还不够, 要找帮手, 她不会嫉妒, 没有嫉妒心。我们也能想象出来,太姒也是像这里讲的,她希望文王常近父母,而疏远于自己。因为夫妻本身就在一室里头,天天共枕眠,已经够亲密的了。往往在亲密的时候,先生会因为情而亲近自己,远离自己的父母。所以在决定事情上,无意识地就会多考虑太太,少考虑父母,这也是人之常情。太太在这里把握得好,用理智去调治感情,不是说没有感情,但是感情要服从于理智,服从于大体、大义。

所以文王娶了太姒,他一样是尽孝,而且孝心增长。传记里讲,文王就是一日三省,三次去父王那里问安。这后面肯定是有太太的鼓励,这传记里没写,我们能想象出来。如果太太不贤,她嫉妒,心里想的,你干吗老是亲近父母?多在家里待着,多跟我在一起多好!她有这种控制欲、占有欲,肯定就会有意无意阻拦文王去尽孝。所以《关雎》这首诗的那种深远的意思,我们要细细去体会。

女德里面第一,不嫉妒,成全先生,让先生成为一个大孝子。所以"俾夫之孝行",俾是使,使丈夫的孝行"倍笃于往时",就是孝行比以往要更加增长,自己没嫁过来之前,纵然先生已经是孝子了,但是嫁来了之后,让先生更孝顺,这才见媳妇之贤良,女德之高尚。

底下说,"若丈夫于公姑,小有违言,便当代为谢罪,曰:'此由媳妇不贤,致使吾夫不顺于公姑,非独丈夫之罪也。请公姑息怒。今后当劝丈夫改过矣。'"你看看,这是何等的心胸!何等高尚的道德!功推于人,过归于己,完全都是把过失往自己身上揽。

丈夫如果对公公婆婆有一点不孝的时候，"小有违言"，就是有一点忤逆，可能顶了嘴了，家里难免。出现这种情况，当媳妇的应该怎么做？立刻向公公婆婆去谢罪，不是代丈夫谢罪，是自己去谢罪，为什么？这是自己的罪，丈夫没罪，公公婆婆也没罪，自己有罪，她说什么？"曰：此由媳妇不贤"，这不是我丈夫的罪，实际上是我的罪，这是我做媳妇的不贤，才使我夫君对于公公婆婆您们不孝顺。

这种盛德，完全跟商汤王的盛德相媲美了，汤王见到百姓犯罪，他说，"万方有罪，罪在朕躬"。朕是皇帝自称，我管理的百姓有罪，谁的罪？我的罪，不在于百姓，我自己要反省忏悔，我要改过自新，才能感化我的百姓断恶修善。你看这个媳妇，她的心胸，她的德行，跟汤王相当，丈夫有过错，不在丈夫，在我自己，罪在己身。自己要努力反省，我做得不够，我孝心不圆满，所以不能感召先生对于公公婆婆尽孝，我的错。所以向公公婆婆赔礼道歉忏悔，请公公婆婆您们息怒，今后我一定劝丈夫改过自新，让他尽孝。这就是真正贤德的媳妇。所以媳妇在家里不是光听命于先生，那真正是做丈夫的师表，为人师表，要为夫师表，用身教、言教使丈夫能够善日增，过日少。

我们来学习"事舅姑章第六"：

【阿翁阿姑。夫家之主。既入他门。合称新妇。供承看养。如同父母。敬事阿翁。形容不睹。不敢随行。不敢对语。如有使令。听其嘱咐。姑坐则立。使令便去。早起开门。莫令惊忤。洒

扫庭堂。洗濯巾布。齿药肥皂。温凉得所。退步阶前。待其浣洗。万福一声。实时退步。整办茶盘。安排匙箸。香洁茶汤。小心敬递。饭则软蒸。肉则熟煮。自古老人。齿牙疏蛀。茶水羹汤。莫教虚度。夜晚更深。将归睡处。安置相辞。方回房户。日日一般。朝朝相似。传教庭帏。人称贤妇。莫学他人。跳梁可恶。咆哮尊长。说辛道苦。呼唤不来。饥寒不顾。如此之人。号为恶妇。天地不容。雷霆震怒。责罚加身。悔之无路。】

这一章第一段是总说:

〖阿翁阿姑。夫家之主。既入他门。合称新妇。供承看养。如同父母。〗

这是总说如何来侍奉公婆。这里阿翁阿姑,就是公公婆婆,整一章都是讲侍候公婆之礼。公公婆婆是夫家的主人,丈夫也要听命于公公婆婆,所以"既入他门,合称新妇",已经入了他家的门了,就要尽新妇之礼,首先要学那一家的规矩。"孔子入太庙,每事问",这是好学,不耻下问,什么规矩都要懂,学礼。每个家都有他的家规,有他的家道,嫁过来了,首先就要学习,学习规矩,学习跟家里公公婆婆如何相处。对于公公婆婆是"供承看养",这是讲到敬事供养,如同对自己的父母一样,公公婆婆就是自己的父母。嫁过去的媳妇,对公公婆婆还是叫爸、妈,这个称呼本身就是提醒,他确实就是你的爸妈。你怎么侍奉自己父母的,你现在就怎么侍奉公公婆婆，不能够分彼此，不能够说你家的、我家的。跟先生称呼都一样，都是讲爸妈，不能讲说你爸、你妈、我爸、我妈，这就不是一体了，不和谐了。

对于敬奉公婆，古人这种德行那是非常令人感动，在《吕新吾闺范》里头记载着汉文帝时期，有一位孝妇，刚嫁了不久，丈夫就被征兵要离开家里，临行前跟自己太太说了，"我这次走，生死未可知。现在还有老母亲在堂，我是独子，没有兄弟来供养老母。假如我这次去当兵，如果是死在沙场，你肯代我养母亲吗？"这个孝妇说，"我一定会的"，就承诺了。后来丈夫果然在战争中死亡，这个太太又没有孩子，跟自己的婆婆相依为命，对婆婆就非常的孝敬，自己以纺织为业，没有再嫁人的意思。得知她夫君死了这个噩耗，在家里居丧三年。这个跟父母过世一样，女子所谓的在家未嫁从父，已嫁从夫，所以对夫君，你看她这个丧礼，跟对父母是一样的，也是居丧三年。

三年之后，这个婆婆就跟媳妇讲，"你还年轻，膝下没有儿女，你还是嫁人吧"。这个孝妇就非常坚定地回答她的婆婆说："妾闻信者，人之干也。"妾是她自称，说信这种品德，是人之干，就像树的主干一样，它是支撑树木的，如果没有了这个干，树就倒了。人也是如此，以信为人之干。"义者，行之节也"。道义是德行的这种节操，也是关键。"妾始嫁时，受严命而事夫。夫行，嘱妾以母，妾既诺之矣。受人之托，岂可弃哉？"回答得坚定有力，虽然是弱女子，但是她的心志非常坚强。她说，我刚刚出嫁的时候，是受父命，严就是父亲，严父慈母，所以严代表父亲。受父亲之命嫁到夫家，所以这是要事夫。所以能够事夫君，这就是孝顺父母，父母之托，父母的嘱咐。夫行，就是丈夫在临走之前，嘱咐我来赡养婆婆，赡养您，我已经承诺了。那受人之托，岂可弃哉？人家的托付，我怎么能够不守信用，违背信义？怎么能够弃您而去？但是她婆婆还是特别的同情她，这个婆媳二人真的如同母女，各人都是想到对方，所以这个婆婆千方百计劝她去嫁人。

最后没办法了，孝妇就说："所贵乎人，贵其行也。"一个人可贵就在他的德行，没有德行了，这人就贱了。"生子而娶之妇，非以托此身乎？"说您生这个儿子娶来的媳妇，不就是养儿防老，由媳妇来帮助儿子来赡养老人？这是您可以托此身于儿媳。"姑老矣"，现在您老人家老了，"夫不幸，不得终为子"，丈夫不幸早逝，不能够成为您的儿子了。"而妾又弃之。"如果我又抛弃您，"是负夫之心，而伤妾之行也"，是辜负了丈夫的一片苦心，辜负了这一生夫妻的恩义，伤了我的德行了，如果要离开您的话，那就是伤德了。"行之不修，将何以立于世？"如果已经不修这个德行了，那人又以何来立于世间？换句话说，这世间不能容她了。这个孝妇对她婆婆说完这些话就要自杀，婆婆看到这样，没办法了，立刻阻止她，以后再也不提让她改嫁了。

最后这个儿媳妇赡养婆婆养了二十八年，一直到婆婆过世后，这个孝妇终生祭祀她的婆婆。当时淮阳太守听闻了这种妇道，很感动，上疏给汉文帝。汉文帝是个孝子，对待这种孝行特别的赞赏，所以赐了四十斤的黄金给她家，而且专门给她一个"孝妇"的一个赐名。她这种坚守的孝道，最后换来世人的赞叹，包括富贵。确实，她难能可贵，一生都在守着道义、恩义、情义，这是尽了妇道，也尽了孝道。对于自己先生承诺了，用一生去实现她的承诺，正如古人讲话的"千金一诺终无悔"。人能够做到这样的操守，她死后，她的灵魂一定会升天。这就是前面讲的，"清则身洁，贞则身荣"，她把清贞的妇德做得很好。

《闺范》里面还举了一个故事，有一位孝妇姓赵，早年就守寡了，家里很贫穷，她给人做纺织，缝补衣服，换点钱来孝养婆婆。对待婆婆的奉养，总是以最好的食物，而自己吃的是粗茶淡饭。自己有孩子，家境贫穷，只好把第二个儿子卖给一个富家，等于做长工，换来些钱，买了一口棺木。这是因为婆婆已经年老了，她担心买不起棺材，所以先置办好一个棺木。结果有一次邻居家失火，又赶上大风，这个风把火势吹得很猛，直逼这个孝妇的家。当时孝妇扶着她的婆婆出门，出了门之后，回头想要把这个棺材也搬走，但是太重了，一个女人家没办法移动棺材。眼看火就烧到家了，她就抱着这个棺材大哭起来，说："我是卖了儿子才得到这口棺木，是为了将来能够让婆婆有一个安身之处。上天你能不能救救我呀？"就这样子说完，忽然发现这个火势一下转了方向，绕过这个孝妇的家就往北方烧了过去，没有烧她家。大家都认为，这是孝妇的德行感动了上苍。所以吕新吾，（吕坤）这是明朝的大儒，说道，"至诚而不动者，未之有也。"这个动是感动上苍，感动天地鬼神。只要人有至诚心，真的是可以感动的。有至诚心而不能感动上天的，没有的事。如果说不能感动，那是诚心不够。

我们来看下面一段，这是讲敬事公公，再下面一段是婆婆。

〖敬事阿翁。形容不睹。不敢随行。不敢对语。如有使令。听其嘱咐。〗

这是刚嫁到夫家的新妇，对于敬事公公，那是要低眉下气，不敢仰望。这"形容不睹"，不敢仰视公公的容貌。"不敢随行"，就是不敢追随公公走得很近，就好像侍奉君主一样，那种战战兢兢、如履薄冰、如临深渊的那种形态。"不敢对语"，是不敢当面跟他对话。当然，如果有公公的使令，公公问话了，需要从容对答。对答的时候，那是站在公公一侧，身旁，侧耳倾听，专注地来听话，从容地对答。如果是公公有任务交代，那要委婉听从，依其嘱咐去办，不能够违逆。这几句话，给我们勾画出一位贤德的女性，媳妇，她那种神貌。

底下是侍奉婆婆的，就是阿姑的：

〖姑坐则立。使令便去。早起开门。莫令惊怵。〗

姑，就是婆婆，要是坐着的时候，媳妇要侍立在一旁，随时待命。这个使令便去，有所使唤，立刻要赶快去办，这是《弟子规》讲的"父母命，行勿懒"，不敢违逆，非常的恭顺。《弟子规》里讲的"长者立，幼勿坐，长者坐，命乃坐"，都有恭顺这个意思。所以这里面其实都是把《弟子规》更为详尽地说出来，这《女论语》讲得特别具体。这都是等于一位标准的淑女，给我们做的表演。

《女论语》虽然讲的这些事情都是很平常的，但是不这么讲，我们真的不知道该怎么做。《教女遗规》里面第一篇就是曹大家的《女诫》，《女诫》开解的道理很多，让我们理解为什么要修女德，为什么要做到这些事情。《女诫》偏重于解门，《女论语》偏重于行门，在行门上，在事上，我们怎么样落实《女论语》、《女诫》。所以通篇就好像一位窈窕淑女在给我们做表演，我们观看、学习，然后模仿、照做。

这里说，早起开门，每天早上我们起得要比公公婆婆早，起来之后，开门要注意"莫令惊忤"，不要太大声，因为可能公公婆婆还没起来，开门这种响动声音太大了，那就会吵到了未醒的公公婆婆了。

〖洒扫庭堂。洗濯巾布。齿药肥皂。温凉得所。〗

在这个家里与公公婆婆住在一起，我们要每天打扫卫生，像《朱子治家格言》里面讲的，"黎明即起，洒扫庭除，要内外整洁"，这就是落实。庭是外面的庭院，堂是屋里的这些厅堂，那都要打扫卫生，擦地，洒是用水来洒在地上，然后再来扫，因为有些灰尘要湿润一下，扫起来比较容易。现在很多是木地板了，还要擦，总要使家里一尘不染。打扫完了，这时候公公婆婆可能也就准备起来了，要洗濯巾布，把公公婆婆用的手巾、面巾给洗干净。还有"齿药肥皂",公公婆婆起来之后,要洗脸、刷牙,这过去用齿药,那现在就是牙膏、肥皂,很具体。还有洗面的这些水,"温凉得所",冬天要用比较热的水,夏天就不必用太热的水了,那总是要适度,这里都是细心、爱心。

〖**退步阶前,待其浣洗。万福一声。即时退步。**〗

将洗漱用品送到了公公婆婆的住房,自己退立在一旁,等待他们浣洗,浣洗完了之后,要把这些面盆的污水,拿出去倒掉。这都是很细节的事情。现在都有洗手间,就方便很多,但是这种做法,这种精神,我们要学习。如果说,这个公公婆婆人老了,行动不方便了,甚至是卧床不起了,那这一种工作要做得非常的细致周到。"万福一声,即时退步。"这些事情,都做完了,就要离开,不要再打扰,万福一声,这是女子行礼,道一声万福,然后就退出来进厨房,开始把早餐料理好。这是讲到侍奉婆婆,公公婆婆那确实跟自己父母是没有两样,这个人以至孝之心来奉养的,福分就非常绵长。

第四个段落是讲对于公公婆婆饮食奉养,我们来看这一段:

〖**整办茶盘。安排匙箸。香洁茶汤。小心敬递。饭则软蒸。肉则熟煮。自古老人。齿牙疏蛀。茶水羹汤。莫教虚度。**〗

这个是接着上面那一段,早晨起来以后,开门打扫厅堂,然后服侍公公婆婆浣洗，道一声"万福"之后就退出来进入厨房，开始做早餐了。"整办茶盘"，这是要收拾，要用到的碗具，如果是脏的，我们要洗一洗，擦一擦。"安排匙箸"，这就是摆碗筷。这个"茶汤"，早晨起来喝茶，汤是热水，就是茶水，一定要"香洁"，茶香，水要洁，干净。对于公公婆婆我们奉上饮食，要"小心敬递"，敬是恭敬，递是递送到公公婆婆跟前。饭要煮得（或者是蒸得）软，可以蒸饭也可以煮饭。为什么煮得要软？我们知道老人牙齿它毕竟会松动，而且甚至有蛀牙或者是牙齿稀疏，硬的东西就咬不动了，这是为老人家着想，上了年纪的，饭菜都要做得非常的软，肉则煮熟，不熟就不卫生。如果是学了佛了，吃素了，这个对身体更有好处，但是煮任何的食品，都应该把它煮熟。"茶水羹汤，莫教虚度"，这是早餐以后，老人可能还要吃一些小餐，一些点心，喝点茶水，喝点羹或者汤，那总要勤勤恳恳地奉上一些茶汤果饼，点心之类的，让老人的肚子不要空虚，虚度是由于肚子空虚而度过一日的意思。

从这里我们看到了，这一些动作极其平常，可是这一些平常的动作里头，含有了孝心，孝心那就是入道。所以《中庸》讲的，"道也者，不可须臾离也。可离，非道也。"大道，哪能离开生活？特别是我们学了传统文化，贵在力行，贵在落实，如果学了很多很多的大道理，四书五经，儒释道的典籍读了不少，听了不少，但在生活上没有改变，这些事情都不会做，那等于没学，所学的只是增长一点常识，学的是皮毛。所以所学要有所用，不是研究儒学，而应该学儒，学儒是你真正要用到你的生活上，那才是你真实的学问，叫实学。

古人对于公婆尽孝，确实是做得非常彻底。唐朝有一位崔姓人家的孝妇，崔家的曾祖母叫长孙夫人，年纪很大了，牙齿都已经脱落了，她的儿媳是唐夫人，每天早晨自己梳理完毕之后，就到婆婆堂前拜见婆婆，然后上堂来给自己婆婆喂奶，用自己的奶去为婆婆哺乳。所以她的婆婆长孙夫人虽然没有牙齿，不能够吃饭，但是活得还是很健康。有一天这位婆婆就生了病，大概是要走了，于是她就把她家里老小都招到她的房间里。她对大家说，这么多年来，因为媳妇给我哺乳才活到今天，我就希望我们家子子孙孙的媳妇个个都像我自己媳妇一样的孝敬，这是家风。崔家后来果然延续孝悌的家风，儿女都有很好的福报，他们家好几十人都出来做官。当时（唐朝）如果谈起哪一家做官的人是最多的，就属于他们崔家。这是孝悌的感召，而孝悌最重要的是媳妇。前面我们讲到，先生能不能够孝敬父母，这个媳妇是关键，媳妇能够有孝心，能够真正帮助丈夫立德，那立德就是修福，所以使这一家的福分绵长。俗话讲得好，一个好媳妇可以旺三代。好在哪儿？第一个就是要孝。

下面一段是讲"晨昏定省"，跟《弟子规》讲的"晨则省，昏则定"说的是一样的事情。

〖**夜晚更深。将归睡处。安置相辞。方回房户。日日一般。朝朝相似。传教庭帏。人称贤妇。**〗

这是讲到天晚了，用过晚饭了，公公婆婆将要入寝了。这个"更深"，晚上有五个更次，初更是九点到十一点，用我们现在的时间讲，这是一更，那已经是晚了。晚上公公婆婆要就寝，这个媳妇必定是陪伴着公公婆婆到房间里，先给公公婆婆铺好床，"安置相辞"，安置是铺好床。

"冬则温，夏则凊"，冬天要是冷了，古时候可以用一些热水袋，过去就有，烧开水灌个热水袋。现在可以铺电热褥，提前一两个小时插上电，把棉被铺在电热褥上，然后再请老人家就寝。夏天如果是天很热，现在有空调，把空调先打开，进屋的时候很凉快了，睡前把空调关上。老人千万不要吹着空调睡觉，这会致病，先把空调打起来，让温度降下来，好入睡。晚上老人家可能会需要喝水，准备一个小暖壶，一个杯子。如果是家里的卫生间离寝室很远，不在一起的，说不定还要为老人准备晚上的尿罐，方便老人上洗手间，这都得细心地想到。

安置完毕之后，"相辞"就是辞别老人，道晚安，让老人躺下休息，出门随手关灯，把门关上，才回到自己的房间。这一天算是把孝顺公公婆婆的事做完了，告一段落。还要"日日一般，朝朝相似"，这举出一天，要天天如是。我们讲，能孝顺一天容易，能一辈子孝顺，这就不容易了，要有恒心，不疲不倦，那才显出真纯的孝心。你能做一生，那你才叫孝妇。久而久之，别人都知道你孝顺，这是妇道，人们都称赞你，向你学习，这叫传教，圣贤之教，怎么传出去的？你真正做到了，做到了自然就能够影响一片。

尤其是现在尊崇妇道的人太少了，这当然是一个可悲的现实, 这是因为这近百年来, 受西方思想的影响, 我们把中国传统伦理道德文化疏忽了, 导致现在的结局。在古时候, 离婚的事情那是很少很少有, 现在你看离婚率有多高! 而且年年都在攀升。这社会不和谐, 最重要的体现了一点, 就是家庭离婚率, 就从这里可以看。一个地区的家庭离婚率要是低的话, 这个社会就会和谐。所以妇道女德的教育, 那太重要了, 不可不讲求。

那么这个教育怎么去传? 回归传统伦理道德, 才能真正得到幸福美满的一生。你能这样做, 能尽孝, 你的儿女也就效法你了, 儿女也都尽孝了, 这个孝悌的家风就一代一代地往下传了。就像刚才讲到的崔家, 唐夫人能够每日给自己婆婆哺乳, 这个孝敬心带动全家人都能尽孝, 不用你天天苦口婆心讲孝道, 你做出来, 榜样的力量不可思议。

孝悌之家有福。孔子注《易经》说, "积善之家, 必有余庆; 积不善之家, 必有余殃。" 种善因必定得善果。家庭的后代希望能够受祖先的福荫, 我们自己要真正去落实。一家尽孝就能影响乡里, 影响小区, 影响社会, 所谓 "一家兴仁, 一国兴仁", 仁孝之风, 那就传递开来了, 对于和谐社会你就做出了大贡献了。所以你就是在家也能够治国平天下。四书之一《大学》里面讲得好, "君子不出家, 而成教于国"。不用出家门, 教化的力量已普及到全社会了, 乃至于后世。就像这个 "崔唐乳姑" 的故事, 从唐朝一直到现在, 还是我们学习的榜样, 所以关键是要做。《女论语》通篇教我们怎么做, 不要忽略小事, 你忽略了, 那所学的道理全落空。

这里再跟大家讲一个故事,也是对婆婆尽孝的。唐朝有一位张李氏,她嫁了张家,这个女子相貌长得很好,可是才三十多岁年纪就已经守寡了,天天扶着她的婆婆去讨饭,家境很贫寒。她婆婆眼睛还瞎了,而且性子非常急躁,刚愎自用,这样的婆婆很难对付,动不动就骂媳妇。结果有一个富翁看上了这位张李氏,于是就借着这个机会,想要娶她,用一百两银子来作为聘礼。结果张李氏正色对这个富翁说,我情愿跟我婆婆饿死,无论如何是不肯再嫁人。因为她长得很有姿色,有不少的男子用银子、衣裳、首饰来引诱她,这张李氏都正色把他们骂走,把这些银子都扔到地上,坚持跟她的婆婆一起过日子。最后她婆婆去世了,她就竭力地把婆婆安葬好,而自己剃了头去做尼姑,出家了。她一直活到八十多岁才走,走的时候她是端身正坐走的,口里念着阿弥陀佛,是预知时至,自在往生。这是在《德育课本》里面讲到的"张李丐养"。

像这样的一个寡妇,跟她婆婆本来就不容易了,还要以乞讨来养婆婆,这就更难了;而且养的又是双眼瞎了的婆婆,这就更难了;更何况她婆婆脾气还很暴躁,动不动就骂她,这是难中之难。而这个张李氏不需要受这个苦的,她有姿色,这么多人想要来续娶她。但是她为什么能够这样的坚持,舍离这个享受,而去陪着婆婆吃这些苦?就是因为她心中有道义,这就是清贞,虽然是贫穷到极点做乞丐,但是她有真正最高尚的情操,一直陪伴婆婆终养天年,然后自己出家,念佛往生。这是上善之人,这一种贞德可钦可佩。

人生百年真的是一场戏,这场戏你可以演得重如泰山,也可以演得轻如鸿毛,就看你怎么个演法。这戏演完了,收场了,看你演的是什么,然后决定你要到哪儿去。这位张李氏虽然苦了一辈子,最后到极乐世界去了。人生苦短,须臾间尔,很快就过完了,真正有智慧的人,他不怕吃苦,努力行善,这一生过完之后到好地方去了,永远离苦得乐,而且留下千古的美名。所以这种至孝之心对公公婆婆能如是,那么学佛的人要求往生,要学这份存心,特别是女众。当然并不是叫我们具体去学张李氏,你家境没有她那么差,你不一定要去乞讨,但是学她那一份对于婆婆的忠义,能忍辱,能吃苦耐劳,这便是对先生尽的义。夫妻之间讲求道义、恩义、情义,这个义最主要的就是为先生孝养父母。当然还有相夫教子,为这个家庭,为社会培养出圣贤的儿女,总归都是以修德为本。

最后这一段是劝诫我们,注意不要做那些不贤的媳妇:

〖**莫学他人。跳梁可恶。咆哮尊长。说辛道苦。呼唤不来。饥寒不顾。如此之人。号为恶妇。天地不容。雷霆震怒。责罚加身。悔之无路。**〗

这是警示我们,做恶妇有什么样的结果,教我们不要学,不要学"他",这个"他"是指恶妇。"跳梁"这是一个比拟,跳梁是比喻妇人很强势,很霸道,很恣意妄为。一般来讲,这说的是逆妇恶妇这种人,对于尊长,就是公公婆婆,咆哮。咆哮是辱骂,而且是大声辱骂，就像在咆哮一样，在吼叫一样，这是非常无礼的。

"尊长前，声要低"，低声下气这是一种恭敬谦顺，如果在尊长面前大声叫喊甚至咆哮辱骂，那是傲慢到极点，无礼到极点。

"说辛道苦"，在家里做了点家务就在公公婆婆面前说自己怎么怎么辛苦。其实没做什么，欺负公公婆婆年老，不想为他们服务，所以在这里说辛道苦，让老人家听了之后也就不敢去吩咐她做任何事情了，她出自于这种心念，不善。"呼唤不来"，这是不听使唤，《弟子规》讲的"父母命，行勿懒"，"父母呼，应勿缓"，她根本不应，自己妄自尊大，完全没有把公公婆婆放在眼里。"饥寒不顾"，就是不管他的饥寒温饱，对于老人一点爱心都没有，甚至还有些恶念，恨不得公公婆婆早点死，然后留下财产给自己。"如此之人，号为恶妇"，这个就是恶妇的意思。那么这种人的果报，"天地不容，雷霆震怒"，就是这种人，不孝的人，不管男女，往往遭雷劈的果报，还有天灾或者是人祸。"责罚加身，悔之无路"，这个责罚就是讲人祸，笼统的来讲就是报应，有报应，或者是自己得病了，或者是遇到各种灾难了，到报应现前，后悔都来不及了。

《太上感应篇》上讲到，这种恶逆之人，他们必定"多逢忧患，人皆恶之，刑祸随之，吉庆避之，恶星灾之，算尽则死"。天地都有神明主宰人的寿算，如果作恶，就减寿算。寿算减除了，就有很多的贫耗，贫穷耗散。多逢忧患就是很多的忧虑烦恼，很多不顺利，人都会厌恶他，那么刑祸就跟着而来，没有了吉庆了，恶星跟着他。我们一般讲吉星高照，他没有吉星，是恶星跟定了。最后这种人就命丧黄泉了,死了以后将来都是到三恶途(地狱、饿鬼、畜生)去受苦。我们在这里举几个例子,这都是真实的因果报应的故事。

在2005年3月30号,根据东北新闻网的报道,在东北光山县农贸街县工商局门口,那天早上就有一个中年妇女跟一个老太太在厮打。后来围观的人知道原来这个老太太是这个中年妇女的婆婆,这个媳妇对婆婆一直都是非常不好的。那一天这老太太骑着自行车,这个媳妇就向她扑来,对她说:"你不是让你儿子打我吗?现在我要打你!"就把这老太太摁倒在地。结果围观的人就开始劝架,但是这个媳妇一直不肯住手,抓住她婆婆的头发把她摁倒在地上抠打。结果众人都很义愤,有一个老先生就喊,你怎么这么不孝顺!话音刚落,周围围观的人也是义愤填膺,就上来对这个中年妇女一顿猛打,一直到警察来了才制止。说明不孝顺的媳妇真的是《感应篇》讲的"人皆恶之",都很厌恶。

不仅是人厌恶,天地都不容。在历史中有记载,说在清朝嘉庆二十三年,在江苏省无锡县北乡曹溪里,有个姓王的儿媳妇。这个人很泼辣,是个逆妇,平日就懒于家务,一切的家务,烧水、煮饭、洗衣服、打扫卫生,全都逼着她的婆婆来做。可是婆婆年老体衰,有时候做家务不是很理想,比如说打扫得不干净,或者做的饭菜味道不够好,就遭这个逆妇恶骂。这个逆妇的丈夫又是一个懦弱无能的人,这是怕老婆的人,所以看着自己的妻子不孝母亲,也不敢出声,更不敢管教。邻居都看得很不顺眼,但是这个恶妇恶性不改,还变本加厉。结果有一天,这婆婆带着孙儿玩,也不知怎么回事，这个孙子就跌了一跤。这个逆妇就认为是婆婆故意跌伤她儿子的，对婆婆就扬声开骂，就像这里讲的咆哮尊长，骂得很凶，让这婆婆非常难过。正在此时此刻，忽然天空乌云密布，下起了倾盆大雨，不过一会儿，这屋里屋外全都积满了雨水。这逆妇两脚就插在那泥土里头，过去的房子都比较简陋，没有水泥，直接就是泥地，这个两脚都陷在泥地里头。那泥地被水泡得很松，所以那个逆妇就一直往下陷，她就很害怕，在那里呼救，说婆婆救我！这婆婆也很想救她，可是风雨太大了，根本没办法救，眼睁睁地就看着这个逆妇身体慢慢慢慢地陷到地底下，愈陷愈深，最后整个身体就被埋到了地底下，这是天把她活埋了。等暴风雨过去之后，邻居们把这个逆妇从泥土里挖出来，早已经是僵尸了。当时人看到这一幕情景，没有不心惊肉跳的，这真有报应，现身恶报。这故事是真的，有诗为证，这首诗我给大家念一念："大地难容违逆人，一朝地灭尽传闻。婆婆叫尽终无用，何不平日让几分。"所以这个不孝公公婆婆的果报，轻则人皆恶之，重则天地不容，雷霆震怒。

在《聊斋志异》里面有一篇文章叫《赵成虎》，这是记述一个老太太，她有一个独子被老虎给吃掉了。这个老虎也很有情义，它自己知道吃的是老太太的儿子，就甘愿来给老太太做儿子，养这位老太太。所以每天早晨老太太打开房门就看到有一只死鹿，或者是有一些野味，全是老虎给叼来的。那么老太太可以拿这些东西去卖，换点钱，这生活还过得挺富裕。有时候老虎来了就躺在这个屋檐底下不离开，来保护老太太，这人和老虎相安无事。这样好多年，一直到老太太走了，离开人世了，这老虎居然赶到这个老太太灵堂之前悲号。你看，老虎尚且懂得道义，懂得报恩，吃了老太太儿子，它能够体恤老人家的年老无依无靠，来对老太太孝养，老虎能做到。《聊斋志异》虽然讲的是一个神话故事，但是这也给我们一些提醒，做人应该讲求道义。为人媳妇者，是跟先生有道义恩义情义，理应孝顺公公婆婆，连老虎都能做到，那这个做媳妇的要是做不到，是不是该反省了？

这个最后讲的是"责罚加身，悔之无路"。这责罚，可能是天罚，天谴，也可能是人罚，也可能是法律、刑法，总之不孝之人的果报下场都不好。

在这里我再跟大家分享一个新闻的报道，这是2007年3月16号，广西新闻网讲到的一起自杀案件。一位三十八岁的少妇在自己家里上吊身亡，被她丈夫回来发现了。都以为这真的是自杀，后来调查才发现原来不是自杀，而属于他杀。原来这个妻子在家里是一个逆妇，常常辱骂她的公公。大家一起吃住在一个屋檐下，在一起生活，如果不能够互相的迁就，肯定会出现很多的矛盾。这个媳妇常常动不动就对这个公公开骂，而且常常虐待她的公公，比如说不让公公跟他们一起吃饭。如果是公公想要买点新的衣服，新的东西，她就会骂她公公，说你这么老了还打扮什么？丢人现眼！

结果在2006年12月10号那天，这位年过古稀的公公从两公里外打了猪菜回家，这时已经是中午十一点多了。这个时候看到这个儿媳正在煮酒，因为12月的天气也比较冷，他就想取取暖。

结果这个儿媳就瞪了他一眼,不给他烤火,说你烤什么火,碍手碍脚的,你没见我在煮酒吗?一边去!长期以来对公公这种不良的态度,让他觉得很难忍受。结果这公公只好自己回到厨房用电磁炉烧水来自己泡泡手,想取取暖,老人家血气不通。结果打开了电源之后,大概有点响声,煮水有一点响声,没想到这个媳妇就冲进来拔了电源,说,你这身上没一分钱,又不缴电费,你浪费什么电?不给他用。当时这位公公真的是心里非常地难受,最后变得恶向胆边生,想着想着想不通,于是就操起了一根绳子就从背后把他这个儿媳妇给活活勒死了。然后他做了一个假相,把他这个儿媳拖到房间里吊到这个梁上,制造出上吊自杀的假相。

在这桩家庭血案里,那当然这个凶手固然是非常不对的,但是谁真正造了这个因?总是在于自作自受。家庭的这种暴力案件现在也是愈来愈多,如果我们希望能够挽救世道人心,帮助解决家庭危机,从哪儿下手?最好的还是从妇道、女德下手。这个事情要从我做起,我要好好落实女德,把我的家庭变得和谐良善,进而影响社会。我们需要这样的人,需要这样的榜样。孔子讲的,"人能弘道,非道弘人。"这个道,我们这里讲妇道。人能弘妇道,那是靠我们自己,否则这种家庭的悲剧可能以后会愈演愈多,愈演愈烈。所以在座的每一位女性朋友都要发起这个菩萨心,救世的心,从我做起。当然,男子也应该努力去修德,媳妇不孝,跟这个儿子有关系。所谓邪不胜正,自己要是正了,即使媳妇是邪,那你也能够把那个邪的转过来。就怕自己不正,那就让邪的这些风气滋长了。所以这个妇道要夫妻双方共同去落实,这个女德教育不仅是女性要学，男子也要学。

《感应篇汇编》里面记载了这么一个故事，说文安县有一位男子娶得一个媳妇，这个媳妇有姿色，但是凶悍，很霸道，跟婆婆关系闹得很僵。这个妻子一天到晚就在她的先生面前抱怨，说婆婆对我怎么怎么不好，怎么怎么虐待我，实际上都是在搬弄是非，造谣生事。有一天晚上，这个妻子又跟她先生在那里唠叨，说婆婆不好，这个先生就拿出一把利刀给他夫人看，这妇人吓得一跳，说你拿刀干什么？这丈夫说，说咱娘虐待你，现在干脆这样，拿这把刀把她杀掉如何？这个太太说，那好！你看，大不孝。那先生就跟她讲，如果是现在就把咱娘杀了，那邻居们都会认为是你怂恿我干的，因为你跟她的关系不好。那这样，你暂且好好地孝敬她，让大家看到你是一个孝媳妇，而真正是娘虐待你，那时候杀了，大家也没有什么话说。这个太太听了以后，觉得很有道理，就同意了。于是从那天起，就对她的婆婆低声下气，和颜悦色，对她是尽心尽力地奉养，起早贪黑，勤于家务，干了一个月。

这一天，丈夫又拿着刀跟他太太聊，说咱娘近日对你如何？这太太说，咱娘跟以前不一样了，这比过去对我好多了！那她先生说，那这样，你再尽心一个月，看到她如果是真的虐待你，咱们就把她干掉。结果又过了一个月，这先生就问他太太，怎么样了？太太说，现在婆婆好多了！跟从前比根本是两个人了，现在不能够对她下这毒手。这个时候，先生拿着刀把脸一沉，对她讲，你有没有见过世上丈夫杀妻子的？这太太说，有。你有没有见过儿子杀母亲的？太太说没有听说过，在那时候没有，那现在就有了。这丈夫说，父母之恩，恩重如山，娶了媳妇就是为了孝养父母，而你对婆婆竟然这么样的不孝，还大逆不道，还在怂恿我去杀母亲。这把刀本来我是要把你的头砍下来的，此前是姑且给你两个月的考验，看看你能不能转变。幸好你这两个月转变过来了，要不然今天晚上我这就是白刀子进红刀子出。吓得这个太太这时候一脸土色，跪倒在地，向她先生忏悔，并且发愿终身对婆婆好。结果自此以后，果然这婆媳之间就非常和睦了，连邻里都称赞这一对婆媳真是好婆婆好媳妇。

这个故事很有意思，这先生有智慧，用这种非常的手段来教训自己的太太，让她遵从妇道。这太太能转得过来，也是有善根的人，过去毕竟是受过女德的教育和影响，即使是没有真正学过，总有耳闻，转过来还转得比较快，有基础。那现在要是没女德教育了，用这种手段还未必转得过来。所以说提倡女德教育真的太重要了！

那么说老实话，媳妇跟婆婆之间的关系，如果是有矛盾，当然客观讲双方都有责任，一个巴掌拍不响，不能够只埋怨对方，自己肯定有责任。但这是凡人的思想，真正君子圣贤会怎么想？不是他的责任，是我的责任。关系处理不好，那不关婆婆的责任，是我这个做媳妇的不好，正所谓行有不得，反求诸己。就像舜王，他父母即使是千方百计要谋害他，而舜对于他父母没有丝毫抱怨，全是反求诸己，是我不好，我不能够对父母尽孝，才导致父母用这样的手段对我。这个是大圣大贤！

实际上关系好不好，有没有矛盾全在你自己一念之间。《华严经》是佛法的根本法轮，经中之王，把这个道理讲得是非常透彻。它讲什么呢？"一切法从心想生"，"境由心造"，"境由心转"。境包括人事环境和物质环境，家里这个环境，婆婆，先生，这都是人事环境，我跟他的关系好不好，由我的心去转。你看这个案例，这媳妇听丈夫的话，对婆婆暂时好了一个月，她对婆婆好，虽然这个心还不是真心，但是至少是转了念，一转念，她回头想一想，她婆婆对她也挺好的，境由心转，就看你怎么看。你认为她不好，她就真的是不好，你认为她好，她就真好。那我要怎么做？我不管她好不好，我只求我对她好，那你这是真正在修行。所以在家里能够力行女德、妇道，没有别的，全是反求诸己，只要求自己做，绝不要求别人做，那这个家庭自然就和谐了。这叫以修身为本，只是修身而已，只是修自己而已，绝对不要求外界人、事物是否理想。真有这个心，那妇道女德，肯定能做得圆满，你就肯定能成为窈窕淑女，淑女就是具足了美德的女子。

九、事夫章第七

这一章是讲事侍丈夫，如何处理跟先生的关系。这是一个非常重要的话题，尤其是夫妻的关系，现在真的是十家里头恐怕八家都会有矛盾，真的能够夫妻之间相敬如宾，没有吵过架的，简直是凤毛麟角。那做女子的咱们不要求先生，咱们要求自己，学学事夫之道，从我做起，改变夫妻关系。当然做先生的也要从他那一边，从自己做起。改善夫妻关系，各人皆从自我做起。从女德里面讲，从女性的角度来讲如何事夫？夫妻这一伦，五伦当中之始。在《易经·序卦》里面就有这一段的卦辞解释，"有天地，然后有万物；有万物，然后有男女；有男女，然后有夫妇；有夫妇，然后有父子；有父子，然后有君臣；有君臣，然后有上下；有上下，然后礼有所措。"天地，这是讲宇宙，宇宙产生了以后就会有夫妇，夫妇是人。基督教、天主教，《旧约圣经》第一章"创世纪"里头就讲到人是怎么来的，它就讲到有天地就有夫妇，神创造万物，然后创造人。先创造男的，这是亚当，然后把他的身上的肋骨拿出来做一个女的，这就是夏娃。亚当、夏娃是人类的始祖，基督教是这么讲的，它讲的跟《易经》也有异曲同工之妙。所以自从有了人，就有夫妇，这是人伦的开始，极其重要，夫妇这伦开始乱了，后面就都乱了。有夫妇，才有生儿育女，就有父子的关系，就是父母跟子女。父子是五伦当中最重要的，因为孝道从父子这一伦产生，父子有亲，这是爱心的原点。父子然后再发展，子女之间就有兄弟。人多了，就要有人做领导，有人被领导，这就是君臣了。然后有上下的关系，人类的社会形成了，有等级了，有长幼了，就要有顺序，所以有上下长幼之分，这个礼才能够有所措置，这就是要讲礼了。这是讲夫妇是人伦之始，这是讲到《易经》上的一段话。

在曹大家《女诫》中，这是"女四书"第一篇，曹大家就是班昭，汉朝的史学家，女史学家。她写的《女诫》里面讲："夫妇之道，参配阴阳，通达神明。信天地之弘义，人伦之大节也。"这是讲夫妇之道，这个道就是讲关系，夫妇之间的关系，"参配阴阳"，参当合字讲，跟天地相合，跟天地配合。这里讲的阴阳，天是纯阳，地是纯阴。夫妇是阴阳配合，可以通达神明，跟天地鬼神都有感应。这是"天地之弘义"，弘就是大，天地的大义，"人伦之大节"，大节就是大道。所以夫妇这个关系，不是小事，非同小可，天地的大义，人生之大道，就在于此。

所以夫妇之间最重要的要讲一个礼，男女交往，若没有礼可就乱了。除了礼，要讲义，所以礼义始于夫妇。《诗经·国风·周南》里面第一篇叫"关雎"，我们前面说过，关雎的意思就是讲男女大德，就是讲文王配淑女，首先就讲夫妇这一伦，非常的重要，因此我们一定要认真的学习。所谓人不学就不知道，就不懂得这个夫妇之道；人不学就不知义，义是该做的，什么该做，什么不该做，也就不懂，必定要学。

我们先看经文：

【女子出嫁。夫主为亲。前生缘分。今世婚姻。将夫比天。其义匪轻。夫刚妻柔。恩爱相因。居家相待。敬重如宾。夫有言语。侧耳详听。夫有恶事。劝谏谆谆。莫学愚妇。惹祸临身。夫若出外。须记途程。黄昏未返。瞻望思寻。停灯温饭。等候敲门。莫若懒妇。先自安身。夫如有病。终日劳心。多方问药。遍处求神。百般治疗。愿得长生。莫学蠢妇。全不忧心。夫若发怒。不可生瞋。退身相让。忍气低声。莫学泼妇。斗闹频频。……】

首先我们来看第一段，这是总说夫妇之道。

〖女子出嫁。夫主为亲。前生缘分。今世婚姻。将夫比天。其义匪轻。夫刚妻柔。恩爱相因。〗

女子没出嫁之前在家从父，出嫁从夫，夫死从子（从子要讲到下面的"训男妇章"这个问），叫三从。这个从有跟从顺从的意思。那么为什么说要女子顺从男子？在家里未出嫁前从父，这我们能理解，在家听父母命，不管男女都应该，这是孝道。出嫁了为什么要从夫，为什么不要夫从妇，要妇从夫？这个确实有道理，这是自然之道，合乎自然的。《易经》就是讲自然现象，从自然现象总结出人生的大道理。天和地,阴跟阳,这是用来代表男女,男的为阳,法天,女的为阴,法地。那么阴以柔为美,柔顺,阳以刚为美,柔顺的容易跟刚强的配合,但反过来就比较困难,这是双方天生的性格特点所决定的。这样的搭配,那是最和谐的。而且这种从,并不是说不平等,男女本来是平等的,只有分工不同。所谓男主外,女主内,主外的要有阳刚之气,这才能抵御外在的侵袭,主内的要能柔顺才能成就。

比如说我们的人体这嘴巴一张开,你会见到牙齿,里头是舌头,舌头是藏在牙齿里的,两个牙齿合起来就把舌头藏进去了。舌头是柔,牙齿是刚,那么这两个器官配合起来才能吃好东西,是不是平等的?是平等的,没了牙齿不行,没了舌头更不行。我们把这个刚的比喻成男的,他在外护着家里的;舌头比作柔。那你说舌头和牙齿比起来哪个重要?都重要,平等的,缺一不可。而且说老实话,缺了牙齿勉强还行,你可以装假牙,没有牙齿你吃点稀粥烂面还可以吃得饱,没舌头那可就麻烦了!

所以古人并不是说男女不平等,只是按特点有分工。更何况《道德经》里讲的,柔能胜刚,弱能胜强,这是自然之理。你看人老了都先掉牙齿,牙齿掉光了舌头还在。所以女性比男性地位上一点儿不会差。而且在家里头,说老实话,女性更为重要,她负担起的是相夫教子,传承后代,传承家道的重要使命。这种重要使命,如果不是以柔顺谦恭的那种态度,勤勤恳恳,兢兢业业,小心谨慎地做,那岂能做到理想!岂能做得长久!这就是所谓的普贤菩萨恒顺众生,随喜功德,这种柔顺不是一般的德行,这是所谓的坤德, 大地的坤德, 可以厚德载物, 可以传承家道。

这里讲的 "夫主为亲", 这是对于女性来讲, 女性要把先生看作是一家之主, 一生之主, 这是一种自己谦卑的态度, 然后你才能柔顺。实际上两个都是主, 这一家, 你说只有先生没太太, 行吗? 不行, 不成其家, 缺一不可。这天地阴阳, 本来就平等, 这里说讲夫主为亲, 是说女性自己的那个谦卑柔顺的心态, 看人要看高, 我要谦卑, 我学着要谦下, 正如普贤菩萨礼敬诸佛的道理一样。自己是谁? 自己是凡夫。人家呢? 人家是诸佛。印光大师讲的, "见一切人都是菩萨, 唯我一人实是凡夫", 这道理是一样的。为什么? 养自己谦卑的存心。《尚书》上讲, "满招损, 谦受益", 人最怕就是傲慢自大, 自己要做主人, 把人家踩到脚下, 这一个心态肯定会产生冲突矛盾, 天下大乱。你看古人教学多好! 先教我们自己谦卑。

《易经》里面六十四卦, 唯有一卦叫 "六爻皆吉", 就是六个爻全是吉的, 没有凶的, 这就是谦卦。这个谦卦是什么? 地山谦, 讲山在地之下。山本来在大地之上, 怎么到地下了? 表示谦卑。明明是高高在上的, 现在我反而谦下, 你就想想这个意思。古人本来看女子是这一家中最重要的角色, 可以高高在上, 但是现在反倒谦卑, 把丈夫推上前, 夫主为亲, 你想想这种德行, 谦德。

夫妻双方应该都这样互敬互爱, 都是把别人推到最顶上, 自己谦卑下来。这里不是说光是女子把男子推为主, 推到上面, 男子就高高在上了, 不是的。你看古人的婚礼很有意思, 古人男的去迎请女的, 把女的娶回家, 怎么娶? 驾着马车到女方家以后请女方上车，自己做车夫赶着车，驾车回来。女子是坐车的，男方丈夫是驾车的，是做仆人，把女的放在上面。

我们前面讲过《易经》里的咸卦。咸卦是艮在下，兑在上，艮为山，兑为泽，泽是讲水泽、沼泽，这是讲阴，艮是山，是阳，阳在阴之下，这一卦讲婚姻，这是最吉祥的。是什么意思？这是男子在女子之下，让柔在上，刚在下，使阴阳二气这样互融互感，这样的卦象是吉祥。

所以本来女子在家里面就有崇高的地位，根本不是重男轻女的，女德教育也不是说男女不平等，这样想法错了。男女本来平等，而且自古以来女子，你看进家门那一天，迎娶来的，她就坐车，她就在上。但是人老在上，这可就危险了。所以在上位的自己心态一定要谦下，所以把先生推在上，夫主为亲。你看看，这个家庭多和谐，多美好，互相都把别人推到上位，都恭敬，相敬如宾，这一种婚姻才是最美好的。

这种恭敬只能要求自己恭敬对方，如果我有一念要求别人来恭敬的，你已经生傲慢了，你的敬意已经不圆满了，诚敬心就欠缺了。如果对方也同样要你去恭敬他，你要求他，他要求你，互相要求，就导致互相抱怨。这讲的什么？境由心造，你是什么样的心，就造什么样的境界。你只一味恭敬他，你的心所造成的境界就是他来恭敬你。

人跟人之间的关系就像照镜子一样，你看那镜子里的人，你对他笑，他也对你笑，你对他骂，他也对你骂，外面的人就是镜中的人，那就是自己，自己的反映。所以有过错，肯定君子反求诸己,他不会埋怨对方。过去弘一大师《晚晴集》里面就举这个例子,譬如你照镜子,镜子里头人鼻子上有个黑墨点,很丑。愚人看到这镜中人就会笑他,你怎么这么丑,鼻子上有墨点都不知道,就拿块布去擦那个镜子,企图把镜中人的那个污点擦掉,诸位说能擦得掉吗?擦不掉的。聪明的人他不去擦镜子,反过来擦他自己的鼻子,擦掉了,再过来一看,镜子里面的人也干净了。这个道理很深刻,你要真懂得这一个窍门,那你跟任何人都能够和谐,没有不和谐的。不和谐是自己心里面有黑点,要把它擦掉,擦掉了一看,原来世界本来和谐,本来是纯净纯善的。为什么?这是你本性本善所变现的境界,当然是本善,和谐。

这里讲到,"前生缘分,今世婚姻",这是真的,谚语所谓的"百年修得同船渡,千年修得共枕眠"。过去要是没有这个因缘,这一生不可能结为夫妻,这个关系肯定是很深的缘分。

在《教女遗规》中,吕新吾先生写的《闺范》里面(也是女德教育,闺房的规范),记载有这么一个故事。这是宋末元初的事情,说有临川人梁氏,嫁给了王家。结果刚嫁过去没多久,才几个月,元朝的军队杀过来了。她丈夫跟她说,这些元兵来了之后,我一定会被他们杀害。这个太太就跟她先生约好,说我们要是死于元兵之手,你将来要再娶的话,你还要娶我,大概这是讲到来世。后来果然这夫妇两个人都被抓起来了。结果元军的一个将领大概看到这个梁氏有几分姿色,就想娶这个梁氏,想玷污她。这梁氏也很聪明,她就跟这个元军的头领说,如果你能答应我一个条件,我就可以答应你。什么条件?你把我的先生放了,我就从。

这个头领就依了梁氏，把她先生给放走了。结果梁氏知道她先生走了以后，就对这个头领破口大骂，死不依从，最后就被杀死了。

过了几年，这个丈夫就想再娶一个媳妇，结果每次谈婚，都谈不成，于是就向他的妻子祷告，他知道妻子已经是另外一个世界的人了。结果他晚上突然间梦到他妻子。这个梁氏托梦跟他讲，说我死了以后生在某某家，现在已经出生了，你要等我长大以后来娶我。这个先生在梦里梦得很清楚，知道不是假的，为什么？因为他跟他太太有约定，说以后还要娶她。于是就按照梦中他过世了的这个太太的指点，去找到那一家人，一问果然有一个女孩出生没多久，于是就赶紧派人先下了聘礼，等于是预订好了，将来就娶她。问这一家人，这个女孩子出生的那一天，结果正好是他的妻子梁氏死的那一天，同年同月同日，真的就是转世到他家。这是历史上记载，真有其事。确实，前世缘分，今世婚约，没有缘的不可能走在一起，不是一家人，不进一家门，真的是如此。

吕新吾先生是明朝的大儒，他对这个故事还有一段评论，评得很好，吕氏曰："梁氏全夫之智，临变不迷，从一之贞，再生不易。事不必其有无，然金石之操，两世犹事一夫。世顾有事一夫而怀二心者，梁氏传不可不读。"这是讲到事夫之道，最重要的是这种贞德，从一而终，没有二心。他讲梁氏"全夫之智"，她有这个智慧，能够保全她先生的性命。而且在这种困境危变的时刻她不迷，不屈从于强势。"从一之贞"，这个真是贞洁，正气凛然，舍生取义，杀身成仁，对于性命看得很淡，对于道德仁义、贞洁看得很重。这种人她即使要死她也不会迷，所以再世投胎，她自己清清楚楚。"再生不易"，就是心没有变，跟从这一位先生就跟到底了。"事不必其有无"，这件事，有人说这可能是神话迷信，我们先不必谈这个事的真实与否，但我们想，古人既然有这个记载，一定实有其事。现在西方科学家都已经证明轮回真有，不是假的，西方用催眠的方法可以帮你回溯到过去。你要是不相信，我们就此不谈，先谈这个道理，通过这桩事悟这个道理。你看梁氏"金石之操"，操是操守，操守像金石一样的坚固，"两世犹事一夫"，两辈子都嫁同一个先生，这个难得，如果没有纯贞的这种道义感，这种贞德，她做不出来。"世顾有事一夫而怀二心者"，我们看看这世间，有的确实她嫁了一个先生，她还想着另外一个，二心，心不定，欲念很重，这一种人作恶，她往下坠。那这种人，"梁氏传"不可不读，这个故事不能不去细细地研读体会，学梁氏的贞操。既然走到一起来了，这份缘分，一定要珍惜。

不管这个缘是善还是恶，人与人之间的缘分有善缘有恶缘，具体而言四种缘，讨债、还债、报恩、报怨。但是遇上这四种缘，而且夫妻之缘，义重如山，不管是什么缘，善缘固然要把善增加，愈来愈善。恶缘，把它转变成善缘，怎么转？你认真落实妇道、女德，你就能转了，所谓化怨为亲，那这种就是属于叫爱心，仁者无敌了。仁者的心目中没有敌对，不会说，这个先生对我怎么这么不善，这么无情无义，那你的心中有怨恨，有敌对，那就不是仁者了，仁者心里没有怨恨没有敌对。所以要真正能够在恶缘困境当中，还能够修女德的，那必定是大仁德之人。怎么修？还是要从心地上修, 在心地上化解对他的不平、怨恨。前生缘分, 今世婚姻, 他为什么对我不好? 前生缘分, 肯定是我前生对他不好, 对不起他, 现在我来酬偿业债, 那我就欢欢喜喜地还债, 我绝对不会去抱怨, 去不平。债还完了, 我还是一样的对他有这个恩义, 情义, 他就转回来了, 恶缘就会变成善缘了。我只一味地对他好, 对他有义, 我不要求他对我如何, 这样的人那才是真正贤人, 贤女。你真正明白了境由心造的道理, 没有转不过来的缘分, 没有消除不了的业障, 关键是我们肯不肯转。就像舜一样, 父母对他下那样的毒手, 他最后能够感化父母, 这是大孝。如果先生对我们要是下毒手, 如果我们也能够用智慧, 用我们的仁爱感化他, 那这是大贤大义。

我在国外认识一位女性的同修道友, 这个女子长得也很标致, 她的先生是一位很有钱的富商, 也是很强势的人。据他太太跟我介绍, 说她的先生原来是一个花花公子, 家里有钱, 过着骄奢淫逸的生活。太太出身比较贫寒, 但是这个女性她很贤淑, 很有妇德, 大概就被这位先生看中了。当时很多人都劝她, 不要嫁给这个人, 他吃喝嫖赌都会有的, 嫁给这个人你一生没有幸福的。这位女子大概也是跟他前生的缘分, 她说我当时只看中他是对自己母亲很孝顺, 这个人再坏也不会坏到哪里去。嫁过去之后, 自己就守在家里, 家里是很大的别墅, 有很多佣人, 她就在家里操持家务, 相夫教子。先生的事情, 如果先生不主动告诉她, 她也不去询问, 特别不会管她先生说晚上为什么不在家里过夜, 去哪里了, 交了什么朋友, 这些, 太太不过问。先生告诉她, 她就很高兴地去听，去欣赏，但是没有控制，没有管制她先生。结果久而久之，她先生也被感动了，后来这一家学佛了，学佛之后她先生回头，这以后很少在外面单独过夜，渐渐地就没有了，真的改邪归正。所以真正你谨守着妇德，可以最终把不理想的状况也改变过来的。

"将夫比天，其义匪轻。"作为太太，自己的那个心态，刚才讲过了，一定是对于先生十分尊重，而自己谦卑，修谦德，特别是女子，谦德是非常重要的，其义匪轻。在《礼记》里面讲到，"夫者妇之天也，阳刚阴柔，天地之大义。夫恩妇爱，人道之大经。"古圣先贤讲的这些道理，那是符合自然之道的。丈夫为天，太太为地，天地阴阳的交感，而构成了家庭。天地大义，人道之大经大伦，这样的家庭才稳固。如果说天不像天了，地不像地了，天被压在了地下，地提到天上了，这成了什么？天翻地覆了，那这个家就不好过了。这男女不在其位，天和地不在其位了，那就麻烦了。哪个重要？两个都重要，没有天不行，没有地那更不行，但重要的是天和地要保得其位，这就能够长久，所以叫大义。

在唐朝有一位贾直言，他的太太是董氏。因为贾直言犯了事情，被充军到岭南去，路途遥远，而且要充军很久，不知道什么时候归来。当时董氏女子还很年轻，所以丈夫临行前对董氏说，我的死活都不可以预料，我去了之后，你还是赶紧嫁人吧，不要等我了。结果董氏没有回答先生的问题，而是拿了一条绳子把自己的头发簪束起来，然后用一块绸子把头发给封起来了，然后叫她的先生在绸子上签了一个名。董氏对她先生发誓说，不是你亲手回来把这个绸子解开，那这个绸子在我头上就从此不再解开了。如此过了二十年，她先生充军刑罚已满了才回到家里，发现他太太那个绸子还绑在头发上，那个签的字还在。贾直言看到这个情景，立刻亲自替他太太解开头发，准备给她洗洗头，因为二十年，时间太久了，结果他太太头发全部都脱落了。你看这位太太那种操守，真的把自己先生看作天一样，把这种夫妻之义看得比生命、身体要重得太多了！而且永远就守着贞一，只嫁一夫这种贞洁，贞操，没有想过说要离婚的。这是真正义妇，真正是让天地动容。

现在大家学了传统文化，逐渐意识到其实夫妇之义确实重要。虽然可能会遇到不幸，有一个人先走，但是自己能够守着这个节义，他的心是安的，他离开人世的时候，他是无憾的，死而无憾。

这一句"将夫比天，其义匪轻"，确实是非常的重要。既然是把丈夫比作天一样，对天我们要用至诚、谦卑、恭敬的心态，这是讲我们的存心。女子未出嫁之前，在家从父，将父比天，父亲就像天一样，母亲就像大地一样，敬父母如敬天地。那么出嫁以后，就一心追随着丈夫来过日子，相夫教子，于是就将夫比作天。将对于父亲、母亲那种尽孝的心，也移来用于先生，当然更重要的还有对公公婆婆，这是上一章"事舅姑章"我们讲到的。我们特别提到这一点，为什么女子出嫁从夫，这个理很深。女子以阴柔为美，男子是有阳刚之气，以刚为德，女子以柔为用，以柔弱为美，这是符合自然之性的。如果女子阳刚之气太盛了，这就不符合自然，就违背自然。那么柔弱的随顺刚强的，"夫刚妻柔"，这才有恩爱，就如同天地各得其位。如果调换了位置，就变成天不像天，地不像地，天翻地覆。真正能随顺的，她才是高尚的。

《道德经》里面给我们讲出上善之德，上善若水。水，它能柔顺，但是它能胜刚强，所谓滴水穿石，正说明柔能胜刚、弱能胜强的道理。如果不懂得这个道理，而鼓吹女子要跟男子所谓的平等，一定不甘心在柔顺的地位上，要去争强好胜，得来的果报是自己会有烦恼、痛苦，家庭不能和谐。殊不知男女本来是平等的，本来平等你再说个平等已经是多余。男不能取代女的，女的不能取代男的，再讲平等。但是男女他们有不同的特性，不能说两个特性都要相同那才叫平等，错了，那不叫平等。这是《论语》里面讲的"小人同而不和"，他要强调相同，但是就不和了，和气没有了。"君子和而不同"，他强调和谐，有不同的特性，本来是平等的。就好像手指，这五个手指你看看它长短不平等，你说一定要把五个手指搞平了，那个高出来的切掉，跟那个矮的一般平等，这像什么话？这就是小人同而不和。和而不同是它本来是平等的，只是有分工不同，特点有长有短、有高有低、有刚有柔，特点不同而已。大家能够分工合作，才能把工作做好。所以"夫刚妻柔"，这是在平等的基础上讲特性有别，随顺自然的天性，这恩爱、和谐才能够保持长久。明白这个道理，这就知义，真正人不学不知义。这个义是什么？就刚才讲到的，"将夫比天，其义匪轻"，这个义。那么男子对女子也是一样的义，男子看女子也应该把女子看作是自己的天地一样，女子看男子亦复如是，可以为对方舍身。

我看到一份报道，这是记述了在2007年10月23号发生的一个真实感人的故事。事情发生在美国，一对夫妻，这个夫妻之义，我们看到美国人也一样有，西方人也有，他没学过中国传统文化，但是他也能行出义来，为什么？我们想到"人之初，性本善"。这个故事是讲一对新婚的夫妇，男的是哈佛大学经济学研究生三年级的学生，女的是哈佛大学考古专业在读的博士生，一对高级知识分子。男的叫达维尔，女的叫比妮，都是哈佛大学的学生。他们刚刚结婚，就相约去美国一个著名的原始森林保护区去游玩。他们是8月15号结婚的，10月23号去玩。因为这个女的是个考古学家，所以也特别喜欢去旅游。这对新婚夫妇一起登上了一座高达千米的山崖，看到悬崖长出的那些松树姿态特别的优美，于是他们就拍照，丈夫给妻子拍照。

为了选更好的拍照角度，这个先生就坐到一个斜伸出悬崖外面的一个树枝上。结果没想到突然这树枝就断裂了，他没反应过来，一下子身体就掉下去了，坠入了悬崖。太太在旁边看到了，惊呆了，等她回过神来以后赶紧呼叫她丈夫的名字，探头往这个千米深的悬崖下看，发现她丈夫竟然挂在一个山藤上，长在悬崖上的一个小藤树，挂在那，没掉下去，他在呻吟，显然受了重伤。这个山藤主干大概像碗口粗，她先生的左手紧紧抓住山藤，右手垂了下来，骨折了。新婚太太见到这个情景就大声地鼓励他要坚持住，她要马上下来救他。但是那个地方山势险要，悬崖峭壁，很难救援。这个太太首先打手机呼救，救援队伍就在赶来的路上，但是在这种原始森林区很难发现目标。她打了电话，这时候又看看她先生在底下很痛苦，她想着不能只坐在那等，于是她把随身带的一条登山用的绳子拿下来，然后拿着刀，劈一些树枝，把它做成一个小梯子，用绳子跟树枝扎起来做成一个梯子，然后从上面把梯子垂下去要救她的先生。做了二十分钟就把梯子做好了，然后她就把梯子绑在一个树干上，希望让她先生爬着这个梯子上来。但是她先生已经骨折了，没有力气去往上爬，而且爬的是非常危险，底下就是千米的深渊。

这位太太叫比妮，比妮就想到自己要下去救他。于是她就顺着梯子这样一步一步地往她先生那个山藤的地方爬下去，尽管她先生呼喊她不要下来，说太危险了，但是比妮还是往下。在悬崖峭壁上爬梯子那可真是危险之至了，而且她也没受过专门的训练，那真是不容易。好不容易一步步攀到了这个山藤的位置，然后这个太太把一只脚搭在这个山藤上，然后慢慢地把身子移过去用一根绳子把她的先生的脚先绑住，绑在山藤上，保证她先生不会掉下去。然后她先给她先生做包扎，因为她的先生已经流血流了很多，而且骨折。包扎好后，就劝她先生，说可不可以我们一起爬上去。

可是等到他们刚刚打算要往上爬的时候，忽然间山风刮得很厉害，当时又下起雨来。山风竟然把这个树梯吹得抖来抖去，以至于树梯上面绑着树干的那个结点已经松散开来。紧接着几根横木掉了下来，这个梯子上的小横木都被吹散了，不一会儿连整个梯子也都被吹掉。这个时候比妮已经跟她的先生同时站在那个山藤上，就是等于两个人的重量压在山藤上。因为重量太大，山藤所攀住的那个石岩，石头一块一块地往下掉，而且愈掉愈多，眼看着这山藤可能支撑不住两个人的重量，会倒下去，一倒下去那两个人同时坠落山崖。就在这万分危急的时刻，他俩都知道这下可完了。这个男的达维尔就对他的太太说，你听我说，我现在已身受重伤，活下去也是个废人，我们两个不能一起死，必须有一个人活着，请求你把我这个绳子解开。他的意思已经很明显，这个男的想要跳到山崖下去，使到他的太太能够在这山藤上还能存活。但是这个太太就死死拉住她的丈夫，就跟他讲，说不行，你还年轻，你必须活下去。两个人就争了一会儿时间，太太就说，说亲爱的达维尔，没有时间再争了，请答应我，你要活下去，下辈子我还做你的妻子。说完这个话之后，这个太太就纵身从千米高的悬崖上跳下去了，这个先生要抓也抓不住。

后来等到救援队派直升机把挂在山藤上的达维尔找到，救援下来，然后又下去找比妮的尸体，那已经是血肉模糊。她的左手还紧紧地抓紧着，打开一看，原来是为她先生刚刚包扎好的那个半截纱布。这个太太为了抢救她的先生自己献出了生命。这个故事被《芝加哥论坛报》以及多家媒体报道之后，在全美引起了强烈的反响。许多的美国国民都纷纷到了哈佛大学，这是比妮的母校，为这位伟大的妻子献上鲜花，并且称她是美国女性的骄傲。这个实例真正诠释了《女论语》里面讲的将夫比天，其义匪轻。

虽然自己已经是哈佛大学的博士生，是有光明的前途的，这位新婚的太太在危急的时刻，能够把自己的生命舍掉，在大义面前可以舍生取义，而义尽则仁至。我们看到这个案例确实也很感动，美国人也能做到这一点。那么我们自己反省一下自己，在大义、大节、危急的时刻，我们能不能够也学这位比妮一样，舍生取义。

在2008年汶川大地震当中，一位母亲为了救自己的孩子，用自己的躯体顶住压下来的预制板等瓦砾，让自己怀里的孩子得到安全。最后救援部队把母子救出来的时候，母亲的尸体已经僵硬，但是她的脊梁仍然坚挺，怀里的婴儿还在熟睡。看到婴儿的身上包着一个手机，手机上有母亲最后的留言，上面写着：亲爱的儿，如果你还活着，你一定要记住，母亲永远爱你。这都是其义匪轻。

我们学习圣贤文化，就要在大难当头的时候，像她们一样做出义举来，在大难当头的时候，我们能够舍生取义。如果在大难当头时贪生怕死，那未必能不死，而且灵魂一定往下堕落。所以平时我们要看得破，认得清，人这个生命绝对不是一世就了结的，生生世世，无量的生死。身命舍掉那是小事情，舍生取义，义是大。在必须要抉择的时候，可以舍小取大。今年以来我们看到的自然灾难特别多，随时都有离世的危险，未来有没有危险？肯定有，而且还有可能愈来愈多。我们遇到这样的一种情形，这样的一种时代，虽然是不幸，也是值得庆幸的。为什么？在这样的时代当中，纵然突然离世，只要我们能够看得破，放得下，就很可能让我们灵性快速地提升。

所以常常问问自己，我对我自己的身以及身外之物能不能放得下？要认清这个身是暂时的假身，不是自己，别把它误认为是自己，那只是一个臭皮囊，那只是一件衣服，随时脱下来可以换件新衣服。你有这样的认识，舍生取义你才能做得出来，要不然难免也会贪生怕死。贪生怕死躲避灾难，要知道该是你的还是你的，躲不过的。君子乐得作君子，所以大无畏、从容来接受。小人冤枉作小人，想躲避，以成全自己的不义，结果不义是成全了，陷于不义之地，那个生命就算保全了，这类人活在世上还有什么意义？猪狗不如，人见人啐。这些事情平时要多参透，要把自己的物欲、名利、自私彻底放下，你自然就能够成全你义理之身。

《弟子规》上"入则孝"，就是教我们从事亲做起，首先我们要有孝心，能够牺牲自己来帮助父母。假如我在这个境地上，在山藤上的人是我的父亲，或者是我的母亲，当我跟他在这个山藤上，山藤不能支撑两个人的重量的时候，这个时候我能不能纵身跳下去，问问自己。你如果回答说是能，那你就是孝子、孝女。然后把孝心扩展，嫁到了夫家，以孝心对公公婆婆、对丈夫，试问问自己，假如山藤上另一个人是我的公公，或者是我的婆婆，我能不能够也纵身跳下？如果能，你就是尽孝。那是我的丈夫，我能不能纵身跳下？所以《孝经》上讲，"夫孝，始于事亲，中于事君，终于立身。"从事亲、从养孝心开始，把孝心养成了，移孝作忠，事君是忠。嫁到了夫君家，夫就是君。事君如同事父、事母，事公公婆婆如同事父母，一生都坚守着这样的道德、仁义，你就是立身，终于立身。终就是终点、终极，一辈子都这么做，死而后已，到生命的终点了。所以《弟子规》里面"入则孝"的内容，也可以用来作为事夫之道。

底下的经文体现出来，下面讲。

〖**居家相待。敬重如宾。夫有言语。侧耳详听。夫有恶事。劝谏谆谆。莫学愚妇。惹祸临身。**〗

这是敬夫，以敬父母之心敬夫。《孝经》上讲的"居则致其敬"，用在丈夫身上也是一样的。前面讲的，女子出嫁把丈夫看作自己一身之主，这里面夫妻之间的恩义、道义、情义含有了君臣之义，所以对于丈夫能够尽忠尽义。对待丈夫也讲相敬如宾，像宾客，为什么？因为夫妇关系太亲密。往往人过于亲密，会有放逸，会不注重礼仪，所以这里提出"敬重如宾"，像宾客一样。宾客，外人就得讲礼仪，对待夫君礼仪不能够缺少，这是讲到这层意思。

在春秋战国的时候，晋国有一个人叫作却缺，他跟他的太太就是相敬如宾。有一天，却缺在田间劳动，妻子按惯例每天都是送饭到田间。结果被路过的一位叫臼季的将领看到了，发现这个太太对她的先生毕恭毕敬，把饭食能够恭恭敬敬地捧上给先生来食用，真是举案齐眉。先生也是很庄重的接受太太的这分供养。让晋国大夫臼季看到这样的一个举动，就非常的赞叹，他讲，"敬，德之聚也"。一个人能够有敬，有诚敬心，他必定有德。这样的人请他出来治国安民，他能够以德治国，所以就向晋国国君推荐，晋文公就用他做将领。却缺果然是有德有才，从政多年，为晋国立下很大的功绩。他历事数君，没有见过他失误，在晋国是少有的稳健的政治家。

吕新吾先生，明朝的大儒，对却缺夫妇有这样一段评价，他说，"夫妇非疏远之人，田野非几席之地，馌饷非献酬之时，却缺夫妇，敬以相将，观者欣慕焉，则事事有容，在在不苟，可知矣。余尝谓闺门之内，离一礼字不得，而夫妇反目，则不以礼节之故也。却缺夫妇真可师哉！"这是讲到夫妇之间不是疏远的人，很亲密。在田野里面也不像自己家里一样，不是在家里自己一室之内。馌饷，就是送饭的时候，也并不是好像献报酬的时间。在一个生活小节上，却缺夫妇都能够这样的敬重如宾，互相都恭敬、讲礼，让观看的人在旁边看到之后非常的欣喜羡慕，这一对夫妇难得！就可以推想到他们俩事事有容，在在不苟，在生活小节上，每一桩事情上那都是不缺礼节，不会苟且。一丝不苟，德就在其中，德是什么？诚敬心。人有这样的诚敬心，有什么事办不好？所以吕新吾讲，"余尝谓闺门之内"，余是我，我曾经说在闺门之内，就是夫妇之室当中，"离一礼字不得"，不能离开礼，夫妇也要讲礼，也要互敬。往往夫妇反目，闹别扭、闹矛盾的，都是缺了礼节。夫妇之礼，就如同宾客之礼一样。

现在你看，有几家的夫妇能够注重这些礼节？先生出外出差回来，有没有想到给太太带一份礼物？太太上街有没有想到给先生添置点什么？在一起生活几十年，会不会在生活小节上也就随意了，没把对方看在眼里？这样往往有之，矛盾都是从这些忽略的细节中形成的, 不可不慎。"却缺夫妇真可师哉", 师就是我们的老师, 我们的榜样, 真是难得! 这就是夫妇之间讲求礼仪。

"夫有言语, 侧耳详听。"就好像"父母教, 须敬听"一样, 这是对于丈夫的尊重, 不会怠慢。在《吕新吾闺范》里面讲到一位吕荣公夫人, 常常跟别人讲做夫妇之道。她跟她的先生在一起相处六十年, 这个婚姻可是长了, 六十年的婚姻, 从没有说有一天会打架吵架, 争得面红耳赤, 没有过。从年轻到年老, 夫妇之间坐在座席上的时候, 都不会随意, 也没有嬉笑, 这真正是夫义妇听, 夫妇之道做绝了。

《易经》上有家人卦, "易之家人曰: 夫夫妇妇而家道正。夫义妇顺, 家之福也"。夫夫妇妇, 第一个夫是名词, 第二个夫是动词, 妇也是这样, 第一个是名词, 第二个是动词。什么意思? 做丈夫的要像个丈夫, 做太太的像一个太太, 也就是各行其道, 这个家道就正了。在这里面要知道, 我只要求我自己做到, 我不要求对方做到。我要要求对方做到, 那可能永远办不到。你有要求的心, 和顺就没有了, 那是一种控制占有的念头, 要按照我的意思办, 他得尊重我, 他不尊重我我就不尊重他。你看, 你这个是讲条件的, 控制的念头, 强制的心理, 这样跟人交往, 关系就肯定很难融洽。只要求自己做, 不要求别人做, 别人自然得到感化。能够夫义妇顺, 这家就有福了。丈夫讲求道义、恩义、情义, 太太能够柔和恭顺, 这一家和气! 和气生财, 财就是福, 和气生福, 那子孙长远, 家道长远。

有人说, 如果夫不义的时候, 怎么办? 妇还要不要顺? 还要顺。但是你要知道顺是顺义，夫义妇顺，顺的是义，不是讲顺的是夫。如果夫不义？夫不义，我们能够随顺着义，而能够感化夫，让他归于义，这个顺才是有智慧。这不是盲从，不是讲助纣为虐，帮助丈夫干坏事。丈夫干不义的事情，偷鸡摸狗，杀人放火你也跟着顺，这就错了。

在《德育课本》里面有讲到一个故事，"蔡氏止盗"。这讲的是宋朝有一个女子蔡氏，她出嫁以后，她的先生跟一些恶少常常来往，终日无所事事，出去游手好闲，于是蔡氏就劝谏他，可是屡劝不听。没过多久，她先生就拿着不少钱回到家里来，蔡氏就拒绝，对她先生说，"假使你拿进家里来，我就要告官府。"最后她的丈夫就跟众人约定，瞒着他的太太出去，后来还是被这个太太发现。于是在后面追着大呼，要止住他，而且说，"你要再不停，我就告乡里"，这时候众人就散去了。她先生很生气，屡次打她，可是这位太太依然坚持。后来事情败露，那些歹徒都被抓起来，犯了罪，被抓起来。因为这位先生被蔡氏看得很紧，没有参加那些恶少歹徒的犯罪行为，所以唯有这个先生得以幸免。这时候他才悔悟，知道太太对自己真是非常有情义的，于是改过自新。这就是夫义妇顺。夫真的有义，妇就要顺；夫要是不义，太太不是说我就离开，不要了，那自己也不义。而能在这当中劝谏，真正像《弟子规》上讲的，"夫有过"，我们改一个字，《弟子规》是"亲有过"，我们讲"夫有过，谏使更，怡吾色，柔吾声。谏不入，悦复谏，号泣随，挞无怨"。蔡氏真正做到了。

再跟大家讲一个故事。在周朝的时候，有一个叫陶答子的人，在陶这个地方做了三年官。可是做官并不是很廉洁，家财愈来愈多，比没做官之前富裕了三倍，但是民间对他的传闻都不好，这是个贪官。他的妻子规劝他好多次，可是这个先生都不听从妻子的劝告。过了五年，他的家里愈来愈富裕，车子居然有一百乘。结果他辞官归故里的时候，宗族的人都杀牛来庆贺他，"你做官真有成就，变得大富大贵。"唯有他的妻子抱着儿子痛哭，结果婆婆很生气，说："你真是不识抬举，这么喜庆的日子你还在这哭，多不吉祥。"这个妻子就说，"丈夫在陶这个地方做官，家里富了，可是国家穷了，这可不是好事情，这是败亡的征兆，现在已经看到。我情愿跟我的小儿子一起逃避，能保住这一家的香火。"婆婆听了很生气，于是就真的把这个太太和她的儿子赶走了。过了一年，果然天子问罪，陶答子因罪被杀头。而他的母亲因为年老所以免罪，可是没有依靠，后来陶答子的妻子就把婆婆接来奉养。

这个太太有智慧，虽然丈夫不义，但是她能顺着义，并没有被财利的假象所迷惑。一般人没有学过圣贤之道的，难免会喜财而轻义，重利轻义。往往有先生因为太太爱财，而去贪污、去犯罪，这是做太太的不贤。而陶答子的妻子在这样的情形下，能够苦苦规劝自己的丈夫改邪归正，虽然最后没有能够成功，但是至少她自己守着义，而又能够想到保留夫家的香火，最后接婆婆来奉养，这都是代夫行义。

孔子在《论语》里面讲到，"邦无道，富且贵焉，耻也。"在无道的时候，看到国家、人民穷了，自己居然富了，这样的富贵是可耻的。太太懂这个道理，难得！这个先生正应了《太上感应篇》讲的话，"取非义之财者，譬如漏脯救饥，鸩酒止渴，非不暂饱，死亦及之。"贪不义之财，就好像吃用屋檐水滴漏下来的水泡肉，有剧毒的。饿了吃这种肉，立刻会死。渴了，喝鸩酒，是毒酒，也是立刻死。这是讲到夫义妇顺。

还有太太相夫教子，这也是义。相，就是帮助，帮助当中最重要的，帮助丈夫立德。在《后汉书》里面记载着，东汉时期河南乐羊子这个人，娶了太太，记载没有说她姓什么，就叫乐羊子妻。羊子有一次走在路上，捡了一块金子回到家里，给他太太。太太说，"妾闻志士不饮盗泉之水，廉者不受嗟来之食，况拾金以污其行乎！"太太讲，我听说有志之士不喝盗泉的水，不义的东西碰都不碰。廉者，廉洁的人，不去接受嗟来之食。嗟来，就是唤你过来，我给你吃，很傲慢地去赠予。对于一个有操守、有人格的人，不会接受这种所谓的施予。所以在路上捡了金子，那不就是污染了自己的德行吗？太太正气凛然帮助丈夫改过自新，所以羊子很惭愧，于是又把金子放回原地。

后来羊子寻师求道，学了一年就回来了。他妻子就跪下来问他，为什么你回来？羊子讲，也没什么事，就是很想你，回来看望看望你。太太这时候就拿了一把剪刀，到了她纺织机旁，对她先生说，你看纺织蚕丝，一缕一缕慢慢地把它集结成布匹，从一寸到一丈，到成匹。如果现在还没有织完，我就把它剪断，那不就是把日积月累的功夫全都荒废了吗？夫君你求学，如果还没有学成，中道而还，这不等于我现在没织好布就把它剪断一样的道理吗? 羊子听到他太太这么样的话, 也非常地惭愧和感动, 于是立志求学, 不学成就不回来, 结果一学就学了七年, 没有回家。这个乐羊子妻就在家里非常勤恳地奉养她的婆婆, 靠纺织为业奉养婆婆, 而且有多余的还能够托人常常送东西给羊子, 供养他学业。

有一次有盗贼进入只有他们婆媳的家, 这个盗贼看到乐羊子妻长得有几分姿色, 就想要玷污她, 就把她的婆婆劫持住, 让乐羊子妻就范。乐羊子妻拿着刀出来对这个盗贼说, 你放掉我婆婆。这个盗贼说, 你要是不从我, 我就把你的婆婆杀掉。结果乐羊子妻仰天痛哭, 举刀就自刎了。这个盗贼非常的惭愧, 被这种香闺正气所震慑, 把她婆婆放掉, 就逃跑了。后来当地的太守听到这样的义事, 于是对乐羊子妻用厚礼给她安葬, 而且给她谥号叫贞义。贞操的贞, 义就是道义的义, 这就是乐羊子妻助夫成德。

吕新吾先生对这段典故有一段评价说, "吕氏曰: 贤哉, 乐羊子之妻乎! 遗金不受, 临财之义也。" 这是路上捡到的金钱不接受, 这属于不义之财。所以面对财能够守住义, 该接受才接受, 不该接受分毫不取, 这是她的第一德。第二, "乐守寂寥, 爱夫之正也"。帮助她丈夫去求道、求学, 自己甘心守着寂寞, 孝养婆婆, 让丈夫安心, 爱夫之正, 丈夫做的是正事, 走的是正道, 这是护持她丈夫。"甘心自杀, 处变之权也", 把生死看得很淡, 真正舍生取义, 在盗贼威逼的时候, 以自杀作为临机处置的手段。处变之权, 权就是行权方便, 用这种善巧方便来止恶, 解救她的婆婆。"值此节孝难全之会，一死之外，无他图矣"，确实在那种情景下，这个所谓节孝难全。盗贼要强迫她，她失节，否则就要杀她的婆婆，这不孝。节操和孝顺很难两全之时，以一死而结束生命，就两全了，没有别的企图，没有别的想法，正气凛然。这是助夫成德，舍身以成全道义，这是夫义妇顺，我们看出顺的是义。

讲到求学，乐羊子去求学求法，他的太太护持他。这就使我联想到，要复兴传统文化，必须要重建中华传统家道。中国，家是文化、道德、精神的一个载体。过去《大学》里面讲的修身、齐家、治国、平天下。修身、齐家，现代人对这个家没有很深的观念，以为两口子结了婚就是家，那不是传统意义上的家。传统意义上的家是什么？像古代以血缘关系建立的家，四代、五代同堂的，这是常有的事。明朝郑濂一家七代同堂，一千多口人，这叫一个家。能齐家就能够治国，就能够平天下。现在家没有了，这样的大家庭确实重新建立很难。

既然不能以血缘关系重建真正意义上的家，就应该以道义来结合，寻找新的载体，在这种载体里头，就是新的意义上的家，落实五伦八德。要把一个企业做成家，一个团体做成家，任何的团体都像一个家一样。譬如说企业的老板，就是老板爱员工像爱儿女一样，落实父子关系，落实君臣关系。像在我们协会，专门弘扬圣贤文化的，这也是个家。在这个家里面，我们要恢复家道、家风、家学、家业。那家道是什么？家道就是五伦大道；家风就是八德，五伦八德；家学，儒释道传统教育，这是我们的家学；家业，弘扬正法，普利众生，弘法利生是家业。

下面我们来看底下一段。

〖**夫若出外。须记途程。黄昏未返。瞻望思寻。停灯温饭。等候敲门。莫若懒妇。先自安身。**〗

这是讲到丈夫出门的时候，做太太的在家等候。对于丈夫出门的行程，我们要了解，要懂。如果是丈夫万一没有按照行程归来，那我们还要去打听一下，是不是出什么事了，要怎么样帮助他。丈夫去哪里都要非常明了，以便随时保持联系。如果是出远门，应该常常寄一封家书安慰安慰先生，让先生做事也好，求学也好，不要有后顾之忧。如果不是出远门，当天回来的，"黄昏未返"，到了黄昏时分还没回来，这就需要"瞻望思寻"，在那里翘首盼望，这是一种对于丈夫的那种敬爱之情。"停灯温饭，等候敲门"，把灯留住，没有灯摔一跤，那就麻烦了。古时候是油灯，现在灯就方便了，开着灯，方便出入。把饭菜留好，还温在锅里头，丈夫回来，随时可以去食用。"等候敲门"，丈夫不回来，我们不能够先休息，坐在堂中等候。"莫若懒妇，先自安身"，这懒妇就是看着丈夫没回来，自己就睡觉了，又没灯、又没火、又没吃的，先生回来饿着肚子，这就生烦恼。所以对于丈夫要有这样的爱心。对于先生出外，自己内心里有盼望，但是没有控制，把控制占有的念头放下，这就是顺，修自己的随顺之德。

在周朝的时候，宋国有一个叫鲍苏的人，他的妻子非常贤淑，嫁到鲍家之后，相夫教子，奉养婆婆，非常谨慎，非常的尽心。结果鲍苏在魏国做官，在外面有外遇，又娶了一个太太。鲍妻在家里听到这个消息之后，她并没有忿恨，反而在家里更加尽心地来侍奉婆婆。而且常常还叫来往的人捎点东西，捎封信给她的丈夫，去给他问候，特别还给他的二太太捎上礼物。结果有人就跟她讲，你丈夫已经在外面有外遇，已经又娶了一房，你就可以离开他了，你还何必对他这么好？鲍妻就说，妇道就是从一而终，嫁一个丈夫就不更改，就是丈夫死了，也不改嫁，也不再嫁。我每天甘愿奉养公公婆婆，甘心来做鲍家的媳妇，专一不二。如果说是嫉妒丈夫所喜爱的人，这叫贪淫，贪淫是做妇人最可耻的事情。所以她对于自己的婆婆愈加的孝敬。后来宋国的国君知道了这个事情，特别地表彰她家，在她家门上面写着"女宗"两个字。

这个鲍妻难能可贵，她的先生对她不义，在过去还好，因为男子娶妾也不算违法。现在就不行，现在这是属于违法行为，一夫一妻制，不能够搞两房。但是丈夫怎么做是他的事情，我们刚才讲的，只需要我自己去行义，我不要求对方行义，这是所谓的恒顺众生，随喜功德。对于丈夫，我们恒顺他，我只是守着这个义字，最后让他也能感动，回头。这当中修的是一个忍，百忍成金。而忍不是说我心里很有气，我故意憋在心里，不把它释放出来，那个不叫忍，那个是自己糟蹋自己，你会得病，会长肿瘤长癌症的。忍是什么？心里面没有，不看丈夫的过错。六祖惠能大师有一句名言，叫作"若真修道人，不见世间过"。世间任何人的过错，我都不见，这是真修道人。丈夫有过错，我要不要见？我知道他有过错,但是我不摆在心上,这叫不见,我还是守着我的义。

这是《道德经》讲的,"上善若水",像水一样。你看它流到哪里都能够适应,流到一个圆的池子里它就是圆的,流到方的池子里它就是方的,不管是方是圆,它都能够恒顺。"水善利万物而不争,处众人之所恶,故几于道",这讲不争之德。你看水,它没有跟任何的万物相争,但是它又利益万物,动物、植物都离不开水,离开水就不能成活。善利万物,但它不争,能够不争,它就无往而不善,所以叫上善若水。上是最上,没有比水的这种德行更善,我们要做上善之人。你要想求生西方极乐世界,到那里是上善之人,你得向水学习。水是谦德,不争就是最上,没有分别执著,没有挑剔,没有对立,这是孔子讲的,"无可无不可"。自己只安处在最下位,水都往下流,它只是到下位去,它不会跟人争,水不会冲上去的,水都是往下流。那个火就往上冒的,火是什么?怒火,发脾气的火往上冒。水往下流,谦卑。你能谦卑,火就上不来,水能克火。所以女子,一般我们有听过民间讲的,说女子就像水一样的美。美在哪儿?上善若水,谦卑,不争。处众人之所恶,所恶就是所厌恶的,众人都喜欢高,喜欢上,但是水处在下,众人不喜欢的地方它去,这种德只有圣人有。圣人能处众人之所厌恶的地方,而非常的泰然,真正是安贫乐道,守谦忍辱。他连忍辱的那种念头都没有,很自然,这是几于道。几就是近,接近,跟道相接近,你差不多也就是圣人了。

鲍妻她有上善之德,对于先生这样柔顺,一般人没有。只求把自己该做的本分工作做好,敦伦尽分,而不去争强好胜。对于先生过错能够包容，能够忍耐，而去感化。不仅感化一家，还感化一国，连宋国的国君都赐给她"女宗"这两个大字，说明国民都受她感化，向她学习。这种涵容的心量，是我们应该学习的。

再看底下一段讲夫有病的时候，病则致其忧。

〖**夫如有病。终日劳心。多方问药。遍处求神。百般治疗。愿得长生。莫学蠢妇。全不忧心。**〗

事夫如事父，《弟子规》上讲，"亲有疾，药先尝，昼夜侍，不离床"，这对丈夫也一样适用。丈夫要是有病在身，"终日劳心"，小心看侍，要周到的来调理，多方来问药，这是求医，找药。"遍处求神"，求神问卜，我们现在讲祈祷，祈祷丈夫能够早日康复，至诚能够感通。百般的治疗，尽一切的能力来治疗好先生，不惜一切代价，希望丈夫得长寿。不要学蠢妇，这里讲蠢妇就是愚蠢的妇人。为什么愚蠢？如果丈夫有病，她不管、不理，这是蠢妇。为什么？丈夫如天，这天要是崩下来了，那自己也不会好过。自己成了寡妇，怎么好过？所以只有蠢妇才会对于丈夫的病不理、不管。"全不忧心"，不放在心上，这种人叫麻木不仁。夫妻本来是爱的结合，不爱对方，对方的疾苦"全不忧心"。丈夫跟自己本来是一体，所以丈夫有病等于自己有病一样，有病则致其忧。古语讲到，"久病床前无孝子"，这个事情确实是不容易。如果丈夫病个一天、二天，细心照顾没问题；病个一两个月还能行，勉强过得去，坚持得过去；病个一两年，甚至十年、二十年，恐怕就不行了，所谓久病床前就无贤妻了。

但是我们也看到真有贤妻。在浙江宁波市慈溪市周港镇路桥村，有这样一位太太，叫作曹宝琴。这是根据慈溪市妇联网2009年8月19号的一个报道，说这一对夫妻真正是有道义、恩义、情义。他们是1971年结的婚，到现在已经四十年。先生姓杨，结婚不久就因患病瘫痪。当时新娘刚刚怀孕，听到这个噩耗，还是坚持把孩子生下来。她的先生一直瘫痪在床上，不能起来，这真苦！结果这个太太毅然承担起护理丈夫，教养女儿的义务，她没有抛弃她的丈夫。丈夫手动不了，她做丈夫的手；腿走不了，她扶着他，做他的脚。她成为丈夫生活的全部，丈夫没办法自理生活，全是由她来照顾。她还要下地干活，种植一些粮食、蔬菜什么的，卖了挣点钱，来养活家庭。那时候"文化大革命"还没有结束。当时，不知道大家了不了解，我母亲就常跟我讲，上山下乡要到农村里干活积工分，用工分来换一点粮食和钱。像这样的一位媳妇，照顾家里，下地干活换得一点粮食，换得一点吃的，她就先供养她丈夫和孩子，还有家里的老人，自己常常会挨饿，因为干活，肚子又饿，常常累得晕倒了。就是在这样非常艰难的状况下挺过来。而她的先生一直就躺在床上，一躺就是四十年，风霜雨雪四十年。结果这位曹宝琴一点怨言没有，任劳任怨，把自己的一生都献给了她的先生，久病床前有贤妻。她的先生对她这种感恩，写了一首诗来表达自己对妻子的感激和评价，这诗讲"家有贤妻曹宝琴，贤良淑德人人夸。艰辛生活不曾嫌，久病丈夫未曾弃。得妻如此夫何求，得妻若此三生修"。

这一段是讲到丈夫有病，太太忧心。底下一段：

【**夫若发怒。不可生瞋**。退身相让。忍气低声。**莫学泼妇。斗闹频频。**】

这是讲夫有责备，须顺承。丈夫发怒，脾气有时候起来了，你不可以跟丈夫对着干，两个巴掌拍得响，一个巴掌拍不响。他骂，你不骂；他打，你忍着；这样就打骂不下去。这是妙招，所谓忍辱柔和是妙方，你自己不伤身，同时你能化解怨气。能"退身相让，忍气低声"，这是止争斗的最好的方法。如果是两个打起来，愈打愈激烈，甚至闹出命案，这往往有之。真正能忍的人，她才是能够知大义，有大义大节，她才是最勇敢的人。所以不要学那种泼妇，泼妇是不能够忍，不能忍辱，用匹夫之勇挺身而斗，"斗闹频频"，每天都跟丈夫争斗，这个就不像话。所以一定要注意能够调整自己的情绪，不要赌气，不要生气。

在2006年3月，四川《华西都市报》登了这么一个案例，说在四川罗江县有一对夫妻在桥上就吵起来，因为什么吵？这夫妻结婚年头不长，有一个两岁的孩子，准备要调新房、搬新家，就因为装修问题两个人意见不合，所以就吵起来了。本来关系都不错，就这么一个问题，各执己见，搞得面红耳赤。结果这个年轻的妻子一赌气就从桥上纵身跳下，跳到河里去。本来她这样做是想试验试验丈夫对她是不是真心，也是来表示抗议。结果她先生看到太太来真格的了，就赶紧下去救。结果没想到河水也挺深，这先生游到他太太身边，大家也抢着救她，有人拿着长长的竹竿伸到他太太那里。她先生游到那里去的时候，已经没有力气了，然后把他太太一推，推上去，他太太就抓住竹竿，被人救上来了，而她先生自己就在河里溺死了。这个太太通宵在那痛哭，悔恨自己怎么这么冲动，在那里号哭，但是已经晚了。所以人能得忍辱，你才能够有福报。不能忍，往往就会酿成大错，自己成了新寡。

我们接着看这一章：

〖粗丝细葛。熨贴缝纫。莫教寒冷。冻损夫身。家常茶饭。供待殷勤。莫教饥渴。瘦瘠苦辛。同甘同苦。同富同贫。死同棺椁。生共衣衾。〗

这一段是讲太太事夫要殷勤，能够细心照顾丈夫，跟丈夫同甘共苦。整个《女论语》所讲的这些事情都是生活的小事，但是这些生活的小事里头有大道理。圣人教学并没有脱离生活，全都是在生活当中点点滴滴的细节里头，让我们去体悟圣贤之道，能够提升境界，成为圣贤。这里讲到对于丈夫衣食茶饭供养，"粗丝细葛"，这个是讲布料有粗细，因为一年四季穿的衣服，因为气候不同，所以穿的质地也有差异，不管衣服是冬装还是夏装，夏装是薄的，冬装是厚的，都需要熨贴缝纫。按照时节，冬天要来了，先要准备好冬天的衣服，夏天来了也要做好准备。譬如说有开线的、破口子的，该缝纫的就要缝纫整齐，及时地做好准备工作。不要等到这季节到了，我们要穿的那一天才发现这衣服有破损，缝都来不及了。所谓凡事预则立，做好预备工作，这些工作都能体现出太太对于先生的那种关爱。"莫教寒冷"，这是讲的冬天，特别是要添置好冬衣能够过冬。过去没有暖气，屋里虽然生火烧炕，但是也需要很够用的冬衣才能够过冬。出外如果有风雪，那更需要有厚衣服抵御风寒，所以不要让寒冷冻损了夫身，丈夫跟自己既然结合了就是一体，夫身跟己身不二。

孔夫子教我们学习仁道，仁者爱人，你看这个仁字，是人字边一个二字，这二人合为一体这是仁，这二人是指哪二人？自己跟对方，对方可以是任何一个人，父子是一体这是仁，夫妇是一体也是仁，五伦这讲的兄弟、君臣、朋友都是一体。但是学仁有一个下手处，就是《论语》上面讲的能近取譬，这是仁之方，方就是方法。行仁要有一个方法，要有一个下手处，下手处是由近及远，这样容易下手。最近的就是自己一家人，父子、夫妇这是最亲密的，要学仁爱先爱他们，从爱他们爱起，这叫能近取譬，由近及远。爱自己一家人，然后扩展爱所有的人，把所有人都当作自己家人，乃至爱一切众生，这是孟子讲的"亲亲而仁民，仁民而爱物"。圣人就是能把这个爱心扩展，叫博爱，这个爱是真诚的爱，没有条件的爱。所以要培植爱心从家里人开始，这种生活上的照顾就是爱心的体现。

"家常茶饭"这是太太在家里做家务，供养茶饭要殷勤。殷勤就是爱心，要预先想到家里人的需要，不要等到饥渴的时候才临时准备茶饭，这就会让家人生烦恼了。譬如说丈夫工作回来，你预计着大概的时间，要饭菜都预备好了，他进屋稍微歇一下就开始用餐，这给人一种多么大的温暖！对方会觉得真正这家里是爱的源泉，他那种感恩的心油然而生。家里面需要有这种爱，一个家庭是孕育爱最好的地方。如果这种爱能够在社会上扩展，家家都能讲爱，人人都有爱心，这个社会就是和谐社会。所以大学讲的修身齐家，用什么来齐家？就是用这个爱心来齐家。

"莫叫饥渴，瘦瘠苦辛"，这是不要让家里人受了饥寒口渴，都没有茶饭，这个做家庭主妇的就叫失职了。如果家里人吃我们的饭菜一个个都是非常清瘦、缺乏营养，自己是要认真反省的。好的太太、好的母亲，丈夫、孩子一定都是身体好、精神好、心情好，这就是做一个太太的成绩。做太太的成绩单在哪儿？就在先生和孩子他们的身体他们的脸上，宁愿自己吃苦也不能让家里人吃苦，同甘共苦，同富同贫。家人就是大家一起同舟共济，即使家里不富裕，很贫寒，但是只要有爱心，这家还是幸福的。如果没有爱心，这家里面即使再富裕也是不幸福的。同甘共苦的过程中要自己多吃一点苦，让家人少受一点苦，有这个心，这就是爱心。能够对家人每天施予这份爱心，家人感恩，他就不会背信弃义，他感你的恩，他不忍心让你生烦恼。夫妻之间能不能够长久，两个人每人都是反求诸己，这个家就和谐。不要要求对方对我好，只要求自己对对方好，只要求自己施予恩惠，而绝不要求别人来给我施恩，或者对我报恩，没有这个想法。有这个想法就是有求之心，有求的心这心就不清净了，就不真诚了，换句话说，感化的力量，那种感动力也就不深了，所以是一心爱家人。

"死同棺椁，共生衣衾"，同生死共患难，这夫妻之义那是崇高的道义。这个棺和椁就是讲棺材，这两层，棺是指里面的那个棺材，椁是包在外面的。衣是衣服，衾是棉被，这里讲到生的时候同床共衾，共处在一起不分离，我们俗话讲白头偕老，恩义绵长，到死的时候合棺合葬，这都是古礼。曾经有人也问过我，说过去夫妻恩义那么长久真是白头偕老，现在找白头偕老的夫妻好像愈来愈难了，什么原因？我就跟他讲，你看一般讲的恩爱夫妻，这先讲恩然后讲爱，是先要施恩给对方，你这个爱才能落实。如果不是为对方考虑只为自己考虑，自己要对方施恩那这种爱充其量叫情爱，不是恩爱。靠情来维系的夫妻，这个关系就难免会有很多的波折、障碍，可能不一定能够到终老，为什么？情是可变的，感情是不稳定的，所谓的情那都是什么？从我们多变的意识、念头当中产生，它不是真心所变现出来的。真心里面流出来的那叫真爱，那是什么？只为对方着想，只问施恩，不求回报。夫妻之间讲究这样的一种恩义、情义，那才能白头偕老。所以古人用的词叫恩爱夫妻，这就提醒我们先要讲恩情、恩义，然后那个爱才是落实的。你要讲恩爱夫妻，爱如果是情爱为主，那难免就会有问题出现。

在过去有一个故事，是汉朝梁鸿的妻子孟光，她是一个很丑陋的女子，长得很胖很黑，力气很大，看起来不像那种苗条美丽的女子，但是她很有德行，她三十岁嫁给了梁鸿。梁鸿家里很穷，娶了孟光这个太太又很丑，当孟光嫁过来的时候，她是穿着盛装出嫁了，结果嫁来之后七天梁鸿都不跟她讲话。孟光也很有智慧，知道丈夫的心思了，所以就把自己好看的服饰全部都卸下来，穿上布衣，穿上劳动的服装，来到他丈夫面前，他丈夫这才欢喜，说你这样看起来才像我的妻子。于是这夫妻两个人就隐居，后来到了吴这个地方。他们做劳务舂米，先生出去工作，太太在家里就做饭。每次先生回到家里，太太就把饭菜都做好了。虽然家里很穷，可是饭菜都做得很齐备，然后太太为自己的先生奉上饮食，不敢仰视，举案齐眉，就像我们现在供佛菩萨一样，供饭菜举案齐眉，不敢仰视，天天如是。后来有人路过看到了，对这家夫妻俩非常赞叹，这就是举案齐眉的典故。

吕坤，吕新吾先生对"孟光举案"这个典故有一个评论，他说，"吕坤谓女子之爱憎，色居其先，而德为轻。"女子哪个不爱美？哪个不厌恶丑陋？有几个人能够把德行放在第一？一般都是把色放在第一，德看轻了。"此俗子庸夫，淫邪之陋识也"。重色而轻德，那是凡夫俗子他们的想法，为什么？这是因为色心是淫邪之陋识而使然。夫子也有同样的感叹，说他看不到重德如重色的人，凡夫俗子是大多数，君子很少。我们来看这一家，"孟光貌陋而梁鸿贫"，这太太长得很丑，这个先生家里很贫穷，这两个人一般人来看都是很不幸的，男的谁不喜欢富贵娶一个美妻？女的都希望自己长得漂亮嫁一个富贵的男人。可是这两个人，"二人者皆以德相求"，他们以德来相交，他不以富贵相交，不以容貌相求，是以德行相求，这个难能可贵，所以两个人能够天长地久。古人有句话讲，以色相交，花落而爱逾；以利相交，利衰而交绝。这两个人他不以利不以色相交，以德相交，以道相交，天荒而地老。"鸿不丑光之色"，梁鸿不以孟光为丑，"光不厌鸿之家"，太太不厌恶先生家贫。"至于绮罗脂粉,亦悒不使御,鸿之心岂以色为重轻哉。"梁鸿他对于太太打扮得好,用这些脂粉来打扮,穿着这些绫罗绸缎的好衣服,悒就是不高兴,不允许她来穿着打扮,可见得梁鸿的心他不以色为重,而以德为重。

在《德育课本》里面讲到一个故事,是讲晋朝的时候,有一个人叫吴隐之,他从小就很清白廉洁,很孝顺,后来做了官。他的夫人靠纺纱织布来挣一点生活费用,而且生活所有的作工劳务,煮饭烧菜都自己来做。冬天甚至都没有棉被,还要搞一些草团来铺在地上裹在身上,过着非常勤俭清苦的生活。有一次有人就问她了,你不必要这么辛苦,你的先生是做官的,有俸禄,为什么你还过着这么样的苦日子?你可以请一些丫鬟、奴婢帮你做事,你可以吃得好一点穿得好一点。这个吴太太就说:我先生做官非常廉洁,他所得到的俸禄又要赡养宗族,又要救济百姓,需要量很大,所以我要尽量减少开支,帮助我丈夫廉洁。我们讲太太是贤内助,吴隐之的夫人真正当得起这个名号,丈夫有这样好的愿望,有这样的德行,太太能够一心一意地来协助,随喜功德。

有的人他就又要问了,说这是在古时候,所谓是在男尊女卑这样的一个社会里面,什么都是男子说了算,女子只能跟着,那现在我们讲男女平权的社会了,怎么还能够用过去的那套模式来要求我们现在的女性?这岂不是禁锢女性了?这类问题我相信肯定有人会问的。女子柔顺丈夫,事夫里头我们看到男主外女主内,女子侍奉丈夫像侍奉父亲母亲一样,把夫君推成贤尊的位置,自己守在卑弱的位置,要知道能够这样做,这个德行就是圣德。

一般我们讲女子,形容女子的美好,说女人如水,像水一样的美。水到底美在哪?《道德经》讲上善若水,那有什么样的德称为上善?我们来看水,老子《道德经》里面讲"水善利万物而不争,处众人之所恶",这水它只是利益万物,它不跟别人争,它舍高位而就低位,从高往下流。别人都不喜欢低的位置,它就往低的位置走,这叫处众人之所恶。恶就是厌恶,大家都厌恶低下而喜欢高的,水正好相反,它不与人争。太太在家里面,她把高位让给夫君,自己守着低位守着卑弱,这就是水的谦德。

《道德经》上讲"以其不争,故天下莫能与之争"。这女子的善德就在于她不争,她能守着卑弱,她能够不争。你看在一个家里头两个人,我让夫君在高位,自己守着谦卑,这种德行孕育出来的后代,他能做到与人无争。如果社会上每个人都能与人无争,这个社会就和谐了,那就是太平盛世。这个德靠谁来教?靠母亲来教,靠太太来教。家庭就是个学校,太太就是老师,教先生不争,教孩子不争,能够不争,这叫上善,你愈谦卑别人愈尊重你。《道德经》上讲,"江海所以能为百谷王者,以其善下之,故能为百谷王。"百谷就是百川,川流不息终归到海。你看中国的江河都是自西向东流,东流入海,大海称为百谷之王,这海它是水之王,就是最大的,何以能够称为水的王?因为它是最下的,它处在最低位,它才能够海纳百川成为百谷之王,所以它能善下之。你仔细去体会这种谦下之德,谁能做到?圣人能做到,家里女人能做到。这家里面要出圣人,首先要出具备女德的太太和母亲,圣人是有女德的母亲孕育出来的。周朝的文王、武王、周公，他们的母亲都是圣人，这是谦下之德，是水之第一德。

第二柔弱之德。《道德经》上讲，"天下莫柔弱于水，而攻坚强者莫之能胜。以其无以易之，弱之胜强，柔之胜刚，天下莫不知，莫能行。"这是讲到天下最柔弱的是水，天下万物金木水火土，这最柔弱的属于水，但是水却能够攻坚，再坚硬的东西它都能破。所谓滴水石穿，石头是很硬，再硬的石头，水一滴一滴的，最后都能把它滴穿，这是讲到柔能胜刚、弱能胜强。"以其无以易之"，这个易就是轻易、轻视，一般人都把柔弱轻视了，可是柔弱不能轻视，柔弱之德胜于刚强。天下都知道水能穿石，没有不知道的，但是都不能行柔弱之德。女子在家能行卑弱之德，不就是在行水的这种弱能胜强、柔能胜刚的德行？曹大家《女诫》里头，第一章就讲卑弱第一，卑弱之德是圣德。

《道德经》又讲，"天下之至柔，驰骋天下之至坚，无有入无间。"这是讲什么？最柔的能够驾驭最坚强的，这水是最柔的，可是它能穿山透地，它能够腐蚀金石，金、石、山和地这都是最坚硬的，天下之至坚，但是至柔可以驰骋天下之至坚，也就是驾驭天下至坚。一个家里面夫主刚主阳，这是坚，太太主柔、主卑弱，是阴柔之美，阴柔能驾驭阳刚，这个道理一般人他没有想到。家里面有一个好太太，真正旺三代。太太不是说很刚强的，很霸道的，这种太太不可能旺三代。为什么？阴阳不平衡。要阴阳平衡，刚柔相济，天清地宁，这样的家庭才能够长长久久。

如果女子也要跟男子来争刚强，要知道可能是争到了刚强，但最后也会失掉,《道德经》上也讲了一句话,讲的很有哲理性,说"人之生也柔弱,其死也坚强,万物草木之生也柔脆,其死也枯槁"。我们自己想一想是不是?人出生的时候每个婴儿那很柔软,婴儿是最柔软,身体好像没有骨头一样的柔软,生也柔弱,最柔最弱的是婴儿,可是他生命力是最顽强的,死的时候是最坚强,这两手一摊僵在那死了,僵尸。所以柔弱才是生命力,万物草木都是这样,刚刚出生的小草,你看它是很柔弱的,可是死的那种枯槁的草木那是很脆、很刚脆。《道德经》上讲"故坚强者死之徒,柔弱者生之徒"。我们懂得这个道理,希望家里有生气,需要有柔弱之德来滋润,这个角色由女子来承担,你想想一家里头女子她的作用多么大。这是她对家道兴旺的贡献,这个男子没有办法比拟的。

讲男尊女卑,这不是说看不起女性,这是什么?女子要效法圣人,行上善若水之德,要不要去行上善若水之德就看你自己。古人讲读书志在圣贤,女子也能成圣人贤人,但是看自己愿不愿意去做。你愿意做一定能做到,夫子讲我欲仁,斯仁至矣,不外乎就是把自己的欲望,把自己自我凌驾的那种傲慢的气息平息掉,你就能归仁。我欲仁,斯仁至矣,你要做圣人也能做到。《弟子规》教我们"勿自暴,勿自弃,圣与贤,可驯致"。懂得这些道理了,我们要立志发心去做。懂了道还不去做,这叫自暴自弃,圣贤是绝对不会这样做的。

圣贤不外乎朱熹老夫子所讲的存天理灭人欲而已。这个上善若水就是把所有的欲念全部都舍掉,所以他能够做到不争。而只要不争，天下就不能与之争，这就是圣德。为什么我一定要跟丈夫争、跟孩子争？我扶助他们，让他们出人头地，让他们建功立业多好！为什么一定我要出面争这个风头，我要建功立业，把丈夫孩子踩在脚下？那这个家业到你这一代就断掉了，你争得来的太有限了。你能不争，你能上善若水，你这个功德无量无边，你自己也能成圣人。

底下讲"死同棺椁，生共衣衾"，有的版本是用"死同葬穴"，意思大同小异。在《吕新吾闺范》里面有一个故事，讲太太千里寻夫骨，非常的感人。从前有一个人叫李五，他的妻子张氏，他们在济南。张氏十八岁嫁到丈夫家，因为丈夫要去从军，结果离开了家，就死在了战场上。当时公公婆婆年纪大了，他们也没有孩子，公公婆婆家里很穷，只有李五的妻子张氏照顾他们。张氏就天天纺织养家糊口，代夫君尽孝，一直到公公婆婆都去世了。这时候张氏自己很感叹，现在替夫君完成孝道了，但是丈夫死于数千里之外，尸骨不能归乡安葬，以前公公婆婆在不能远离，现在公公婆婆不在了，这孝道也完成了，我不能让他仍然躺在异地他乡。于是她就发了一个誓，大冬天的她就躺在冰上，发誓说："如果我能够把丈夫的尸骨找回来安葬，那我躺在冰上也不会冻死。"结果她竟然躺在冰上一个多月都没有死。乡里人都非常的惊喜，这孝女、贞女的感应真不可思议！所以乡人都拿出钱粮供给张氏，给她路费，张氏于是就启程去寻找夫骨。五千多里路，过去没有车靠两只脚走路，没想到她不到四十天就到了，这也是不可思议，我们想暗中都是有天助。找到了过去先生那个战场，看到她的那个侄儿还在把守边关，于是就问，她丈夫的遗骨在哪里。因为年头太久了，侄儿都忘了，于是张氏就痛哭流涕。突然就感到她丈夫的魂降下来，跟她讲话，跟她说自己的尸骨在哪里，于是张氏就依这个魂灵所说的话去找，果然找到。当时朝廷得知这件事情，特别下旌表表彰，张氏寻夫遗骨是属于贞妇的节操行持。

吕新吾先生有一段评论说，"夫死而舅姑无依，则我身重于夫"，这张氏是孝妇，丈夫死了，但是公公婆婆还在，而且没有依靠，张氏自己就要尽孝道，所以我这一身重于夫身，我就要保存好自己以能够好好尽孝。"故代夫为子，而夫死若忘"，本来尽孝两个人一起来尽孝，可是丈夫不在了，老人的儿子没有了，张氏代夫为子，这是对公公婆婆尽孝，而把丈夫死了的事情放下了。不会计较说这什么事都是我一个人做，要丈夫在的话两个人做多好，她不会这样计较，把丈夫死了的事情放下，一个人尽心承担尽孝操持家务。"舅姑死而夫为客鬼，则夫身重于我"，一直到公公婆婆死了，去世了，孝道算是尽了，但是丈夫客死他乡，这个时候就想到夫身重于我身，那就要去找丈夫的尸骨，而自己都不在乎自己的这个身体。原来要用这个身体来尽孝，现在尽孝尽到了，要用这个身体去寻找夫骨。"故忍死间关，而夫尸竟得，孰谓贫妇而有斯人？"这个张氏能够忍死间关，就是不怕死，为了寻找丈夫的尸骨可以舍命，这样的至诚感通天地，感通丈夫的魂灵，得到尸骨。所以这后面是赞叹，孰谓贫妇而有斯人。孔子过去赞叹伯牛，说有斯人，现在吕氏吕新吾先生赞叹这位张氏，这个人真难能可贵,可以说孝贞两全。

我们再看最后一小段:

〖**能依此语。和乐瑟琴。如此之女。贤德声闻。**〗

如果能够按照《女论语·事夫章》里面的教导去做,那你一定能得到和乐美满的生活,这是贤女贤妻。"和乐瑟琴",这是琴瑟的弦演奏出和谐的音乐,这个是比喻夫妻相合。"贤德声闻"是讲这样的女子能够恪尽妇道,她的贤德名声能够闻于乡里。如果我们能够发心,落实女德,在现在的社会里面一定能够贤德声闻。为什么?现在做女德的人太少了,过去你要能够贤德声闻,那要做得相当出色才行,过去每个女子都这么做,你要做得不好,你或者做得不是那么出色,绝对没有赞叹你的。现在不同了,现在没人做了,你要稍微做好一点,你就与众不同,你就是贤女。当然我们这么做不是为了出名的,第一真正为了我们自己得幸福美满,这是自利。第二是利他,扶正这个社会风气,学为人师,行为世范。在现在这个污染恶浊的社会里面,我们树立上善之德,你这个功德就不可思议了,和谐社会就能实现。古人讲的修身齐家治国平天下,你怎么治国平天下?你能把女德在你自己家里落实,自然能够感化家庭,感化社区,感化社会,感化世界,这就是治国平天下,这个平是和平的意思,就是构建和谐世界。

十、训男女章第八

　　女德，前面也已经讲到了整理家务、学礼、早起、未嫁事父母、已嫁事公婆，还有事夫，侍奉丈夫，这固然都是非常重要的，而更为重要的就是这一章讲的教导儿女。印光大师有一段开示说，"家庭有善教，则所生儿女皆贤善，家有贤子，则国有贤才。"我们希望国家都有栋梁之材，那必须从我做起培养好儿女。培养好儿女就要靠家庭教育，尤其是母教，印光大师讲"家教之中母教最要"，要就是关键。为什么？孩子跟母亲在一起的时间多，受母亲影响大，所以母亲要是能够善教，儿女都能够贤善。能够为社会培养一个良民，这就功德无量。要是能为社会培养一个圣贤，这个功德真正是不可思不可议，无量功德，你真正对于社会的恩德就太大太大了。有一个圣贤出世，能够帮助多少的众生离苦得乐？而出现一个圣贤要靠母亲的教育。我母亲刚结婚的时候，还没生我她就立志要培养一个好儿女，要为这个社会培养好儿女。每一个母亲都应该有这样的志向，这样结婚才是神圣的，它不只是为了两个人的情爱结合，而是真正为了社会培养下一代，这是对社会的责任，不是两个人的事情。

我们看到新闻媒体里有这样一个感人的报道，说一个母亲造就了一个坚强的孩子。报道说，山东省肥城市安临站镇冯家杭村，有一个家庭，在1988年这一家遭受意外的大火，把当时只有三岁的孩子蔡振国烧得面目全非，而且是严重的伤残。当时因为家里比较穷，没有很多钱治疗，孩子整个身体已经烧得惨不忍睹，五官移位，双腿弯曲，没有办法行走，头和胸都连在一起。伤残的孩子基本上只是能够活下来，这样一个孩子，那是一个家里很大的不幸。可他有一个坚强的母亲，这位母亲说：世界上宝贵的东西虽然多，但我觉得最宝贵的是亲情，我不能让我的孩子失去母爱，母爱是不能打折的。所以尽管家里也有人提议说这孩子已经废了，扔了算了。但是母亲还是坚强地来教养这么一个残疾人。

首先面临的是这个孩子该如何面对自己的不幸。这孩子太幼小了，即使恢复了之后，他也不敢正视自己的面容，不敢照镜子。结果这母亲就拿着镜子对他说："振国，你看看自己，你不必害怕，也不必哭，无论别人说你怎么丑，你的脸永远是妈妈眼中最美的花。"这个孩子听到母亲的鼓励，就鼓起勇气来照镜子，但是照了镜子之后还是哇的一声大哭。于是母亲慢慢地鼓励他，你再拿镜子看一看，一直到最后他照镜子不发抖了，他过了第一关。

马上又要面临第二关，学走路，因为烧成重残了，腿其实都已经是黏合在一起了，现在要他学走路，这是很困难的事情。最开始要把捆在孩子腿上的这个纱布拉开，因为他全身都植皮，皮肤特别的敏感，这纱布一松绑，这血水和脓水都往下流，痛得孩子拼命挣扎，撕心裂肺地哭。当时这母亲也是万箭穿心，但是她咬着牙，帮孩子把纱布解下来，然后把他的腿掰开让他学走路，就这样一寸一寸地帮他挪步。一直到他八岁那年，这个孩子终于能够站起来了，而且可以在屋里走个不停。到了学写字的时候，母亲也要鼓励他，因为他的手只有三只手指，所以写字非常困难，握笔时孩子握得手都出血，但是母亲鼓励着他，他学写字咬着牙拿起笔不放松，一直到他会自如地写字为止。

后来妈妈勇敢地把孩子送到村里的小学去上学。第一天下来，这孩子就非常的失落，因为他所遇到的都是别人奇异的目光，像看一个怪物似的。妈妈鼓励他说："世上只有让人瞧不起的人，没有让人瞧不起的脸，只要自己能够鼓起勇气克服困难，别人就能瞧得起你。"孩子渐渐地自信心增长，勇敢地来面对这一切。而且他还锻炼生活自理的能力，在母亲的教导下他能够自己洗衣服、削水果，甚至还能够穿针引线。孩子在母亲鼓励下很要强。有一次家里收音机坏了，孩子在那儿摆弄，妈妈就说："你别弄了，你爸爸都没修好。"结果这个孩子也没有搭话，一直到了凌晨一点钟的时候，睡梦中的妈妈被收音机的音乐声给吵醒了，起来看到原来孩子修好了这个收音机。她抱着孩子大声喊："你真了不起！"

后来孩子以优异的成绩考上了重点中学。开学不久要参加军训，军训对于一个身患残疾的人那是非常难以承受的，譬如说里面包括一千米跑这个体能测验，但是蔡振国这个孩子并没有申请减免，而是努力把这个一千米跑完。后来他的成绩非常优秀，在全国数学邀请赛上他得到了铜牌，另外全国作文比赛他获得优胜奖，也是省级的三好学生，后来还考上了大学。在2004年8月山东肥城市医院为这个孩子免费做了一次功能恢复手术，把蔡振国的头和胸分开了，从此这个孩子就能够抬起头来做人。

这都是他自己锲而不舍的努力，自强不息的精神感召的。这个孩子的背后正是有一位充满爱心的母亲。这个孩子应邀到各个学校做报告的时候，他说：苦难是弱者的深渊，强者的学校，超越了苦难将是人生难得的一笔财富。我对自己喊我要坚强，我要独立，我要奋斗，而自强自立正是苦难所赐予的，因此我感谢苦难。这个苦难造就的孩子，最重要的是他的背后站着一位坚强的母亲，他是在母爱照耀下成长起来的。所以对于孩子能不能够成才，母亲是负绝大部分的责任的。像蔡振国这样的一个非常不幸的孩子，都能在一个坚强的母亲手上培养成人，做母亲的有什么不能够做到的？一定要立志将孩子培养成优秀的人才。这一章就教我们如何来培养孩子，所以这一章叫作"训男女章"，我们一起来学习：

【大抵人家。皆有男女。年已长成。教之有序。训诲之权。实专于母。男入书堂。请延师傅。习学礼仪。吟诗作赋。尊敬师儒。束修酒脯。女处闺门。少令出户。唤来便来。唤去便去。稍有不从。当加叱怒。朝暮训诲。各勤事务。扫地烧香。纫麻缉苎。若在人前。教他礼数。递献茶汤。从容退步。莫纵骄痴。

恐他啼怒。莫纵跳梁。恐他轻侮。莫纵歌词。恐他淫污。莫纵
游行。恐他恶事。堪笑今人。不能为主。男不知书。听其弄齿。
斗闹贪杯。讴歌习舞。官府不忧。家乡不顾。女不知礼。强梁言
语。不识尊卑。不能针指。辱及尊亲。有玷父母。如此之人。养
猪养鼠。〕

我们先看第一段，第一段是总说教子之权在于母亲。

〔大抵人家。皆有男女。年已长成。教之有序。训诲之权。
实专于母。〕

一般夫妻都会有儿女，有儿女最重要的是教导他们，如果不
教导他们等于没有儿女，而且可能还不如没有儿女，为什么？这儿
女长大了不孝，是个败家子，那真是不如无子，所以教育比什么都
重要。养不教是父母过，《三字经》讲父之过那也包括母亲，其
实母亲的责任更重。这里讲到，"年已长成，教之有序"，孩子渐
渐成长了，要按照次第来教导。"训诲之权，实专于母"，这里讲
得就非常明确了，训诲之权就是教导儿女的大权真是母亲为主，
专于母是在母亲，父亲责任相对比较少。所以母仪就非常重要，
因为教儿女最重要的是身教，教育的内容里面最重要的是德行，
德行必须要父母做出个样子才能教得好。

现在传统文化在中国方兴未艾，基本上每个地方都在学习
《弟子规》，特别是有孩子的家庭都希望孩子学好《弟子规》。

《弟子规》怎么学？是不是把这个《弟子规》会念了会背了甚至会讲了这就学了？不是。有不少人跟我讲，说怎么家里孩子学了《弟子规》，好像更傲慢，以前没学还不怎么样，还算听话，学了之后还看不起父母，说什么，"父母教，须敬听，爸爸你对于爷爷奶奶怎么都不恭敬，置冠服，有定位，你的东西怎么乱放"。你看孩子可以用《弟子规》来批判父母。我就跟他讲，他批判得没有错。当然你的孩子没学好《弟子规》，为什么？你父母没做好。所以《弟子规》要怎么学？要父母按照《弟子规》上所教的完全做到，做给孩子看。《弟子规》是父母演戏的一个剧本，演给孩子看，孩子看你怎么做他就怎么学。父亲和母亲两者母亲又更为重要，孩子跟母亲在一起时间多。王相"笺注"里面有一段话讲"父主外事，母主内事，男女幼小，居处于内，故母教为专一"。孩子从小跟母亲在一起的时间多，男主外，主外在家里时间就偏少，女主内在家里时间多，她带孩子她的影响力就大，所以母教为专一，基本上三岁之前都要看母教。谚语所谓三岁定八十，七岁定终生，孩子他自小能够受到好的教育，他这一生根基就定好了，所以母亲是至关重要的。

在清朝有一个很著名的母慈子孝的例子。这是清朝的一位很有名的官员，叫尹会一，他是雍正皇帝时代的进士，他的成长母亲起的作用非常大。他的母亲姓李，李氏，真正是可以说把《女论语》全部都做到了，很有女德，不仅成就了自己的懿德，而且成就了儿子的德行功业，这一家都享受了很大的殊荣。尹会一的母亲李氏，她是二十岁出嫁，她在婚后七年，二十七岁那年丈夫就死了，他就为丈夫守节，守了五十年，她是七十七岁才去世的。她是节妇，不仅孝顺公公婆婆，而且把自己的亲生的父母也接到家里来孝养，凭自己的力量一个人孝养四位老人，孝女孝妇集为一身。因为家里也很贫穷，她一个人靠纺织，靠做一点女工来赡养老人，你就想想有多么不容易。而且又有孩子，孩子还很小，丈夫去世了，她自己又当爹又当妈，自己做到严谨自持，不苟言笑，毁容废妆。因为二十七岁还年轻，她不愿意再婚嫁，所以自己毁容废妆，不打扮，穿得非常的朴素，这样不招惹是非，不论冬天还是夏天都用一块布包着头而已。亲戚的聚会、朋友的宴请全部都不出席，就守着自家尽孝教子。

她因为自己原来学过文，所以自己亲自教导孩子，教儿子背四书五经，而且每天劳务完成了，就陪着孩子一起读书，给孩子讲解一些道理，她真是又是孩子的父母，又是孩子的老师。后来孩子长成了，她就给孩子找老师。尹会一小时候就很争气，他一直学业都非常好，后来考取了进士做了大官。母以子贵，所以尹母也因此得到了朝廷的嘉奖。当时乾隆皇帝得知尹母这种贞德懿行，非常地赞叹，特别给她御赐楹联、诗章，还有御赐的堂额来表彰尹母的这种德行。当时的社会，女子能得到皇上的这种嘉奖，那是非常少有的。而她死后，当时桐城派的创始人大文学家方苞，还特别给尹母作墓志铭。墓志铭有句话说她"女子而有士行"，这是赞叹尹母李氏她有士行。士行是君子之行，一般用于男子，而她作为女子也做到了，为什么？她能够尽孝，孝养四位老人，以女身来孝养，这是非常难能可贵的。而且她培养孩子也培养得特别出色。孩子后来做官了，尹母都常常给他建议，给他很好的一些指导，所以尹会一做官也做得很顺利。尹会一的母亲不仅有德行也有学问，所以说女子而有士行。又说"岂惟女仪，志士之师"，不仅是女仪做到了，母仪、妇德做得都很好，而且她的这种德行学问可以称为志士之师，男子都可以以他为师。尹会一他虽然是进士出身，做了很大官，但是每次在他母亲面前都如同孩子的时候一样，毕恭毕敬聆听母亲的教诲。而且他母亲也确确实实很有见地，给自己孩子很多指导，她永远是孩子的老师。尹母七十七岁那年去世了，当时尹会一五十四岁，在他母亲走后四年，他五十八岁也去世了。尹会一一生得利于他母亲，这是他幕后的功臣。所以这里讲"训诲之权，实专于母"。

看到尹会一这一对母子，母慈子孝，我也想到我有一个好母亲。我在十九岁刚刚上大学第一年的生日，我母亲就给我写了一个生日贺卡，给我订下了这人生的规划，希望我获得博士学位，在国外也能够得到很好的工作，然后能够报效国恩，她是对我这样的一个希望，使我能够修身齐家治国平天下。我并没有什么天赋，也并不聪明，但是只有一个优点——听话，母亲怎么说我就怎么做，很听话。就像尹会一他对他母亲也是很听话，他得到进士。进士也像现在的学位，是古时候最高学位，现在博士是最高学位。我自己回想这三十多年，之所以在人生路上走得很顺利，那真的得利于母亲的指导。2007年的时候，我母亲跟我应邀在香港做了一个报告，汇报家庭教育三十年的一些心得体会。后来有人给这个报告起了一个名字叫"母慈子孝"，在大陆、在海内外也流通得挺广。实际上"母慈子孝"早的一个版本是清朝雍正乾隆年间尹会一他们母子。我母亲在报告当中讲到，家庭是孩子第一课堂，也是孩子永久的课堂；母亲是孩子第一任老师，也是孩子永久的老师；即使是父母不在了，孩子看到父母的照片还能回忆起父母的教诲。就像我现在跟着恩师学法，母亲不在身边，但是我常常拿出过去母亲给我写的这些贺卡、这些文字来读诵，这也是对自己的一个鞭策和教诲。这里讲的"训诲之权，实专于母"，确确实实如此，有好的母亲就能出优秀的孩子，优秀是教出来的。

在明朝时候，有个人叫彭鹤祯，他的妻子陈氏很早就守寡了，但她能够抚育孤儿，守着贞节，常常是用古圣先贤的道理来教训儿子。她的儿子受母亲的感化，也很贤明，很能干，很有德行。当地有一个大富商，想用几千两银子做嫁妆把他的女儿嫁给她的儿子。可是这位母亲辞谢了这件婚事。有人就问她，说你的儿子做他富商的女婿不是很好吗，他家里这么有钱。陈氏说，钱财如果是骤发的，那不吉祥。娶媳妇应当论德，"奚以财为"，怎么能够为了贪人家的钱财来娶他的女儿？《朱子治家格言》里面讲，"娶媳求淑女，勿计厚奁"，厚奁就是丰厚的嫁妆，所以就把这个亲事退掉了。这是什么？母亲她深明大义，懂得识人，看人她知道看德，而不是看财。

这个故事有一段评论讲到，"贫人娶富女，苟非其子有德、新妇知礼，鲜不以骄侈，开罪于舅姑妯娌。陈氏知不劳而获，理难安享，故以论德不论财拒之。其卓识清德，均足以为后世法。"

做母亲的最重要的她要懂得重德,重德行她自然会轻资财,所培养的儿女他才能够廉洁,他才能够重视德行操守。

　　非常的感恩我母亲她也是深明大义,我虽然是独子,也赡养五位老人,我的爷爷、奶奶,还有我母亲,我父亲,我父母早年离异,父亲另娶了一个太太,所以这五位老人我有义务赡养他们。原来我在美国和澳洲做教授,工资还算不错,赡养他们应该是没有什么问题的,我是教金融的,教书教了八年。到最后想到真正要帮助社会,作为一个金融教授贡献很有限,所以就下定决心把工作辞掉,跟我们老恩师来学习圣贤教育。但是自己放不下,留下老人家怎么办? 我自己孑然一身就好办了,可是要赡养老人,我爷爷九十岁了,奶奶也将近九十了,这个很难放下。我母亲就鼓励我:"我们听老恩师讲经说法这么多年了,都知道命里有时终须有,命里无时莫强求,更何况你如果真正立志走圣贤之道,弘扬圣贤教育,必定得到圣贤佛菩萨祖宗加佑,不用担心。"我母亲她给我做一个榜样,她自己有退休金,在广州原来买过一套房子,她毅然从国外先回到广州,独自过上以前没出国之前的生活。因为她后来跟着我一起生活,在国外待了很多年,现在又回到国内,过着非常清俭的生活,让我不要有后顾之忧。看到"训诲之权,实专于母",以及明朝陈氏重德轻财,我们也非常的感慨,真正有好的母亲才能够有优秀的儿女。我之所以能够顺利地走上圣贤教育之路,那真的是靠母亲的支持、鼓励和他们能够断然放得下。母亲鼓励我说,能孝养父母那是小孝,能够为天下人民全心全意的服务这是大孝,能够自己成圣成贤,普利万世众生这是至孝，所以她鼓励我放下小孝，而走上大孝，奔向至孝。我们之所以这么幸运，有这样的殊胜的因缘跟着老恩师学习，母亲是第一功德，而这个训诲之权是在母亲，训诲最重要的是身教，自己先放下，那才能够帮助孩子成就他的德行。

我母亲于2006年9月27日带我去拜会恩师，请恩师收留我做一个弟子来学法，她写了一篇"送子拜师文"，我想在此跟大家分享一下，作为"训诲之权，实专于母"的一个诠释。她写到：

尊敬的师父上人，我最近到长春百国兴隆寺念佛十周，其中特别是参加了止语、持午精进佛七六周。静修之后，豁然开朗，回忆恭听师父上人讲经说法十年，今日方有心得。思惟师父上人的一生，学习圣教，学儒、学佛五十五年，讲经教学四十八年。面对时代的缺陷，您提倡佛教是至善圆满的教育，而破除对佛教的一切迷信。您对佛教内净土经典精辟而详尽的讲演，揭示宇宙人生的真相，为一切有情众生指出生命解脱的最终归趣。您推广儒家教育，倡导恢复中华传统伦理道德，强调从落实《弟子规》做起。您众善奉行，赈灾济贫，捐助办学，设立教育奖学金，帮助老人和孤儿等等。您把仁爱的种子撒遍世界各地，您环球奔走，从事于促进宗教团结、宗教教育的世界和平活动。您智慧地提出，和谐社会、化解冲突的根本，是先化解自己心中本性觉醒与习性迷惑的矛盾冲突。并深刻地指出，其根本的解决方法是靠教育，用圣贤的教育使人觉悟，觉悟后才会断恶修善，破迷开悟，才有幸福的人生、和谐的社会。您的这些理念和实践，在联合国教科文组织召开的国际会议上，以及世界各国关于宗教、和平、教育的工作会议上，都得到热烈的反响和赞同。我们由衷的赞叹，您是一位出色的学者和法师，您是一位伟大的教育家，您是智慧、仁爱与和平的使者！

思惟师父上人的行持，从二十六岁开始学习圣教，三十三岁出家，至今八十岁高龄，仍每天坚持讲《华严经》，正是"度诸有情，演说正法"、"常以法音，觉诸世间"。您诲人不倦的教学精神，您善满天下、爱遍法界的心行，受到各国人民的尊敬。您为我们树立了温良恭俭让的榜样。您展示了格物致知、诚意正心、明德、亲民、至善的风范。您示现了"菩提高广，忍辱如地"、"住真实慧"，能仁寂默的风度。您表现了"庄严清净平等觉"的风采。您启发我们认识如何从一个平凡的人走上觉悟之路，而实践圣贤之道。

师父上人，这条路您走成功了，我看明白了。我很乐意让我的儿子，也是我唯一的孩子钟茂森，走您走过的路，全身心投入学习圣教、弘扬圣教的工作。

茂森1973年出生于中国广州，从1995年中山大学毕业后即赴美国留学。1999年获得金融博士学位，毕业后即在美国德州大学和肯萨斯州立大学教书，后听从您的建议而迁至澳洲昆士兰大学任教。因学术论文连年获奖，及教学工作获得优秀评价，而成为学校最年轻的教授。前不久，厦门大学以八十万年薪（目前中国学术最高工资）聘请茂森为该校财经研究所主席教授，最近澳洲名城黄金海岸的邦德大学两次礼请茂森到该校任教授工作，等等。但茂森已立志走上师父上人的路，所以毅然舍弃，并且最近已正式向昆士兰大学提交了辞职书。商学院院长布莱斯福教授十分惋惜地说：如果您在工作上没有这些成绩，您要走那条路，我觉得很容易理解。可是现在您的情况这么好，您还是坚持要走，我只能说很敬佩。常听师父上人讲经，常忆释迦牟尼佛舍弃王位去追求真理，求道证道，而后觉悟众生，让天下生灵离一切苦，得究竟乐，岂不感动！我支持茂森"捐志若虚空，勤行求道德"，做一个像佛陀那样自觉、觉他、觉行圆满的教授！

我退休前，在广州曾做过中国食品报记者、广东食品报副主编，及广东省社会福利集团公司公共关系部经理等职，接触的人可谓广而多矣，但是在众多的人当中，有君子之风、有圣贤之德的人却是凤毛麟角。环视神州大地，放眼全球，我多么希望中华传统伦理道德遍地开花！我觉得目前世界不是缺乏经济金融人才，而是急缺伦理道德的教育与师资，所以我赞成茂森重新选择人生道路。

师父上人年轻的时候曾受教于三位老师，方东美教授教您哲学，启发您学习人生最高的哲学——佛学，章嘉大师为您指点人生的道路，李炳南先生教您学儒、学佛的课程。现在我觉得您本身兼具这三位大德的特点，遇到您，我们很幸运！我儿子拜您为师，必得兼收并蓄之美，恳请师父上人加以指导。平素我母子相依为命，今儿子立志做圣贤，我虽无孟母之德，却愿效法六祖惠能大师之母，送子出家！

师父上人，您曾说过一句名言，"圣贤是教出来的"，好得很！我今天就把儿子送给您调教，希望茂森在您的指导下，专心修身弘道，并效法您当年"不管人、不管事、不管财"，专一潜心治学，自

度度他。我希望茂森将来能承传您的法脉，发扬光大！临终往生
极乐世界上品莲生。至于采取什么形式，或如师父上人行做沙门，
或如李炳南先生示在家相，完全听从您的指导安排。

今天我很高兴到大善知识这里送子拜师，略备束修之礼，还
请笑纳。今后茂森跟您学习，"离欲深正念，净慧修梵行"、"为众
开法藏，广施功德宝"；做母亲的我当至心念佛，"常勤精进，生安
乐国"。衷心感谢您的教诲，我们母子都找到了自己的立足点。仰
慕孔子、佛陀，从今而后，我们要过觉者的生活！至诚感恩师父上
人您的教诲，我们现在更加懂得宝贵和珍惜。愿您长住弘法利生，
觉者会源源不断！祝你健康长寿！平安吉祥！

　　　　　　　　　　　　　　赵良玉携子钟茂森顶礼敬呈。

　　　　　　　　　　　　　　二〇〇六年九月二十七日于香港。

我母亲献上这封信给师父上人以后，就开始真干了。她先是
回到原来自己的家里，现在就隐居在云南，每天念佛听经，志求
往生，不出来会客见人。我也遵从母亲的教诲，一心一意跟从师
父上人学习，也就真正不管人不管事不管财，希望能够早日成就，
可以为弘扬正法出一点绵力，这样做才能够安慰做母亲的心。

我们接下来看第二小段：

〖**男入书堂。请延师傅。习学礼仪。吟诗作赋。尊敬师儒。
束修酒脯。**〗

这是讲男孩子的教育。对于孩子分男女，儿子到了读书的年龄要给他请老师。孩子到了六岁就可以读书，这是学龄儿童，就应该"请延师傅"，请明师来教诲。过去是私塾的教育，现在都是正规学校，选择学校很重要，要选择校风好、学风好的这些学校，孩子能够得到长进。过去我母亲为我选择学校，小学是在我们广州黄埔区，是我父母所在单位的小学，是一个工厂的子弟小学。因为离家近，天天能够看管孩子。

小学毕业，母亲就鼓励我报考省重点中学华南师大附中，这个中学有悠久的历史，我母亲还有我舅父、我的姨母统统都是这所中学毕业的。这所学校校风非常好，当然招考的分数线很高，母亲在我临升考的日子，她特别请假一个月在家里辅导我，当时只考三科，语文、数学、英语，母亲天天在家里陪着我读书，让我进入备考状态。因为有这样的一个准备，所以考试也考得很好，当时我是以黄浦区第一名的成绩考上这所中学的。上中学之后，确确实实在德智体方面都有长进。这所学校是要住校的，老师不仅管学业，还管生活，饮食起居都很有规律，养成良好的作息习惯，真的对我终身都带来益处。后来上了大学，在广州中山大学，之后出国留学，这一路都非常的顺利。

所以母亲对孩子的责任不仅是要以身教带好孩子，让他德行有根基，还要给他找好老师、好学校。学校的教育是家庭教育的延伸，学校的教育必须要跟家里父母配合，父母配合老师，老师跟父母亲也是密切配合，亲师配合才能把孩子教好。

"请延师傅，习学礼仪。"学礼仪、学文，吟诗作赋。在古时候只是学文,四书五经这是读经典,读完经典要读史,然后要看诸子百家的学说。《五种遗规》里面第一部《养正遗规》,其中就有专门讲到孩子要如何来习学这些经典,有次第。真正按照这个次第认真地来做,从六岁入学到十三岁,可以说已经初具大儒的根基。现在当然学的科目比以前要多,不仅是学文科,过去只学一门,这很容易,而且把经典都背得烂熟,从六岁到十三岁这属于小学,主要以背诵为主。把经典都背熟了,十三岁以后就进入太学,太学就是现在讲的大学,过去没有中学,小学以后就是太学,太学老师就着重于讲解经典的义理,而且孩子开始广学多闻、博学。真正用功的,十八岁就能考进士,过去弱冠及第的,不乏其人,像宋朝朱熹朱夫子就是十八岁考取进士。都是学术根底扎实,自己又用功,又有良好的家教,跟的老师又好,所以他成就快。

现在学的科目广,学的科目广有一个问题,就是孩子的心并不那么专注。过去只学一门文科,"一门深入,长时薰修",容易得定,心定了容易开智慧。现在学得很杂、很多,往往智慧就少了,知识丰富,可是定慧不如古人,这也是一个事实。过去古人学一门,十八岁考了进士出来能做官,能治理一方,现在的孩子十八岁你让他做一个县长,他能不能做得起来?这是什么?他知识面广,但是他的智慧不如古人,智慧是处理问题的能力,跟他所学的内容有关。

现在也有有识之士想办点实验学校,用古时候私塾教育的方法来教育孩子,或许也可以尝试,看还能不能够办成功。我们恩师也提到,学还是要用《三字经》里面讲的"教之道,贵以专"的方法,譬如说小学六年级到升中学考试的时候你要考六门功课,譬如说,每一年可能你都学很多门功课,结果学起来孩子觉得压力很重,而且心力分散,第一个钟头学语文,第二个钟头就学数学,第三学英语。他脑子转得没那么快,第一堂课下来脑子还在语文课里头,第二节课就是数学,立刻得更换题目,搞到学下来之后都不能消化,脑子就像浆糊一样。如果能够改变一下学习的方法,譬如说你要学六门课的话,一年就专学一门,你这六门功课要六年完成的话,一年学一门,学完一门再学一门,一门深入,让孩子的心力集中在所学的单一的科目上,他的吸收能力就会强。这是"教之道,贵以专",应该来说效果会比杂学要好,看看能不能有学校去试验一下这种方法。

我自己就有这个体会,因为我也算是学得很多,读书真的就读了二十年,从小学到博士毕业,整整二十年。什么时候是真正觉得学得好?是在读研究所的时候,硕士还不行,读博士的那二三年,那才感觉学得是最得力。为什么?因为那时候专,只攻一门。我写论文就专攻一门功课,非常专,就一个课题研究两年多,集中心力来搞这个研究,发现真正是这门深入了,其他的有关知识全部能贯通。我是学金融的,我研究的课题是股票价格的波动性,专门研究这个课题,但是相关的这些科目我都能贯通。所以我后来毕业之后到大学讲课,有一些我原来没上过的课我都能讲。为什么?道理都能够触类旁通。比起大学时候学的,或者硕士班时候学的,那真正学到更多。好处就在于一门,精力集中攻一门，确实收益大。

如果孩子从小就能这样，他的精神、心力一定是更为专注。现在的孩子注意力普遍不够集中，一个是因为他平时看电视、看计算机，娱乐太多，精神分散，另外一个就是他学的东西太杂，所以他不能够专注，不能得定。学得很多、很辛苦，背的书包是很大、很重的书包，里面装的科目书本多，但是他学的这个效果不如意。

我现在辞了大学的学术工作，专门来学传统文化，我就听恩师的教诲，贵以专。你看我现在学，恩师跟我讲，说过去他求学的时候，老师要求他们只能选一门，你这一部经典你要从头到尾学完了，你才能够开第二门的经典。如果同时开两门课，学两门，那心力就分散。学的标准在哪儿？什么叫学成？就是你能上台讲了，你能讲一遍，老师听了还都觉得满意了，你这一门才算学成。我们现在也跟着恩师用这个方法，我辞职跟恩师专门学经教，到现在三年半，所学的经典也不少，总有十几二十部经典，儒释道的，当然都是扎根的经典。学的方法就是讲，你能上台讲，必须备课，必须认真地学。能够讲下来，这才算是学完一部，讲完一部然后才能开第二部。

我这三年多来，讲了一部再讲一部，没有同时开两部，自己统计统计，在台上讲了已经超过一千二百小时，每天基本上都没有断，保证两个小时，除非是外出参加活动，出去演讲就暂停，只要在家必定是每天讲两小时。儒释道的这些基础的经典，譬如说儒家的《弟子规》、《朱子治家格言》、《孝经》，包括现在我们学的"四书",等等。道家的《太上感应篇》、《文昌帝君阴骘文》、《文昌帝君劝孝文》等等,都是多次的习讲。佛家的《十善业道经》、《地藏经》、《阿弥陀经》、《中峰三时系念》、《佛说盂兰盆经》等等。这些经典我们都有认真地讲习过一遍到多遍,这都是扎根的,把根扎好了,我们恩师讲将来选一部经典一门深入。

我们恩师也给我选好了,将来选《华严经》,那个是大篇、大部头。为什么选《华严经》?能够拴住人。像我们年轻人心容易浮躁,用一部大部头,像紧箍咒一样给你箍上,你要从头到尾讲一遍至少得十年,那你心就定下来了。你要成就学问没有别的,把心定下来,得定了你就能开智慧。不管你讲什么经典,只要能得定就行,那就是更加需要一门深入。我们现在习讲是为进入一门深入《华严经》的课程先做前期预备的工作,扎根,根扎得愈深愈好。

这个根首先就是扎德行的根,主要就是儒释道三个根,再加《沙弥律仪》是四个根。第二,就是文化的根,这个也很重要。特别是将来要弘法,面对的都是有知识有文化的人,特别我们现在也是以博士的身份来讲课,听的人就冲你这个博士的头衔来,他来听你的,那他也会很挑剔,你文化水平不够,令人耻笑。我们自己本人被人耻笑无所谓,但是他会把你所宣讲的这些内容都看低。所以现在为什么恩师让我讲"四书",将来可能还要把道家的《道德经》也得习讲一遍,大家都熟读的儒释道的一些经典,我们自己都要熟悉,奠定文化的根。然后我们选择《华严经》,《华严经》是佛法里面的根本法轮,经中之王,想必这才能够服众。这文化里面尤其是文字这个根，就是读文言文，要有能力读文言文。我们师父讲熟读一百篇古文，这一百遍古文要能熟读，能够讲解，这都是属于文字，那里头也有文化。我们现在希望是，一百篇古文从儒释道三家里面选出一些优秀的文章，里头也含有德行的教育，对于我现在的三十七岁的年龄来讲这是属于亡羊补牢。如果孩子从小就能够在这些文化上面扎好根，将来他对于弘扬文化教育那个力度要比我们大得多。但是现在亡羊补牢，未为晚矣，我们现在还是从扎根开始。

"尊敬师儒，束修酒脯"，这个尊师重道是关键，父母把孩子送到老师那里，一定要为孩子表现出尊师重道。我们的恩师他跟我们讲，他小的时候也上过一段私塾。他的父亲带着他去拜老师那天，老师坐在当中，这些学生们旁边列队站好，老师出来迎接。父亲带着儿子，首先向至圣先师孔老夫子行三跪九叩的大礼，然后请老师上座，向着老师，父亲带着儿子也行三跪九叩。孩子看到父亲对老师这么恭敬，他哪敢不尊敬老师？尊师重道是父母跟老师配合演出来的，给孩子留下很深的印象。一个人能够尊师他才能重道，重道他必定是尊师，能尊师重道他才能学到东西。他对老师轻慢，这个人什么都学不到。

我过去在美国教书，博士毕业了，在两个大学教过，前后四年。大学里都有中国留学生，我是带硕士班，在班上发现学得最好的学生都是中国学生。不是因为中国学生的智商比美国人要好，那不一定，原因在哪儿？中国学生毕竟他有一点中国传统文化的影子在，他对老师还是尊敬的，这比美国学生强。美国学生跟老师他不是师生关系,顶多是朋友关系,他很平等看你,你跟他就是朋友。所以他来上课的时候他也都非常的随便,拿着汉堡包、拿着可乐,坐在那里,然后把脚往前面椅子背上一搭,就这么坐着,听你在台上讲课。老师站着讲,学生在底下坐着听,他很习惯,都是这样。

相比之下中国学生真的对老师就比较尊敬,所以他学得好。班上的头几名的都是中国学生,因为他尊师重道,他对这门学科就能够重视,他就能够学得好。我过去在求学的时候也是每次考试在班上都是第一名,也没有别的,真的是尊敬老师。所以在听讲的时候就格外认真,听讲认真就是对老师的尊重。老师在课外的时候,有时候需要我们做一点小小的服务,我们很乐意帮忙,而且跟老师在一起也都是毕恭毕敬。不会像美国人那样跟老师在一起称兄道弟,拍肩膀,做朋友而已。我们真的不敢,毕竟是从小有传统文化的家教的影响。

过去我母亲带着我,有时候到学校老师,像班主任,像年级组长,老师们家里去做客,拜年。逢年过节去拜望老师,拿着礼物,这里"束脩酒脯"就是学生供养老师的礼物,不一定很多,是一点心意。束脩就是干肉,在孔子时代孔子收学生条件就是你要拿点束脩之礼,你要是不拿束脩之礼孔子他可能不教你了。《论语》上讲的"自行束脩以上,吾未尝无诲焉",你要真拿束脩之礼来正式的拜师,孔子一定会教你。

以前,这是我们上学的时候,我妈妈也是逢年过节都去拜会老师。在老师家里,我们也表演一个朗诵,唱一首歌什么的供老师欣赏，老师也很欢喜。我们对老师没有什么求的，但是这是表示一种恭敬。所以从小也就有这种意识，对老师都是恭敬的。在三年半之前，我母亲跟我决定放下世间工作，来跟随我们老恩师学法。我前面跟大家分享了我母亲写的"送子拜师文"，如果大家还有印象，你能够听出我母亲对于老恩师的那种恭敬、赞叹。她这信中前面都是表达对老师的赞美，这种赞美是由衷的，确确实实在心目中把老师看作是圣人一样。

那天是2006年9月27日，她带着我到恩师住的地方，在香港跑马地。到了他的家里我们就正式的拜师，也是献上束脩之礼。老恩师也非常高兴，他那天特别换上新的衣服，接受拜师。我们也按照古礼，当中有佛菩萨像，母亲带着我向佛菩萨像三跪三拜，然后请老恩师上座，向他老人家三拜，也是母亲带着我，她在前我在后，三拜。然后母亲给他朗读自己写的"送子拜师文"，表达自己送儿子来求学的这种愿望、决心，说现在把儿子交给您这里，让您调教，儿子将来的前途全是交给您来安排，哪怕是出家在家都由您来决定。

恩师非常高兴，他那天是正正式式地接受我们的三拜。以前从来没有过，我们向他拜，他总说不拜不拜，那天就没有说不拜了，正正式式的接受三拜。这种仪式简单而隆重，但是非常有必要。为什么？给孩子树立起一个尊师重道的心，有这个心他才能够恭敬法，他才能学出成就。所以家长带着孩子对老师一定是要恭敬、要殷勤，不可失礼。失礼了，孩子内心就对老师往往会不看在眼里，上行而下效，父母对老师失礼，那孩子做得更加的厉害。选择老师非常重要，孩子能不能够成就，一个看父母一个看老师，就是这两种人来成就。

我们都听说"孟母三迁"的故事，这就是好的母亲为孩子能选择好的求学环境，当然也包括好老师。原来孟子小的时候也跟一般小孩一样爱玩，他们家住在坟场附近，孟子他就看到一些人每天在坟场那里做些祭祀，哭哭泣泣，他也跟着学这些样子。孟母就想到这样下去对孩子成长没什么好处，还是让他求学好，就搬家了。搬到市场附近，那小孟子也就跟着市场的人学着做买卖，孟母觉得这个也不妥，于是又搬家。最后搬到学宫附近，就是现在讲学校，读书人的地方，孟子他就每天学着礼仪，学着别人去读书，变得很有礼貌，孟母就说，这就是我该住的地方。

所以环境对于孩子成长非常重要，孟母她虽然自己并没有高深的文化，但是她有智慧，她善于抉择。《论语》里面讲的，"择不处仁，焉得智"。你选择地方要选择仁人志士所居之处，和他们做邻居，你受他们的气质的陶冶，你也就变得善，所谓"近朱者赤，近墨者黑"。如果不选择居处，不选择环境，不选择邻居，特别是对孩子而言，无形中可能就伤害了他们成长。有句俗语讲"千金买屋，万金买邻"，买邻居比买屋更贵重，就是讲这个道理。所以母亲她的见地很正，这就是对于孩子非常好的引导。

孟子他小的时候贪玩，求学求到一半回到家里来，孟母就问他，"你为什么今天这么早回来？"然后拿着把剪刀，孟母是正在织布，走到织布机旁边把正在织着的布剪断了。孟子看了吓一跳，"母亲你为什么要这样做？"孟母告诉他，说，"你今天废学，逃学回家，不就是像我织布织到一半就剪断一样吗？都不能有成就。"所以孟子从此以后也就认真的读书，不敢逃学了。

所以父母做得正，对孩子影响就好，没有孟母就不可能有孟子。孟子是圣人，亚圣，孔子是至圣，他是亚圣，都是圣人。圣人是母亲培养出来的，没有像孟母这样的母亲，不可能有孟子这样的圣人。所以《易经》上讲"蒙以养正，圣功也"。蒙就是童蒙，小的时候就要养他的正，德行要正，人品要正。怎么养正？自古至今一般都是用儒家伦理道德，《弟子规》可以说是养正童蒙教学里面的一个集大成，这是儒家的根。还有一些相关的儒家的童蒙教材，《五种遗规》里面《养正遗规》，这里面都是。

我们也曾经从《养正遗规》里面挑选过几篇出来讲习，尤其是《朱子治家格言》，这是非常好的一篇文章。它字数只有五百四十三个字，是《弟子规》一半的篇幅，但是里头的义理跟《弟子规》完全相同，《弟子规》一千零八十个字。《朱子治家格言》可以作为《弟子规》一个很好的辅助教材。这些都应该让孩子熟读背诵，而且要明白意思，要给他讲解，讲得愈细愈好。还有像朱熹《童蒙须知》，这实际上也就是《弟子规》的一个开解，也讲得很细，怎么在生活中来学习伦理道德，这些都是很好的童蒙养正的教材。再加上《孝经》，这是专门讲孝道的，孝是德之本也，这些我们也都讲过，而且都不止一次。

除了儒家的这些扎根的教育以外，面对现在的社会这么污染，光是儒家都不够。儒家讲伦理道德，懂伦理道德他就会耻于作恶，可是现在人耻心很淡，就是比较无耻，怎么办？要加上因果

教育。所以近代的印光大师对于孩子童蒙养正方面，他特别提出
要注重因果教育，他说因果教育甚至比四书五经这些儒家的德
行教育更为重要。他推三部教材，第一《了凡四训》，第二《太上
感应篇》，第三《文昌帝君阴骘文》，这三本东西那是最好的因
果教育。《了凡四训》比较长，明朝了凡先生对孩子的四篇家训，
《太上感应篇》比较短，大概一千多字，《文昌帝君阴骘文》就
更短了，五百多字。虽然文字上有长短的差异，义理上是相通的。
这些都是让孩子熟读背诵，而且深解义趣，要给他讲解。我们恩
师这都讲过，我也讲过。特别是《文昌帝君阴骘文》，别看它短短
的五百多字，我们整整详细讲了一百个小时，里头很多因果的故
事，讲给孩子听。孩子从小他对这个故事印象深刻，在他幼小的
心灵里面扎下因果的根，他将来不敢作恶，这才有力度。然后他
面对这个污染的社会，他才能够从内心里面建起一道防护墙。真
的，印光大师讲这比儒家更管用，四书五经那个力度不如因果教
育强。

　　到了一定年岁，孩子十岁以上就懂事了，那这个社会污染就
很重。你看现在网络里头的色情的内容，这些污染的东西孩子
只要一接触，他的幼小的心灵就被深深的污染。包括电视节目，
乃至你走在路上，你看香港地区，那些广告的牌子，全都是污染
心性的。怎么让孩子能够做好防护？因果教育要加强力度。如果
《了凡四训》、《文昌帝君阴骘文》、《感应篇》这三部还不够的
话，我们恩师现在还提倡一部，《诸经佛说地狱集要》，专门讲
地狱因果，连同江逸子老师的地狱变相图以及他的讲解，让孩子

都要看这些因果报应的经书,看了之后他起畏惧心。《诸经佛说地狱集要》是佛经,比较深,恩师叫我再过一小段时间就开讲这部,把这个《女论语》讲完了,我们就可以开讲。把因果讲透了,孩子印象深刻,他的正气、善的根基就能奠定好。这是不得已,现在社会污染严重,真的唯有靠因果教育才能保住我们的孩子健康成长。清朝乾隆年间的周安士居士就讲过,说"人人知因果,大治之道也;人人不知因果,大乱之道也",真的是如此。

《大学》里讲的慎独,慎独这个功夫一般人做不到,都是在人面前一套,回到家里,暗地里又一套,有几个人能够真正人前人后是一致的?在人前他是这样,在人后他也不会放逸,还如同在人之前一样,这是慎独。光靠儒家的经典能做到慎独的不多,我自己有体会。你譬如说我们学《弟子规》,刚刚开始学,你会很受用。学到一定程度你会遇到个瓶颈,就是对自己内心深处的这些恶念,那些习气毛病,好像觉得力度不够。《弟子规》劝我们成圣成贤,"勿自暴,勿自弃,圣与贤,可驯致",它用这句来鼓励我们,但是我们有时候会懈怠,成圣成贤反正日子还长,今天我就放松了,甚至今天我就放逸了。

但是如果你懂得因果,懂得即使在暗室屋漏当中都有鬼神在旁,天地神灵都在监察你,真的是如此,你明白这个道理,就不敢造次,就跟在人面前是一样的。那些天地鬼神比人更凶,监察人的善恶,这就是因果教育教我们,你自自然然有战兢惕栗景象,那慎独就不难了。我们不知有鬼神在旁,所以就肆无忌惮,果然真知道有鬼神在旁,果然知道起心动念都有果报,那不敢不慎独, 这因果教育的力度确实要强。所以像《太上感应篇》, 过去所有读书人都学习, 清朝彭凝祉先生, 他是进士及第, 他讲过这个书是"元宰必读书", 状元、宰相必读的, 所以《太上感应篇》是修身的妙法。

我们看古来的圣贤、君子, 真的都是父母善教而成就的。像唐宋八大家之一的欧阳修, 大文豪, 也做过大官, 他的母亲郑氏就很会教育儿女。欧阳修从小家里贫穷, 母亲亲自教欧阳修读书。写字, 教他在地上来写, 用划沙石来学写字。而且常常跟欧阳修讲, 说你的父亲过去也是当官的, 做管监狱的一个官吏, 他每天晚上都会看囚犯的册子, 总是很感叹。欧阳修的母亲就问他: "为什么你看这些册子都很感叹?" 欧阳修父亲就说: "我看这个人他是死狱, 要受死刑, 我想求其生而不得。" 结果太太就问, "难道能够求他生还?" 父亲讲, "如果是求其生而不得, 那他死了我也就没有什么遗憾。如果是求其生还能够可能得生的, 那我必定要努力帮他平反, 或者减免他的刑罚, 否则他会有余恨"。你看欧阳修的父亲有这样的人品, 这是仁慈心, 天有好生之德, 他对囚犯都能够千方百计帮助他求生, 而不至于误死。欧阳修母亲就以这些道理来教化欧阳修, 你看她从小奠定他的仁爱的德行、根基。

北宋理学家二程, 兄弟俩程颢、程颐, 他们的母亲侯氏就非常善教儿女, 正是因为母亲有懿德懿行, 所以能够造就出二程这两位大儒。他母亲讲, 这个二程(就是她两个儿子), "非性然也, 教之使然也"。这个话的意思是说, 这两兄弟之所以有大成就,不是他本来就是这么出色，不是，他们的出色是教出来的。二程中的弟弟程颐专门写了他母亲的一个传记，记录母亲侯氏的这些德行。侯氏也是出生于官宦人家，书香门第，从小就知书达礼。你看母亲的素质非常重要，他母亲从小就是个贤女，就是一位很有智慧的女子，而且擅长女工，女工就是纺织、刺绣这些。对于文学、对于政事都相当有领悟力，她父亲就非常喜欢她。每次她父亲用政事来问她的时候，她都能答得很好，让父亲很满意。所以父亲有时候很感叹，很遗憾，你不是个男子，要不然你将来也能考功名。

侯氏十九岁嫁到程家，孝顺公公婆婆，以孝谨著称，一个孝一个谨，谨就是谨慎、细心，程家上上下下都对她非常敬爱。侯氏对丈夫能够礼敬谦顺，这是真正妇道。对于下人能仁慈宽厚，真正做到"待婢仆，身贵端，虽贵端，慈而宽"，从来不训斥奴婢，都像对儿女一样。发现子女们训斥奴婢的时候，她立刻严厉告诫，她说"贵贱虽殊，人则一也。汝如是大时，能为此事否？"贵贱虽然不一样，但是都是平等的，孩子小不懂事，骂这些奴仆，她就会骂孩子，说你像他这样大，你能不能够做他这个事情，你做不出来你不能骂人。侯氏她治家非常的有条理，井井有条，真的是《女论语》里讲的她都能做到。

侯氏特别有德行，很有爱心、很慈善、很博爱，有时候路上见到弃婴，她总是捡回来收养。有一次有一位小商人出门经商很久没有回来，他的太太死了，结果儿女们都纷纷散去了，这个家有一个两岁的小孩没人要，侯氏见到这种情形就把他抱回家来收养。程家家里人就不是很高兴，收养了这么多小孩，就有埋怨，但是侯氏仍然坚持抚养这些弃婴。后来这个小商人回来了，看到自己的儿子还健康完好，非常感激，侯氏就把这个孩子奉还给他。这个商人因为很感动，说这样吧，你是他的再生父母，这个孩子就送给你了。但是她辞谢了，她说我收养他不是希望得到他，现在他父亲回来了，就应该把他归还给他父亲。这是仁爱心。另外她自己好善乐施，常常配些药帮助贫苦人治病。

对别人她很宽容博爱，可是对自己的孩子，她管教却十分严格，她常常说"子之所以不肖者，由母避其过而父不知也"。说孩子之所以不肖，这个不肖是贤愚不肖的那个不肖，就是不争气，往往是因为母亲避其过，就是帮助他掩饰过失，纵容孩子而父不知，父亲不知道，母亲在包庇孩子父亲还不知道。因为父亲比较喜欢唱黑脸，比较严格，母亲比较容易唱白脸，容易包庇孩子。一般母亲都有这种倾向，就是人有这么一种很自然的感情，自己生的孩子总是多多的疼爱，甚至溺爱，但是没想到这个溺爱往往是害了孩子。

但是侯氏对于自己的孩子没有溺爱，这里有几个例子：二程兄弟刚刚学会走路，走得还不稳的时候，难免会摔倒，家里人就上去抱他。侯氏这时候就对这些家人讲，不要抱他，让他自己爬起来。然后对这些孩子讲，说你们如果走路慢慢一步步地走，你就不会跌倒。所以对孩子她并没有那样的溺爱。当孩子吃饭的时候因为好吃，就贪吃，碗里剩很多的残羹剩菜，母亲就呵斥他们，说"你从小就纵食欲，长大了怎么办？会变得很贪婪的"。所以孩子从小都规规矩矩，不敢有丝毫的不恭敬。

程颐他有一段话讲，"颐兄弟平生于饮食衣物无所择，不能恶言骂人，非性然也，教之使然也。"程颐、程颢这兄弟两人，他们平生对于饮食衣物从来不挑剔，《弟子规》讲的"对饮食，勿拣择"，一切都是从简，俭以养德。二程也从来不会骂人，性格都很温和，温良恭俭让，真正是一代大儒之风。结果程颐他讲得很中肯，说这不是我们生来就如此的，"非性然也"，性就是天性，不是我们天性，不是天生下来我们就是这样，是"教之使然也"，就是母亲的教导才有我们这样的一个德行。

这个侯氏教导女儿就以曹大家的《女诫》为她的主要的教材。我们介绍过，曹大家是汉朝班昭，她写的《女诫》。有一位陈静瑜老师，她在大连，她也在认真学习《女诫》，而且跟她公司的员工们讲《女诫》。员工女孩子多，讲过好几遍，很有心得体会，《女诫》是一个非常好的女德教材，历代都在学习。"女四书"，《女诫》是第一个，《女论语》是第二个，她讲《女诫》，我们配合她讲《女论语》。《女诫》讲的道理比较多，《女论语》讲的是怎么落实，生活上的很多点点滴滴细节讲得很多，一个是解门，一个是行门，解行相应。所以她推广《女诫》，我很欢喜，现在讲女德的人太少了，没人重视，都忽略了，而这个又恰恰是最重要的。构建和谐社会，我大胆的说要靠两个教育，一个是孝道的教育，一个是女德的教育，而女德要在先。为什么? 有贤女才有贤母，有贤母才有孝子!

侯氏常常告诫家人，"见人善则当如己善，必共成之"，见到别人行善就好像自己有善事一样，自己一定要协助别人，随喜功德，一起把这个善事做好，绝没有嫉妒心。《诗经·国风·周南》里面第一首诗"关雎"，就是讲后妃之德，这太重要了。而后妃之德最重要的是她没有嫉妒心。陈静瑜老师上次来香港也讲过，她说她发现嫉妒两个字都是女字旁，是不是女子比较容易嫉妒？后妃之德就是讲没有嫉妒，"关关雎鸠，在河之洲。窈窕淑女，君子好逑"。君子是指谁？文王。逑是伴侣，好逑是好伴侣，窈窕淑女可以做文王的好伴侣，辅佐文王，能够帮助治理天下。好伴侣谁去求？很多先儒他解这个诗都解释成文王自己求淑女，这个差矣。文王他一心就想着为国为民，他不会只想着为自己娶媳妇。娶了一个再不想了，娶的是太姒后妃。然后后妃为文王在天下广求淑女，做文王的嫔妃，辅佐文王，没有嫉妒心！这是见人善当如己善，文王他为国为民这是善，后妃是他的贤内助，而且求淑女以辅佐文王，"必共成之"，成就是帮助文王成就他的王道。

嫉妒心是心灵的肿瘤！它对别人不一定有损伤，对自己是大的损害，败德败名，那都是因为嫉妒。有嫉妒心仁爱就没有。嫉妒是与人严重的对立，跟别人过不去。人家有点好事，心里就放不下了，看到人家有名闻利养，或者在做善事，或者是做利益众生的事情，得到众生的尊敬，他心里不高兴，这是造罪业，都会有果报。实际上真正有修养的并不会计较他，他所嫉妒的人，看见他嫉妒就离开了，不让对方生烦恼。你所要的他就给你，给你你就不嫉妒，他就离开。但是他的离开那可能对这个社会、对众生来讲是一个损失，这个因果都是那个嫉妒的人负！

这里又讲"视他物当如己物，必加爱之"。这都是仁心，人家的东西就如自己的东西一样爱护，甚至爱别人的东西比爱自己的东西要更甚，这都是仁心。侯氏她并不欣赏所谓天才的人，当时她们认识一个人，是个神童，年纪很小就考上了功名，但是侯氏认为这种人并不是远器，太早就暴露才华，往往最后是江郎才尽。后来那个人果然真的就没有什么建树，没有成大器。

印光大师在藏经楼里面三十年，到七十岁才出来弘法，弘法才十年，把整个佛教扶起来了，而且他的著作可以说往后九千年的众生都得利益！禅宗六祖惠能大师二十四岁开悟，大彻大悟，成佛了，做祖师了，五祖把衣钵传给他，他那时候就可以出来弘法利生，为什么他没有出来？在猎人队里躲了十五年，就是避免嫉妒障碍。当时人都不服他，你这么年轻又没有文化，居然把衣钵给拿去了，谁都想不通，不服！所以五祖把衣钵传给六祖之后，大家都不服，于是就追赶六祖，想不通，不服你，那你就得躲起来，躲到最后大家把这个事都淡忘了，你再复出，因缘到了。什么时候到？你有护法了，那就到了。谁做六祖惠能大师的护法？六祖到了广州法性寺，印宗法师认出他是六祖，然后才给他剃度，剃度之后把他奉上座，然后自己向他拜，皈依他，做他的弟子。印宗法师是江南一带非常有名的法师，弟子如云，他这么一拜，弟子全部归向六祖，法缘成就。谁来做护法？印宗法师做护法，印宗法师没有嫉妒心！真正像"关雎"一诗里讲的后妃之德，一点嫉妒没有，成人之美！你确实比他高，他就拜你为师，让大家都跟你学，他不会说"你都得跟我学，不要听他的"，不会这么想，这是菩萨,这个人来护法才有六祖惠能大师在江南一带的法缘!

六祖惠能大师法缘在南方,北方是神秀大师,六祖也不到北方去。当时武则天也请过六祖,请不着,六祖不去。为什么?不要介入。北方是神秀大师的法缘,神秀没有开悟,但是他也教化一方,他做了武则天的国师。神秀讲经说法是很行的,六祖他有南方口音,讲经说法大概没有像神秀那么有吸引力,但是人家真正是开悟的,安住在南方。所以有南北两派,南禅是六祖这一派的,北禅是神秀大师。这都是什么?先贤古圣给我们做的示现。

所以侯氏这里她劝导自己的儿子不要羡慕那些天才儿童,不要急于求成,不要早出风头,这个不会长远。她给自己儿子写的书信里面这样劝导说,"我惜勤读书儿",我所爱惜的是能够勤奋读书的儿子。然后鼓励儿子,这是写给程颢的,说"殿前及第程延寿",程延寿是程颢的小名,这是鼓励他殿前及第。后来这二程也不负母亲的希望,真的考上了进士,而且真正成为北宋理学的奠基人,一代名儒,这都是因为母亲教子有方。所以圣贤如何教出来的,母亲是他的最好的老师。

我想起我母亲对我教育也是很严格。我们的家庭是很普通的家庭,并不富裕,我父亲和母亲都在工作。母亲虽然工作,但她把心思重点还是放在教导孩子上。过去是男主外女主内,男子工作,女子可以在家里面相夫教子,教子是第一要务!但是我们小时候没有这样的条件,父母双方都要出来工作,要不然经济来源不够。可是母亲虽然工作,但还是把教子摆在第一位,工作摆在第二位。所以有时候领导叫她多做工作,说多给点工资,多给点奖金, 她都拒绝, 不行, 我得回家, 要教孩子。所以她在家的时间都很多。我从小还没有学会讲普通话的时候, 我母亲就教我念孝道的这些诗词, 我学的第一首诗是《游子吟》, 唐朝孟郊写的"慈母手中线, 游子身上衣。临行密密缝, 意恐迟迟归。谁言寸草心, 报得三春晖"。

这首诗六句话, 一般孩子大概读上十来分钟也该会背了, 但是我以前资质是很差的, 这首诗足足学了一个多月, 才能够把它背下来。我是先学会念这首诗才学会讲普通话。我在广州出生, 在广州语言环境里面, 讲广州话。所以我这个智商大概都是很低的, 资质很差。我的姥姥看我母亲非常耐心地教我, 她在旁边都摇头, "这孩子怎么这么笨, 这么教都教不会。"之所以能够成为今天的博士教授, 走上圣贤教育之路, 真的如二程所说的, "非性然也, 教之使然也", 这归功于母亲的教育! 我曾经写过一个贺卡, 表达自己对母亲的一路对我成长教育那种感恩, 我说我自己犹如一块很粗劣的顽石, 而母亲正是一个雕塑家, 能够把这个顽石雕成很好看的一个作品, 确实每一个孩子都是如此。

后来我上幼儿园, 虽然我是母亲唯一的孩子, 但是她从来不娇惯我、不溺爱我, 在家里都规规矩矩。如果是放肆了, 就狠狠地克制我, 但是母亲不打我, 她不会生气骂人, 不是发泄脾气, 她是给你把这道理讲得很清楚, 让你真的觉得无地自容、印象深刻, 以后再也不敢犯。她讲道理也都是很平和的语气, 可是每句话像针扎一样, 把道理给你讲清楚, 讲得你都想哭, 让你自己觉得犯了错误真的是很惭愧, 她这样的教学法, 非常理性。

我在小学的时候，喜欢集邮。有一次看到邻居家小孩的邮票很漂亮，比我的精美，那个小孩比我小，我就起了歹意。我就想了一些鬼点子，骗这个小孩说："我这个邮票比你那个更精美，我跟你换好不好？"他信以为真，就跟我换，我把他的好的邮票都换到我的集邮簿里头。后来给他父母发现了，来我家。我妈妈知道这个情况后，她把这个集邮簿放在旁边，非常严肃地对我讲："这个集邮簿我准备要把它烧掉。你集邮如果集成这样，你要去偷盗，要去骗人，那这个集邮不是好事情。"我非常心疼我的邮票，我就扑通跪下来求我母亲，能不能给我一次机会让我改过，以后我再也不敢，不敢生这些歹念了。母亲看到我很诚恳，真正在忏悔，说给我这一次机会。后来我真的不敢再犯了，不敢想着去怎么占人的便宜，从此这种念头就断掉了。第一件事情发生了母亲是立刻要扶之以正，这时候不能姑息，给孩子留下深刻的印象，他以后不会再重犯。

最重要的不能溺爱孩子。母亲为了锻炼我，我在上幼儿园的时候，她给我找了一家广州市第一幼儿园，当时是最好的幼儿园。这家幼儿园是全托的，礼拜一把孩子送到幼儿园，吃喝拉撒全是幼儿园老师管，礼拜六再把孩子接回家里，过一个礼拜天，礼拜一又送走，在幼儿园锻炼各种能力，学习生活都是自理，住校生活。我母亲送我去那里锻炼，她说我第一个礼拜回来就能够把衣服叠得整整齐齐，把小小的鞋子放得整整齐齐，她说这个幼儿园很好。我作为孩子，肯定心里念家，对一个小孩来讲，一个礼拜才能回家过一天，这也是很痛苦的事情，不愿意去。礼拜一早晨我妈妈把我提溜起床的时候，我不肯起来，我早醒了，就是不肯起床，为什么？不想去幼儿园，希望拖过时间就可以不上幼儿园。但母亲不客气，非常严肃地把我拎起来，让我吃完早餐她拎着我上幼儿园去。

从家里走到幼儿园，要走路四十分钟，翻过一座山，我就背着自己的书包，里头装着一个礼拜的书、衣物，我母亲不帮我背，让我自己背，锻炼，什么都得自己扛着。走在路上遇到我母亲的一位同事，她看到我母亲拉着小孩，肩上背着大书包，走这么长的路，她也于心不忍，就对我妈妈说："你怎么能让这么小的孩子背这么大的书包，走这么远的路？"我母亲看到她这样的说，知道是教育理念不一样，也不必去理论，就在她面前把我的书包接到身上，等那个人走了之后又把书包还给我，让我继续背。所以从小我的腿就长得很粗、很壮，锻炼出来的。后来上了中学、大学，都是业余运动选手，身体素质很好。而更重要的是从小就养成了自立的心理素质，能够承受负担，自己的事自己做好。这种素质的养成比什么都重要，学多一些英文单词，学会多弹一首钢琴曲，那个比起生活自理并不重要，人的素质的培养最重要。

后来我出国留学，我跟的博士生导师是一位非常严格的经济学家，他写文章写得很多，发表了很多，他一个人发表的文章比整个学院所有其他教授发表的文章还要多，所以他要求我们这些学生工作效率也很高。我每个礼拜要给他做二十个小时助理研究，给他做运算，搜集数据等等。每次他给我的工作量，一个礼拜二十小时没有办法完成，开始都得四十小时完成，美国人早走了。所以跟着他的人不会很长时间，半年就走了，又换一个。只有我跟着他四年，一件工作需要四十小时才能完成，就花四十小时来完成。后来做得时间久了，熟能生巧，缩短成三十小时能完成，后来二十小时能完成，后来我十个小时也能完成。工作效率提高了，有多余的时间跟他一起做研究，合写论文。

我四年就完成硕士和博士的全部课程。到我毕业的时候，我的博士导师给我写推荐函，说我是他二十多年学术生涯里面见到的最优秀的学生。他的得力推荐才使我很顺利地得到大学的聘函，去做助理教授的工作。如果在他门下不能承受严格的要求，那就不可能有任何成就。所谓严师出高徒，你要想成为高徒，你也要能够挺得住严师的要求、压力。这个压力不是说到严师那里我才能够顶这个压力，从小父母就得要认真培养他，素质养成了，他将来才能承受这些压力、承受考验，他才能成为优秀的人。人的素质其实真的是你能够承受压力，在压力中成长，你的能力就能提升。

所以我能够在四年里面提前完成博士学位，毕业之后在大学里面教书，常常都在学术会议上获得最佳论文奖，得到大学里面的重视，每年的发表文章数量在学院里面都是名列前茅，这也是给咱们中国人争光。后来从美国到澳洲，美国政府给我"杰出教授与人才"的绿卡，但是我没有要。为什么？恩师劝我到澳洲去，我就到澳洲了。恩师在那边建立了净宗学院，劝我过去，说昆士兰大学聘老人家做荣誉教授，可以代表学校去出席国际和平的论坛，联合国教科文组织的会议，恩师鼓励我，让我去做翻译。我就听师父话去了，到了澳洲就在昆士兰大学任教，在三十二岁那年学校就破格给我终身教职。这些其实并不是说我原来资质很好，或者智商很高，恰恰相反，那真的是有好的家教，我是个幸运儿而已。如果换做别人，换做您有我这样的一个际遇，您一定比我更优秀，所以可见得母亲的教育决定了孩子的人生。

我在美国留学的时候，我自己的奖学金一个月八百块钱，每个月给父母寄回三百，自己剩五百，吃住都非常地节省。为了省钱，冬天冷的时候不舍得买棉被，只能是盖着毛毯，衣服都盖上来，甚至再冷的时候把书本也压上来。我把我的这些生活跟母亲汇报，我是非常的乐观，我说因为在寒冷的冬夜里我才能体会"头悬梁，锥刺股"的精神，才能享受范仲淹断齑画粥的清净。母亲接到我的来信，她没有说孩子你这冬天冷，棉被都没买怎么行，赶快去买棉被，钱不够的话我给你寄，母亲没有这样说。她在回信里说，寒冷能使人如此理智和坚强，感谢路易斯安那的冬天。我在路易斯安那州，她说感谢清苦无欲的生活，它使人恢复性德之光。你看，严格要求，严格而没有戾气，还是很温和，用鼓励的语言，但是是严格的要求。

所以我母亲在她的三十年家庭教育心得报告，就是"母慈子孝"的演讲当中，在最后总结时说了三句话："我想作为今天讲课的结束。第一句，我们坚信优秀是教出来的，而父母永远是孩子的第一教师；第二句，我们牢记，要从中华传统文化教育中吸取精华，而从《弟子规》做起；第三句，我们期盼天下的父母都能为和谐世界培养更多的大孝、至孝的儿女。"

前面是教儿子,下面是教女儿的:

〖**女处闺门。少令出户。唤来便来。唤去便去。稍有不从。当加叱怒。**〗

印光大师是民国初年高僧大德,净土宗第十三祖,他在《文钞》里面反复地强调家庭教育的重要性,说治国平天下,最重要的是家庭有善教。而家教当中,教女又尤其重要。教儿教女,教儿子固然是重要,教女儿更重要。为什么?因为有贤女将来才能成为贤妻,有贤妻才会有贤母,有贤母才能养育贤子。国家之所以没有贤才,那是因为没有良好的家教。没有家教的原因是因为没有好的母亲。而没有好的母亲,是因为没有好的女子。这"训男女章"讲到教女,就是讲到根源了。

教导女子,要知道,教女最重要的责任还是母亲。特别在传统的家庭当中,女子应该是少出门,"女处闺门,少令出户"。为什么女子应该待在屋里时间多,少出门户?这里头有很深的意思。《易经》上讲,男子是天,女子为地,这个是跟人的自然的特性有关。男子是主阳主刚,女子主阴主柔。阳刚是动,阴柔就得静。所以女子要效法大地,这属于坤德,坤德是厚德载物。男子效法天德,天是自强不息。像日月星辰,每天都是东起西落,四季寒暑也是有序的,自强不息。可是大地要厚德载物,它负载万物,孕育万物,使万物有勃勃生机。这个地一定要稳要静,大地要是动,就地震了,地震就没有办法孕育万物,那是属于自然灾害。所以女子效法大地，要学习心静情稳这四个字。心要安静，情绪要稳定，如同大地一样，这才能够孕育万物，这才有生机。女性肩负的是社会人类繁衍的使命。人类的繁衍包括生和养，女性能生，也要能养。生养万物，德行就非常的重要。所以古人教女就是按照这样的一个原则。知道女性身上肩负的使命之重超过男子，人类的繁衍主要是靠女性，男子不能生，女子才能生。而且，孩子生出来以后，教养孩子的使命也是主要由母亲来负责，所以对于母亲，对于女性的要求就会更高。因此这个女德确确实实是跟她的肩头所负的使命相联系的。从小女孩子就能够养成心静情稳的这种德行，那她才能够担当得起为人类留后的使命。这个后代真正是有素质的后代，有德行有学问的后代。女孩子从小"少令出户"，让她的心能够得定，能够安静。这个很重要。

等她慢慢长大了，女孩子到了一定年龄就要学礼。学礼当中最重要的是学顺从，所以这里讲"唤来便来，唤去便去"，听从长辈的使唤。这是什么？这是培养她自己谦卑的品德。在《易经》当中，六十四卦只有谦卦是六爻皆吉，这是最吉祥的一卦，属于地山谦，山在地之下。本来山是在地之上，现在钻到地之下去了，显示谦德。谦受益，满招损，女子从小就要学这样一种德，如同大地一样，被人踩在脚下而任劳任怨，这是坤德。没有这种圣德，怎么能孕育圣贤的一代？这种德行没有别的，从小就要教。她小的时候不懂道理没关系，先要这么练，"唤来便来，唤去便去"，就是听从使唤，叫做什么就做什么，没有违逆的。这个不仅是说表面上行动不违逆，内心里面也没有丝毫的违逆，真正是能够一切随顺，这才能够成就谦卑的品德，将来才能够担当大使命。所以这种训练非常重要。实际上不光是女子，男孩子也一样是这样。我小的时候，虽然是独生子，父母对我要求一样很严格，也是这样"唤来便来，唤去便去"。《弟子规》讲的"父母呼，应勿缓。父母命，行勿懒。父母教，须敬听。父母责，须顺承"。

"稍有不从，当加叱怒"，所谓"教儿婴孩"，孩子从小就得调教他，不允许他有那种骄慢之气。他稍微有一点逆反，立刻就帮他把这个气息给降下来，狠狠地责备。因为他小，他对于父母要依赖，你给他这样责备他听。刚开始出现不服从，违逆的心理，立刻就把他扭正过来，以后就不会产生逆反心，他才有真正的孝顺。

我小的时候挨了不少打骂。我母亲比较讲道理，她是说我。我做错了，把这些道理说出来，让我无地自容。我父亲就会打。到现在我回想起来，那真的是感恩。古谚语说，棒头出孝子。所以古人讲的从小就严厉要求，太有道理了。我们从小到大真的不敢有任何逆反心理，父母教得好。过去有位推广传统文化的老师来问我，他说现在孩子都有逆反心理，你呢，你从小到大有没有逆反心理？我说没有，真的，回忆起从小到大真没有过，不敢说对父母有逆反心理，父母的话就像圣旨一样绝对依从。

所以女子更需要培养这种德行，将来她长成人了，长大了出嫁，她也用这种顺从的心去侍奉公婆，侍奉丈夫，家庭就能和谐。而这样的女子生养的儿女，一定也是有圣贤的根基。所以女子切忌的就是让她养成那种傲慢习气，或者是刚强的性格，不能柔顺。本来女子以柔为美，刚强的话，这跟天就逆了，逆自然，不能随顺自然，那一定会遭到果报。果报就是她没有幸福，没有快乐。所以，为孩子一生着想，从小要养之以正，非常重要。

前面这一段是教女孩子听从，下面教她勤劳，都是非常重要的素质。

〖**朝暮训诲。各勤事务。扫地烧香。纫麻缉苎。若在人前。教他礼数。递献茶汤。从容退步。**〗

这讲得非常具体。"朝暮"就是从早到晚，教孩子，从早到晚都得教，随时随地教。我记得我母亲对我的教育，真的是苦口婆心。在家里，只要做得不如法，不如礼，母亲就耐心地教，教你怎么做。碗怎么洗，洗完之后怎么擦，擦干了再放在碗架上。有时候洗了碗，就不想擦了，放在碗架上，不行，那个水留下水迹，擦干。你看，就这些小细节，盯着教。对孩子就是这样，让他从小养成做任何事都如理如法，那是"朝暮训诲，各勤事务"。教女孩子更重要，女孩子将来要当家，她主内。内要整洁，那这个主外的人他回到家里他有一种舒适又安详的感觉。

今天早上陈静瑜老师给我们讲学习女德的体会，讲得非常好。她学习女德之后就体会到，她说先生在外面工作挣钱，出去外面拼搏奋斗，回到家里，把家庭作为一个避风港。人不能老是处在那种拼搏、奋斗的状态，他需要放松，回到家里是放松。所以太太能够把家里料理得很好，让先生回到家里感觉到很舒适、很安详、很温馨温暖，这是家庭幸福。这是真正的相夫，相夫是帮助丈夫。如果这太太是很刚强的，又懒又刚强，丈夫本来在外面工作很累了，回到家里来还得跟你拼搏奋斗，还有很多家务他来做的话，那这个人都会垮的，精神都会崩溃的。这样的家庭哪有幸福感？爱是什么？替别人着想，替对方着想，让对方能够舒适，所以，夫妇之间的这种爱，能够让对方体会到在家里就好像充了电，他第二天精神饱满的又出去工作。在家里，一个就是柔顺，一个就是勤劳，这两点是家庭幸福，女子能不能使家庭幸福，这是关键，治家以勤俭为先。

下面"扫地烧香"，扫地是打扫卫生，做家务，烧香是给自己祖宗烧香祭祀。女子嫁到这家来，就是这家的人，就要为这家祖宗来烧香祭祀。未嫁之前，在家里也要开始做这方面的工作，不能够说出嫁了之后才学，这些事情得从小学。洒扫庭除要内外整洁，家里一定要干净。特别是女子，如果很肮脏，那是讨人厌的。你干净，你的环境干净，表明你的心是清净的。境由心造，看环境就能看到心地。你的心地是清净的话，你肯定爱干净。

我们师父就非常爱干净，你看他的房间，真的一尘不染，东西都摆得整整齐齐，有条不紊。虽然东西很多，比如书本，各方面的材料很多，但是他要拿哪样东西，马上就知道东西在哪里拿，他的位置都固定的，一点不乱。我们做弟子的都发现老人家有这样一个优点，笔墨纸砚各有各的地方，丝毫不会紊乱。这是什么？恭敬心，敬物。你能够敬物，当然就能敬人。《礼记·曲礼》篇里面讲的"毋不敬"，这是性德。

"纫麻缉苎", 这是讲织布。"纫麻", 纫就是织布, "缉"也是缝在一起的意思。这个麻和苎都是一种布料。这是讲要纺织, 做女工。现在不需要自己织布了, 布都是大工业生产, 买起来很方便, 但是针线活要懂。作为女子这是女工, 又叫女红, 必须要懂。古时候要学刺绣, 现在你要懂得刺绣, 那就更好, 心就灵。因为十指是连着心的, 心灵手巧。你要当家, 做女子这是主内, 那你的心要很灵很细, 各方面关系处理好, 什么事情安排得妥妥当当, 这才能让一家人欢欢喜喜。心不灵, 粗心大意, 就很容易犯错误, 那就会招致家里人的不满。

"若在人前, 教他礼数。"这是教女孩子, 这是现场教育, 机会教育。客人来了, 你要教女孩子怎么来待客, 怎么冲茶, 怎么引领宾客入座, 怎么谈天。进退应对都要会学, 都得懂, 礼数要周全。礼是敬人, 如果待宾客失礼了, 那这是对人不恭敬, 所以这些都要学。

底下讲的"递献茶汤", 茶水殷勤的款待, 款待宾客。"从容退步", 这是讲敬献了茶水之后, 从容地退下来, 站立在自己父母身后, 随时等待使唤。这种教育, 这种学习, 这是家教。我们有时候去别人家里, 看到那孩子很懂规矩, 他不会乱窜乱动, 他坐有坐相, 站有站相。我们一看到这孩子, 对这家父母就敬佩, 有家教。学生跟老师在一起也是这样, 我们跟着恩师出访, 到外面去, 要有这些弟子相。你看出家的僧人都得要学《沙弥律仪》。沙弥律是戒律, 仪是威仪。二十四门威仪当中, 就有讲到如何敬大沙门, 如何事师, 侍奉老师, 这是弟子相, 跟这里做的都是一样的。

师长会客的时候，我们也要敬献茶汤茶水，然后退下来，非常安静，就在旁边侍立，等候吩咐。师长需要什么，立刻马上去拿，"唤来便来，唤去便去"。这都是教养，《弟子规》也是学这个。

下面是告诉我们有四桩事情要当戒：

〖**莫纵骄痴。恐他啼怒。莫纵跳梁。恐他轻侮。莫纵歌词。恐他淫污。莫纵游行。恐他恶事。**〗

这是为了防止女孩子学坏了，要在这四个方面注意防范，当然男女都一样。这里第一个就讲"莫纵骄痴"，就是不能够纵容孩子，长他的骄慢习气，长他的愚痴。怎么会愚痴？他什么事都不做，全给父母做了，那他就变得愚痴了，愈来愈笨了。孩子多做家务，他才能聪明，心灵手巧。什么都不做的人，这个人很笨的，这不可以纵容。

我是小学三年级就会做饭了，我那时还不到十岁，我就给家里人做饭，早餐、午餐、晚餐我都能做。父母都要上班，所以我做了早餐之后，父母在家吃完早餐他们才上班。父母有时候下班了，五点多钟，下班晚了，回到家来看见我都把饭菜做好了。我小学的时候就能做饭，这是父母调教的。做家务绝不会影响学习。我在小学的时候，学习成绩就很优秀。在广州市黄埔区，我小学升中学考试，黄浦区第一名。会做事，他也就会学习。一个人他懂得做家务，他就有一种统筹安排的能力，他就知道什么事先做，什么事后做，"知所先后则近道矣"，他有先后的逻辑顺序，什么事井井有条，效率高，他学习能力就强。所以一点不会妨碍学习，反而是会帮助。所以孩子一定要他多做家务。特别不能纵容他的骄慢心。我小时候，那真的没有什么玩具，我父母从来没给我买什么玩具。不像现在的小孩，什么奥特曼，这些玩具五花八门，其实对孩子没有好处，只会增长他那种贪婪。他要的东西你给他，有一次不给他，他就会瞋恚，他就在那里哭闹，你就被迫再给他，久而久之养成他的唯我独尊自高自大的这种脾气，这就很麻烦。他将来进入社会，谁还会像父母这样照顾他？那肯定是碰钉子，碰得头破血流，苦了他。所以，我们从小绝不敢说为要一样东西哭闹，为要一样玩具去哭闹的，更是不敢。因为知道哭闹也没用，还是不给，父母善教。

"莫纵跳梁"，"跳梁"就是跋扈、猖獗的意思。有的孩子很猖獗的，为什么？父母惯的，他要什么就给他什么，他就只为着自己的欲望，他不会想别人，自私到极处。还会什么？跟父母顶嘴。现在有一句话讲，一言九顶，这个顶不是三足鼎立那个鼎，是那个顶嘴的顶，你讲他一句他给你顶九句。这是什么？欺负父母，轻侮父母。轻侮父母，他长大了，他就会轻侮别人。问题是，你轻侮别人，别人也会轻侮你，对你没好处。尤其是女子，她出嫁了，轻侮先生，轻侮公婆，这是铸成大的过失。所以，对于女孩子一定要养她的柔顺的心，这是最重要的品行。

"莫纵歌词，恐他淫污。"古时候的歌词还比较健康，但是真正有家教的父母不允许孩子听歌，唱这些歌词。为什么？因为歌词表达情感的。表达情感，让孩子过早的情感流露，这也是淫污。所以你看看,清朝皇帝他们要求自己的子弟,皇室的王子公子,没成年之前都不能够读诗。为什么?诗是情感的表达。没成年之前不能让这个情感去膨胀出来,要用理性去教育,只能读古文读经典,不能读诗,更不能够唱歌,吟诗作对都不允许。我们现在看到孩子从小就唱流行歌,有时候走到街上看到那个小小的孩子他唱那些流行曲,唱得像模像样的,还效仿那些歌星东倒西歪很陶醉的样子,已经受污染了。所以现在的孩子普遍是什么?早熟,心理早熟,还没到发育的年龄,他居然就懂男女之事,这是淫污,这就麻烦。所以真正要保护孩子的清净心,一定要把这些恶缘给断掉。

我从小没怎么看过电视,父母不看。母亲爱看书,带动我也养成爱看书的习惯。而读的书也是经过母亲挑选的,不能随便看,母亲指定我看的书。一些古圣先贤的典籍。如果是要消遣,可以看点小说,小说看《三国演义》,《红楼梦》在未成年之前都不允许看,十八岁以后才能看,其他的那些武打小说、言情小说统统没看过。我中学时候的那个年代,大家都流行看武侠小说,什么古龙的、梁羽生的,金庸的,同学都很爱看,我都没看过。这是父母教得好,所以思想比较单纯。到现在,认识我的人都会觉得我的思想还比较单纯,从小父母保护得好。单纯不是说没有智慧,只是你这个思想比较纯洁一点,没有那么多歪点子,将来对他学习圣贤之道有好处,他容易入。尤其对女子,最重要的,不能让她上网,不能让她聊天,跟网友聊天,这是很容易出问题的。我们也看过很多这种新闻报道,女子十八九岁的,上网聊天就跟网友去了，结果受骗了，甚至受害。

"莫纵游行，恐他恶事。"女子尽量不让她出门，这是保护她。因为一出门，人身体出去了，心也跟着跑出去了。这一跑出去了，她就容易放逸，很多恶事就会容易发生。但现在这个时代确实真的难把他们的心收住，现在所谓的民主、自由、开放的时代，过去禁锢孩子，现在所谓把这些禁锢都得打开，让孩子自由发展。可是自由发展，他随着好的方向发展就好，就怕他自由发展了，往恶的方向往坏的方向发展。一旦受污染，洗都很难洗。所以真正有识之士，有见识的父母，读到这些传统的经典，应该认真的反思：我应该怎样教孩子？是让孩子随波逐流，还是我真正希望把孩子教成一个大器，成圣成贤？成圣成贤成不了，至少成一个君子，做一个良民。防微杜渐非常重要，特别是到了青春期的孩子，不能随便出门都是应该严加防范。父母要对孩子多关心多留意，最重要的，导之以正，让孩子的心思精神专注在学习传统文化上。能接受圣贤之教，懂伦理道德，明因果，自己就能够防非止恶。

在《吕新吾闺范》里面讲了一个故事，说的是宋朝吕荣公的母亲。吕荣公是荣国公，是他的封号，他叫吕希哲。他的母亲被封为申国夫人，因为这位母亲非常懂得教养儿子，什么事都要求循规蹈矩，非常地严格，很有法度。吕希哲年纪只有十岁的时候，他母亲要求他在家里，天天都得穿戴着整齐的衣帽去见长辈。天再热也不许脱头上的头巾，脚上的袜子，要有威仪。其实孩子养成好习惯比较容易，自小养成好习惯了，长大他不觉得很痛苦。如果他养成一个坏习惯，大了再让他改这是很痛苦的事情。吕国公的母亲从小就对他严厉地要求，养成习惯。孩子不能随便出门，譬如说到茶坊酒肆里面，不能够去听那些不正当的言语。真正是"市井气，切戒之"，不允许染上市井之气。所以吕希哲从小耳朵里没有听过那些不正经的东西，眼睛里没有看过丑恶的东西，所以后来吕希哲成为一个大德，这是有原因的，父母保护他保护得好。

保护他，等他成人以后，他自己有鉴别是非善恶的能力了，他自己有定力了，你才能放开，这时候他可以抵御污染了。从小他不能抵御污染，小孩子的心就像一块海绵一样，他是无条件地吸收外面给他的东西，全盘接受，好的也接受，坏的也接受。父母要是不给他抉择拣选，挑好的给他吸收，而是让他自由发展，那就害了他。即使是成人都需要拣择，更何况孩子？你看看孔老夫子教导颜回，颜回是孔子最得意的弟子，那是得孔子心传的，孔子教他什么？"非礼勿视，非礼勿听，非礼勿言，非礼勿动。"连颜子这样的大德尚且守住这四勿，不符合礼的，不健康不正当的不讲、不听、不看，心里都不想，那更何况孩子？家教，父母的责任就在于保护孩子的清净心，严加管教。尤其是对女子，我们希望养一个淑女，那就是要有品德的，没别的，少让她受污染就行。因为德行是本性中的本善，本自具足，你只要保护好她，不受污染，她就能保全她本性的本善。

底下一段是跟我们讲失教的果报。

【堪笑今人。不能为主。男不知书。听其弄齿。斗闹贪杯。讴歌习舞。官府不忧。家庭不顾。女不知礼。强梁言语。不识尊卑。不能针黹。辱及尊亲。有玷父母。如此之人。养猪养鼠。】

这里讲得很不客气了,父母养儿女不能像养猪养鼠一样,猪和鼠那是禽兽。孟子讲的,如果人"饱食、暖衣、逸居、而无教,则近于禽兽"。饱食是吃得饱,暖衣是穿得暖,逸居是生活很安逸,但是没有接受圣贤的教育,那就近于禽兽了。那我们的儿女要是让他吃得好穿得暖,生活很安逸,没有去教导他做人,没有用圣贤的德行去教他,不就等于养猪养鼠吗?所以这里宋尚宫给我们点出来,我们应该提高这个警觉。

"堪笑今人,不能为主",这个今人好像就是说现代人,没有见识的父母不懂得怎么爱孩子,溺爱孩子,实际上是害了孩子。"男不知书",生了男孩子,不懂得教他诗书礼仪、圣贤之道。"听其弄齿",听是任由他,弄齿是调舌,跟人争斗口角,或者是唱歌,讲一些脏话,而造口业。这是什么?他学的东西学歪了。我们现在有时候也碰到一些小朋友,这小朋友你别看他年纪不大,大概七八岁,他就能够口若悬河,你都讲不过他,歪理一大堆。他哪儿学的?我们能想象出来,从电视上学的,从那些庸俗不堪的故事片那里学来的。每天看着电视,受这些污染,脑子里已经被这些电视的内容给整个同化了。所以他常识很丰富,歪理一大堆,这是"弄齿"。长大以后也就会变成那种游手好闲之徒,对社会来讲没有任何的好处,甚至可能成为社会渣滓。所以教儿教女教他的德行最重要。而德行，母亲来教，母亲是儿女第一教师。

"斗闹贪杯，讴歌习舞"，斗闹是跟人争斗，贪杯是酗酒，这都是当戒的。《弟子规》上讲，"年方少，勿饮酒"，"斗闹场，绝勿近"。"讴歌习舞"包括卡拉OK，KTV场所，一些娱乐场所，孩子不能进那些地方。

"官府不忧"这个不忧是不忧惧，不害怕官府，也就是他不害怕法律。他唯我独尊，连法律官府都不看在眼里。这种傲气，从小养成的，父母纵容的，稍有不顺，他就会发大脾气，所以他长大走上社会之后以为所有的人都跟父母一样对他，所以连官府都不看在眼里。那家庭更不顾了，对于父母没有孝顺心，应该对父母尽的义务他不能尽。长大成人了，他娶妻生子了，也不能够履行他的义务。像《感应篇》里讲的，"男不忠良，女不柔顺"，忠是不二心，良是善良，男不忠良导致家庭婚姻破裂，这是没有尽到做丈夫的义务，做父亲的义务。这是成为一个不尽社会义务的废人了。

底下讲养女没有教她礼仪，"女不知礼，强梁言语"。这个强梁是好胜，讲话好胜，非得要驳倒你不可，很有口才，刚强好胜，不能柔顺。女不能柔顺跟男不能忠良是一样，最后也是导致婚姻会破裂。对于尊长她不能够敬重，"不识尊卑"，不懂得长幼有序之理。对于针黹的女工方面一点不懂，没学。在家里也不能干家务，所以出嫁以后就不能够遵妇道行妇德，成为不孝之妇，不贤之妻。这就等于"辱及尊亲，有玷父母"了。人家说这一家出来的女子就这样失教。在古代，骂人最厉害的就是讲他失教，没教养，把他父母骂了，让父母蒙羞。玷就是蒙羞，玷污了父母。这个原因，我们不能光怪孩子不行，父母没有教好。而这当中，母亲责任是关键。所以，光生孩子，不教孩子，《三字经》上讲，"养不教，父之过"，其实父亲当然有过，母亲过更甚。"如此之人，养猪养鼠"，这是什么？没有父道没有母仪导致的结果，失教了。

吕新吾的《闺范》里面有个故事，讲到在宋朝的时候有一个进士叫吴贺，他的母亲谢氏教育儿子很有方法。每次儿子跟客人讲话的时候，这谢氏就站在屏风后面来听他们讲话的内容。这儿子已经是进士了，但是母亲对于任何细节都不放过。有一天吴贺偶然跟人家谈到别人的短处，这属于弄齿，结果他母亲听了之后很生气，等到客人走了之后，对吴贺责打一百大板。有亲戚就来劝止，跟谢氏说：谈论人家的长短，这也是读书人的通病，你这个儿子并没有很大过失，别人的这类毛病更厉害，你何必要这样打他？都是大人了，都已经考上进士了，你还这样打。结果谢氏叹了一口气说：我只有一个儿子，要使他明白义命之理，要懂得仁义。现在他讲话不谨慎，这就是忘了母亲，因为祸从口出。如果讲话不谨慎的话，就很难长久。《孝经》里讲的，即使是"日用三牲之养，犹为不孝也"。如果是德行有亏缺，那会招致危险。即使你给父母一天三餐供养得很好，衣食供养得非常的丰富，还是不孝。所以谢氏她就流着泪不肯饮食。吴贺真害怕了，努力忏悔，而且从那以后就警戒自己，再也不讲是非，绝对不弄齿。这里讲的"男不知书，听其弄齿"，他母亲防范他，不让他随便乱说话，这是母亲善教。最后，吴贺真正成为一个很有名望的人。

在宋朝有一位状元叫陈尧咨，这也是很有名的一位贤才，他的母亲冯氏很有贤德。这个陈尧咨射箭很在行，有百步穿杨的功夫。当时他做了荆南太守，太守就类似于现在讲的省长。后来他回来拜见母亲，母亲就问他，说你在那边有什么新的情况？他儿子跟他讲，说跟我交往的人没有不称叹我善射，射箭射得好。结果他母亲就批评他，说为官应该以忠孝来为国为民服务，你不想着去行仁政，以善法来教化人民，反而只顾着自己一夫之技，搞这些射箭的玩意儿，这不是你父亲对你的期望。说完之后，这个母亲拿着拐杖打他，打到他的金玉佩戴都掉到了地上。

陈尧咨射箭很在行，历史是都有记载。欧阳修有一个小散文叫"卖油翁记"，实际上就是讲卖油翁跟他的一段对话。陈尧咨射箭很好，卖油翁在旁边看到了并不以为然。陈尧咨就问他：你也懂射箭？这个卖油翁讲：这没什么，"但手熟而已"，只是手艺比较熟，熟能生巧而已。说完之后，这个卖油翁他就拿着个油瓶子，拿着个小钱币，钱币中间有一个小洞，放在那个油瓶子上，他就在那里倒油，从空中倒油倒到那个瓶子里，油从钱孔那里穿过，那钱都不湿。然后他就对陈尧咨讲，这个也没啥，"但手熟而已"，我熟能生巧而已，跟你射箭一样。这是一段记载。

那我们看陈尧咨的母亲对她这个儿子有这一技之长并不推崇，而是以忠孝节义的大义来教导儿子。这个跟现在很多父母不一样。现在一些父母，培养孩子弹钢琴，练武术，培养他很多这些技能，然后引以为豪，到处去卖弄，助长孩子的骄慢之心。父母能不能够应该像陈尧咨的母亲一样，用忠孝的道理来教导孩子。

陈尧咨都已经是状元及第了，他母亲该打的时候还是打他，严格要求。

吕新吾先生对陈尧咨的母亲有一段这样的评论："吕氏曰，严明哉！陈母。"陈母真的严厉而明白。"知善射非太守之职，可不谓明乎？"这个母亲是个明白人，知道孩子善射，但是他做的是太守的职务，这个跟他的职务无关，她明白这个道理。"子为达宦，而犹以杖击之，可不谓严乎？"孩子以他善射为自豪，挨了他母亲一顿批。母亲不客气，为什么？你用心用到不正当的地方。我们现在一般看起来没什么不正当，自己有一个爱好而已。不行，你要先想到为国为民，心有丝毫不正，做母亲的毫不留情。虽然这孩子是达官贵人了，状元了，太守了，还要以拐杖去打他，跟他小时候一样不留情面，这是严母。

"迁者以从子之义责母"，迁是迁腐的人，看到《礼记》上讲的所谓三从四德，三从是女子未嫁从父，已嫁从夫，夫死从子，这个从是跟从随从，他就以这个从子的意思来责难这个母亲：母亲怎么能打孩子，孩子都已经是状元了，都是太守高官了，母亲应该随顺他才对，这是"谬矣"，这种说法是错误的，从子的意思不是这样讲法，怎么讲？吕新吾先生讲，"子正母从，母正子从"，所以从的是正道，这是讲的依法不依人，不是从你这个人。你这个人正就从你，这个人不正，那还得从正道。

三从都是从正道这个讲法，所以对女子并不是歧视，说什么男尊女卑，不是，不要误会。这个从是随顺正义，随顺道义。未嫁从父，父正就要从父。那父不正呢？《孝经》专门有"谏诤章第十五",孔子专门提从正道这个问题。曾子问孔子,说我们孝顺父母,那"子从父之令,可谓孝乎",儿子就是听从父母的,父母教什么就做什么,这就是孝吗?孔子怎么回答:"是何言欤,是何言欤",连说两次:这什么话!他说父亲如果有不义,子就不能从,为什么?从父之不义,就是陷父亲于不义,那怎么能叫孝?所以父有义子才从。那父不义呢?子不是说就离开父母,不是,要帮助父母回归到义,断恶修善,要用你的德行,你的仁爱心,你的孝敬心,感化父母归义。

像闵子骞芦衣顺母,他继母给他穿芦花做的衣服,冬天冷,虐待他,他能顺。后来父亲知道了,很气愤,要把母亲休掉,闵子骞跪在地上求他父亲说:"母在一子寒,母去三子单。"母亲在的话,我一个人受寒受冻,那只是我一个人;如果母亲走了,我两个弟弟妹妹跟我一起都会受寒受冻没人照顾,请父亲把母亲留下。他的话感化了他母亲,后来他母亲对他就如同对自己亲生子一样。

这是什么?儿子感化父母。父母有不义,能够去感化,这是孝。所以未嫁从父,从正道的从法,这是智慧的从。那已嫁从夫,夫死从子都是从正道的意思。丈夫如果有不正当的事情,你要有智慧帮他回头。孩子要是有错误,你也要帮他回头。就像陈尧咨那样,母亲也责打他,这个叫从。所以三从四德不是随随便便讲的,那真正是要有智慧。在有智慧的情况下,能够柔顺。

在《吕新吾闺范》里面还有一个这样的故事,讲春秋时期在齐国有一个叫孙叔敖的人,他小的时候出行,看到一条两头蛇,这条蛇长有两个头。他听说这两头蛇有剧毒，只要看见它就必死。这孙叔敖当时知道自己必死了，他怕别人再看到这条蛇，就把这条蛇杀了之后埋起来。回到家里见到他母亲就哭，要跟母亲道别。他母亲就问他怎么回事，他把这个事情原委说了，然后告诉母亲说：我把这个两头蛇杀了后埋起来了。母亲跟他讲，说你不会死，为什么？因为我听说有阴德的人必定有阳报。阳报就是善报。你能够一念想到别人，因为你杀这条蛇是不愿意让另外一个人再看到这条蛇而死，你这一念是为人，仁爱心，必然你会有好的果报。你不仅不死，将来你会有锦绣前程。果然，孙叔敖后来做到了楚国的令尹，令尹就是宰相。

吕新吾有一个评论，"吕氏曰：天道好生，敖母奚取于埋蛇之儿乎？"天道有好生之德，杀蛇本身这是不好，杀业。但是孙叔敖的存心不一样，他杀蛇正是好生之德，不让另外的人看到蛇，也像他那样会遇到不幸。所以孙叔敖的母亲，"奚取"就是哪里是"取于埋蛇之儿"。她看到这个蛇被杀掉了，反而赞叹她儿子。"盖杀害人者以全人，阴德莫大焉。"害人者就是这条两头蛇，孙叔敖把它杀了，这是为了保全他人的性命，这阴德就大。

"世有容保凶顽，殃贼良弱，不肯除害去恶，而自附于仁者，其未知埋蛇之义欤。"这是要我们懂得大义，孙叔敖的母亲就深明大义。对于那些凶顽之徒，殃贼之徒，这些害人的人，就像两头蛇一样，我们要惩治他们，不能够纵容而保护他们。所以，不肯除害去恶，譬如说当官的，如果发现有腐败，有堕落的人，你要去把他除掉。除害去恶这是安民，而不能够纵容他们。而自以为仁者，我这很仁慈，我这不忍心去除害，这个是没有懂得大义，"未知埋蛇之义"，埋蛇他的存心是为了救人而开这个杀戒。所以戒律它有开缘，这个不属于犯杀戒。开缘是什么？他存心是为人，不是为自己的。他母亲也善于教导孩子，你看从这样的一个小小的故事，我们就能看出母亲的存心也在万民。所以孙叔敖以后成为一代贤臣，母亲使然。

在唐朝还有一个崔元暐，也是个当官的，他母亲卢氏常常劝诫崔元暐说：如果是儿子你当官，有人回来说你很穷，差不多不能够自给自足了，这就是好消息。如果有人回来告诉我说你当官，你财物很多，穿的是轻裘（就是非常上等的毛料衣服），坐的是好的坐骑，这就是恶消息。这是告诫这个孩子要廉洁，所以她的儿子崔元暐在唐朝真的是以清廉著称。有一个廉子，廉洁的官员，那是因为他背后有一位廉洁的母亲。这是母亲，在家里的一个女性，对于治国平天下她也能够出一份力。

这是讲到"官府不忧，家庭不顾"这一段。孩子对国家要效力，要做一个清廉有操守的人，那还是要母亲在后面好好教导的。

十一、营家章第九

　　我们看第九章"营家章"。营家是讲女子要学会料理家务，从小就要学会勤俭持家，长大出嫁了，自然就能够当起家。所谓男主外女主内，主内也是一门学问，经营这个家，是女子第一要务。现在的社会男女都出来工作，女子留在家里不出来工作的，可能不是很多。当然现在传统文化在复兴，经济发展了，人民富裕起来了，大概会有这样的一个趋势，女子开始回家了，这个趋势也是个好趋势。如果是事业型的女性，要在外面工作，家里当然也需要有人去照顾，特别是自己的儿女。那我们要问一问，事业重要还是儿女重要？

　　我母亲曾经跟人家分享的时候就这样说，你的事业做到六十岁就该退休了，可是你退休之后儿女还陪着你，而且儿女一直陪着你终老，陪到你闭眼睛为止。所以你要是教养出好儿女，你一直笑到你闭上眼睛。要是你有个好的事业，但因此忽略了教儿女，你的事业做得再大，到退休那天也就终止了，剩下的那该儿女气你了。如果他是个败家子，把你辛辛苦苦挣来的家业给你散掉，那你最后很可能是怀恨而死。所以孟子讲得不错，"不孝有三，无后为大"。这个后，一定是有德行有素质的后代。所以事业跟儿女比起来哪个重要，你们自己应该知道。特别是对于女子，教育儿女的使命那是义不容辞，两者比起来要有一个轻重的抉择。

像我的母亲她也有工作，因为家里并不富裕，要靠夫妇两个人工作才能维持，可是我母亲的工作，她对事业和家庭儿女这种比例的权衡，她是把儿女教育放在第一位。这对现在事业型女性也是一个参考。实在讲，女子主内这是符合自然的。女子以相夫教子为天职，这个天职是天赋予你的自然使命，这是神圣的使命。一个家里能不能有好的后代，要靠母亲，靠这个媳妇。好媳妇能旺三代，像周家的三太，旺八百年。对于女子而言，像陈静瑜老师给我们分享的，她也是有事业的。她先生事业做得大，她的事业比较小，她也是个董事长，开公司。现在学习女德，她就非常懂得轻重。她跟我讲，她是平时一半时间在家里，一半时间用在工作上，打理她的公司。她公司已经请了经理，她就不用事事过问操心，而把多的时间放在家里，经营家，还有教养儿女。她很想把这个工作最后放弃掉，让给别人来做，自己真正回家做一个典型的女性。这个也很难得，现在虽然还没有完全归位，心上已经归位了。而且她已经懂得了自己作为一个女子，她的本分是什么。

那有的人会问了，为什么一定要女子在家里守着，男子出去外面？问这个问题，多半可能是女性，因为男性不会问这个话。男性，哪个不希望自己的太太在家里？只要有条件，如果像陈静瑜老师他们家,先生做生意做得很大,完全不用太太出来做事情。你要去问问他先生,他一定点头说好,太太在家里好。所以问这个话的多半是女性,而且是事业型女性。我们就要分析分析了,既然你嫁给他,你一定是爱他才嫁给他,对吧?你不会恨他才嫁给他的。你爱他嫁给他,那什么是爱?爱是你在他那里索取,还是你要对他奉献?一般人都知道,真正爱他是对他有奉献,而且是无条件的奉献,这是真爱。真正爱对方,那是连自己生命都可以献给对方,这叫真爱。婚姻要建立在爱的基础上,这才有长久的幸福。而不是企图控制对方,控制对方,你的这个念头本身就是对自己的束缚,你自己被控制住了,你就没有幸福。所以,如果是说结婚第一天就想到如何在对方身上索取,那就注定你的婚姻一定会失败,你一定会有烦恼。所以真正是爱他,替他着想,成就他,为他奉献,你就得到了幸福。作为一个女性,如果真爱自己的先生,能不能够做一点牺牲奉献?如果要选择,一个是让丈夫出来,出人头地干一番事业,另一个是自己出来干一番事业,你这两个选择,我们自己问问自己,能不能够我牺牲自己不出来干事业,而我去成全先生。自己跟丈夫是一体,他的成就不就是自己的成绩吗?何必一定要出来,自己出来当领袖,有一番呼风唤雨的这种成就感?为什么不去成就先生,让先生们做领袖?为什么不让儿子做领袖,偏偏自己出来当领袖?这些都是很值得我们自己深入思考的。古圣先贤教导我们,效法大地厚德载物。你看大地承载着万物,却是默默无闻的永远处在最低的地方,永远处在人的脚下。但是,正因为它有这种坤德,才使我们对它更加的尊重。如果是追求事业，如果你有福报当然你可能成功，但是并不一定幸福。

2006年5月16日，新闻媒体上报道，北京某知名大学新闻学院的一名女博士，从宿舍楼上纵身跳下而身亡，她只有四十岁，留下还在读博士的丈夫以及十三岁的儿子。很多人对她的自杀很想不通：她为什么会选择自杀这条路？这个女博士成绩优秀，她得到了学校最高荣誉的奖项，而且在全国各大刊物上发表了几十篇论文，常常获奖，又找到了工作了，为什么她还会萌发轻生的念头？后来经过深入调查之后才发现，原来她志向很高，她找到工作，是个新闻单位，虽然别人看起来都不错，但是她自己还不满意，正因为她样样都要求圆满，而且自己给自己压力很重，学习的压力还有家庭的压力。她夫妻俩都是在读的博士生，养着十三岁的儿子，人到中年万事忧。其实忧从哪来的？不知足。人知足了，他就快乐，不知足，压力就重。所以，正是她自己没办法承受自己给自己的压力，受不了了，最后选择轻生。这是《太上感应篇》里讲的"分外营求，力上施设"，心志太高了，太好强了，样样求圆满，自己追求事业，没有想到相夫教子的天职本分，结果很可悲，而且这个结果真没必要。所以，知足常乐，特别是女子，培养谦卑的心重要，这是你幸福的源泉。功利心太强了，对自己没好处，争强好胜往往是害了自己。真正快乐的人，有智慧的人，与人无争，于世无求，安于本分，能够敦伦尽分，相夫教子，她就心满意足了，她就有幸福，真正快乐。

我们来看营家章：

【营家之女。惟俭惟勤。勤则家起。懒则家倾。俭则家富。奢则家贫。凡为女子。不可因循。一生之计。惟在于勤。一年之计。惟在于春。一日之计。惟在于寅。奉箕拥帚。洒扫灰尘。撮除邋遢。洁静幽清。眼前爽利。家宅光明。莫教秽污。有玷门庭。耕田下种。莫怨辛勤。炊羹造饭。馈送频频。莫教迟慢。有误工程。积糠聚屑。喂养牸牲。呼归放去。检点搜寻。莫教失落。扰乱四邻。夫有钱米。收拾经营。夫有酒物。存积留停。迎宾待客。不可偷侵。大富由命。小富由勤。禾麻菽麦。成栈成困。油盐椒豉。盎瓮装盛。猪鸡鹅鸭。成队成群。四时八节。免得营营。酒浆食馔。各有余盈。夫妇享福。欢笑欣欣。】

这第一段是总说勤俭是营家之本,这里讲到的"营家之女,惟俭惟勤。勤则家起,懒则家倾。俭则家富,奢则家贫",这是讲妇人经营一个家。这成家其实不难,经营这个家庭也不难,就在于勤俭二字。勤和俭是相辅相成的,有勤而没有俭不行,这样你会很辛苦,为了你的生活享受,你奢侈浪费。我们也看到,有的人他们家里也比较富裕,生活很奢侈,什么都讲究排场,可是很累,住的房子很大,天天收拾起来很累。光有俭而不勤也不行,光是节省,但是他不创造财富,就会一直在受苦。所以又要有勤又要有俭,才能够富裕,才能够兴家。所以"勤则家起",这个家道要兴起来要用勤;懒,家道就衰了。懒,往往就是跟放逸合在一起。放逸再进一步就变成骄奢淫逸,就败家。"俭则家富",能够节俭,家里慢慢就能富裕,你存得多用得少,这就富了,年年都有盈余。如果反过来奢侈，挣得少出得多，花费得多，家里就贫了，这是自然之理。

吕新吾的《闺范》里面讲了一个故事，讲古时候有个人叫柳公绰，他的妻子韩氏是相国之孙女，柳公绰本人又是个节度使。但是这个相国的孙女嫁到柳公绰家里，家用非常的节俭。这个太太在家里恪守妇道，穿的衣服非常朴素，都穿的布衣，绝不用绫罗绸缎。而且讲话都非常有威仪，说笑时没有见到她露齿。她回娘家看望父母的时候，不坐轿子，只坐一种竹兜子，就是很简陋的一种工具。她常常督促自己的孩子们用功读书，可以说也是含辛茹苦。

吕新吾这样的赞叹这个相国的孙女："相国孙女，节度使之夫人，金舆绣服，本不为侈。"金舆这是讲到她坐的那个轿子或者是车，如果是金碧辉煌的，也并不算奢侈，他们有这个条件。绣服这是绫罗绸缎，锦绣衣服，他们这个家室是可以办得到的。"乃独俭素自持，言笑不苟，岂惟韩氏贤？"这韩氏就是这个相国的孙女，节度使夫人，真正是贤女。"二公家法，可概知矣。"一个是柳公，夫家的，一个是她娘家的，相国，两家的家法一定是严肃的，才能够有这么好一个女子、媳妇。

"近世妇女，罗珠刺绣，满箧充奁，大袖长衫，覆金掩彩，互羡争学，日新月异，有甫成而即毁者。"这是评论近世妇女，我们看到现在的社会有过之而无不及。"罗珠刺绣"这是讲她的珠宝。"满箧"，箧就是她装珠宝的箱子。"充奁"，奁就是女子的梳妆台。就是形容她们这些人生活很奢侈，有很多金银珠宝装饰品。

像现在很多的化妆品都非常昂贵。"大袖长衫，覆金掩彩"，这讲她们追求华丽的服装。"互羡争学"，女子之间互相争艳。你看她今天打扮得很好，我明天就比她打扮得更好，争着追求时髦。"日新月异，有甫成而即毁者"，衣服刚刚做好可能就不穿了。

像陈静瑜老师今天就讲到，她们家条件好，她没有学习女德之前，衣服买很多，真是满箱满柜的，很多衣服连标签牌都没摘下来，都没穿过就扔在那儿。结果她婆婆管教她，她婆婆总是穿着很朴素的衣服。陈老师原来没学女德的时候还不太愿意跟她上街，嫌她的衣服穿得太寒酸了。但是这位婆婆她很有定力，心里面有主宰，就跟陈老师讲：人家说那个衣服穿出去笑死人了，笑死是她死，又不是我死。这很难得，真正贤女，重德不重色，对于打扮不在乎，重的是德行。

这里又讲到，"无识男子，日悦妇人之心而不足，安望以节俭率之哉。"这个也跟男性有关。做丈夫的纵容太太追求华丽的服装，追求奢侈。"德不如人，而衣饰是尚，家不能治，而容治相先，皆柳夫人之罪人也。"正因为德行不好，她才会追求华丽的服装来掩饰。真正有德的人，她不需要用衣服，她就能够自然流露出内在美。家不能治好，她才会治自己的容貌，这是务外。那这都是"柳夫人之罪人也"。

"男主外，女主内"其实是很有道理的。主内的工作比主外的工作更为重要。要主内，营家就不得不讲求。"营家"就是经营这个家。这个家里头的大小事务，确实作为一个女子都要学习。如果不懂，那就是没办法经营好一个家了，主内的工作也就失职了。

我们来看第一句：

〖**营家之女。惟俭惟勤。勤则家起。懒则家倾。俭则家富。奢则家贫。**〗

就是告诉我们勤俭是营家之本。三国时代，诸葛亮有一篇"诫子书"里面就讲到，"静以修身，俭以养德"。不管男女，养静、养俭，这都是非常重要的德行。以静来修身，以勤俭来养自己的德，在女德里面，一个"静"，一个"俭"，尤为重要。

在八德里面，孝悌忠信礼义廉耻，"俭"是属于廉，廉洁的廉。廉是可以养我们的圣贤之志的。人的志向应该高尚，不能够污浊。如何能做到高尚？能够把世间名利、富贵看淡，你的志向才能够高得起来。正如孔老夫子在《论语》里面讲的，"饭疏食饮水，曲肱而枕之，乐亦在其中矣。不义而富且贵，于我如浮云。"孔老夫子他做到了，他生活极其俭朴。你看他吃的是"疏食"，"疏食"就是粗茶淡饭，甚至茶都没有，只能饮水；睡觉，枕头都没有，枕着手臂，"曲肱而枕之"。你看他的生活多么简单，养自己廉洁之德，养自己圣贤之志，能够安于俭朴的生活，他才能够不堕青云之志。人一旦要追求名利、享受，他这个志向就不能够清高了，就会被名利所累。所以夫子告诉我们，"不义而富且贵，于我如浮云"，把这个富贵享受看得像浮云一样。这个必须要从小就得修养勤俭之德，而且立志要成圣成贤，不管是男子还是女子，都要立圣贤之志。圣贤可以不分身份、不分种族、不分男女，大家都可以成圣贤。立了志向了，才能够如孟子所说，"富贵不能淫，贫贱不能移，威武不能屈"。

尤其是女子，如果真能够坚守清贞之德，做到富贵不能够使她骄奢淫逸，贫贱不能移她圣贤之志，威武也不能屈服她，德行就经得起考验了。所以女子的廉洁之德要用勤俭去培养，从小不能够贪安逸，不能够追求服装、打扮。如果追求这些服饰，心就会停在衣食上，她的节操就不一定经受得起考验。女子如果能够廉，能够勤俭，能真正养夫、养子之清德。往往家庭里面太太要是不廉，她很贪婪，很爱追求享受，也会拖累丈夫的这种廉洁的品德。比如说丈夫是当官的，可能他自己并不贪，但是因为太太贪，为了满足太太的需要，他也就不得不做出违心之事。这个应该来讲不在少数。

在晋朝，有一位大德叫陶侃，他是著名诗人陶渊明的曾祖父。陶侃的母亲姓湛，生陶侃的时候家里就很穷，湛氏很坚强，很勤俭，靠纺织谋生。而每当有宾客来的时候，她对宾客必定是非常的礼遇。女子要协助丈夫招待客人。招待一定是尽量的以上好的东西来供养，这是礼敬。结果有一位鄱阳孝廉，过去是举孝廉，是被朝廷举孝廉推举上去的，叫范逵，来到他们家要借宿。当时下着大雪，家中早已无钱买米，于是湛氏趁客人们闲坐寒暄之际，剪下自己的头发，换回了一些酒食来招待客人。而且她还把垫在床上的禾草席子拿出来切碎帮客人喂马。这真是对客人尽心供养，这是古人的厚道。范逵后来听到这个事情，非常感动，他很赞叹地讲："有这样的好母亲必定能生好儿子。"后来陶侃果然当了官。

他当官做浔阳县令的时候，是主管卖鱼的。很自然，利用职权的方便，就给他母亲送了一瓦缸的腌鱼，供养母亲。但是他母亲收到儿子的一坛子腌鱼，把它原封不动送还，而且写了封信，责备她的儿子说："你做官吏不廉洁，这是我最大的忧虑。"正因为她能廉洁，所以使自己的儿子也能够廉洁。

廉洁不是说我想廉洁就能廉洁，那是她一贯以来养成的勤俭的作风，才使她能够有这种品德，否则的话很难这样坚持。所以女子的廉洁太重要了，真正可以相夫教子。如果女子不廉，可能导致败家。对一国而言，国家领导的夫人，如果不廉，就会导致亡国。所以女子对一家、对一国都是非常重要的。这里讲到的"惟俭惟勤"，这个是非常需要提倡的。

我们来看下面一句：

〖**凡为女子。不可因循。一生之计。惟在于勤。一年之计。惟在于春。一日之计。惟在于寅。**〗

刚才我们重点讲到廉、俭，这里重点讲"勤"。勤为"一生之计"，尤其是对女子。凡是做女子，不可因循懈怠，就是不能懒，做人要是懒了，那是一事无成。一生之计在于勤，所以从小就应该养成勤劳的好习惯。勤劳怎么养成？没别的，父母好好带孩子多做家务事，就能养成勤劳的习惯。

我自己小的时候，在家里父母也让我干家务事。孩子单纯，如果是父母鼓励孩子做，孩子会做得很起劲。我小的时候对家务事是做得很来劲的，不怎么需要父母督促，我自己很主动地来做，而且做完之后有一种满足感：我做了不少的事，我能够帮助父母，我在这家里面也是很重要的一员。孩子也有成就感。父母要鼓励他，也要学会欣赏他的劳动，让他觉得劳动是一件快乐的事，从小培养勤劳的习惯。所以我在小学，在家里就做饭、扫地，自己的衣服自己洗，这些我都做。上中学就住校，独立生活，以后大学也是住校。大学毕业了，出国留学，更是住校了。自立能力很强，自己有不畏惧做事的这种心态，所以能自立、自强。我们现在讲有开拓精神，没别的，就是从小多做家务。

"一年之计，惟在于春"，这是提醒我们，农耕，春天是最重要的播种的季节，希望能够这一年有收成，春天就得勤劳，要是错过了时机，今年就没有收成了。这个春也是泛指，一生也有春天，一天里头也有春天。一生的春天就在年少之时。假如一个人寿命八十岁，前二十岁就是春天，二十到四十是夏天，四十到六十是秋天，六十到八十是冬天。春天，一生之计，二十岁以前就要养成各种良好的习惯，这是他一生幸福的基石，做父母不可以忽略。

一天也有春天，"一日之计，惟在于寅"。寅时是早上三点到五点，寅时是开春了。一天也有四季，早上三点到九点是春天，早上九点到下午三点是夏天，下午三点到晚上九点是秋天，晚上九点到凌晨三点是冬天。所以人也要按照这四季的变化来作息，这才健康，顺应天时，所谓春生夏长，秋收冬藏。春天，生发，要起床了，早上三点就可以起来了。这是古人给我们订立的规矩，寅时起床。如果你觉得三点钟起不来，五点钟也该起来了，五点是寅时最后，快到卯时了。卯时已经是仲春了。寅时是初春，卯时是仲春。卯时是五点到七点，要还不起来，那这个春天恐怕也就过得差不多了，就好像这一年错过了播种的季节。

如果人能早起，他这一天感觉上会很有效率，很有精神。我自己就特别有这个体会。一般我是早上四点钟起来，起来之后，就非常从容的安排时间，不会急急忙忙，因为时间够。洗漱完毕做完早课了，自己煮早餐，吃完才刚刚天亮。我早上看看书，然后还可以到公园去散散步。我在公园背经，背《无量寿经》一小时，一边走一边背经，呼吸新鲜空气，早晨的空气最好，人又不多。香港人普遍晚起，早上七点钟，街上没多少人。回来八点钟，然后正式开始一天的学习、工作。

你能早起，你会觉得时间很够用，要是晚起，你觉得好像这上午一下就完了。比如说你七点钟起来，急急忙忙，吃点东西然后八点钟上班，你会觉得很紧迫，没有时间做你自己的功课，没有时间锻炼身体，健康方面就不够理想了。一天要做的事情，早上头脑清醒的时候把它规划好，然后你有条不紊的，按部就班地来从事今天的工作。

我早起的习惯，是我母亲传给我的。我母亲比我起得更早，她四点钟不到，三点半就起来了，真正是寅时，天天都是这样的，已经养成习惯了。她的早起习惯又是谁带给她的？她的母亲，我的姥姥传给她的。有好的母亲，真正就能带出好的孩子。好的生活习惯决定着她这一生能不能有成功。因为你能够早起，就能勤劳，能勤劳你就有成就。这个习惯母亲帮助养成，可见得女性在家里多么的重要！如果这个母亲是很懒的，那上行则下效，上梁不正下梁歪，孩子比你更懒，你七点钟起床，他就八点钟起床，这样是一代不如一代了。清朝的曾国藩，他要求的家风就很严格，要求子弟都要早起，真是寅时起床。他说，败家最初起因往往是因为晏起，晏起是晚起床。所以治家之本在于不晏起，就是早起，很有道理，这真的是看问题看得透彻。

人能早起，他养成这个作息，也要有一种意志力，这就是锻炼意志。早上起来总是觉得睡不够、恋被窝，要起来的时候就要用意志，要咬牙，这个就是锻炼。习惯了之后，你就很有意志力，能克服你自己的欲望，睡欲。你能克服睡欲，当然也能克服其他的欲望，才能够廉。自己欲望克服不了，要能够保住廉洁的德行，不容易。所以《大学》里面教我们"格物致知"，格物是格除物欲，跟物欲格斗。早起等于是跟自己格斗。闹钟响了，响了之后又把闹钟一关，又躺下睡着了，这就被物欲战胜了。那时候就得咬牙坚持，不要让欲望战胜自己，你就能战胜欲望。

下面我们看第三段，这是讲具体勤于洒扫：

〖奉箕拥帚。洒扫灰尘。撮除邋遢。洁静幽清。眼前爽利。家宅光明。莫教秽污。有玷门庭。〗

"奉箕拥帚"，这就是拿洒扫的工具。"箕"我们就讲垃圾铲，拿着笤帚，"洒扫灰尘"。洒扫，把那些邋遢的、肮脏的东西扫干净。"撮除邋遢，洁静幽清"，使得房间内外，屋里屋外，都能够干净整洁。

《弟子规》上讲："房室清，墙壁净。几案洁，笔砚正。"在这样的一个环境当中，你会觉得精神爽利，"眼前爽利"。如果一个家里面乱七八糟，很肮脏，你会觉得心里郁闷，不爽，这环境是会影响心理的。心理要是有这种阴影，心情也会受影响，做事往往也会受影响。所以让家里和谐幸福，做事有效率，环境不得不讲究。家并不要说很华丽，但是需要干净。特别是做女子，干净是很重要的一种美德，邋遢的女子遭人嫌。一定要能使家里里里外外优雅、清净，这个家就像个道场一样。

《朱子治家格言》里边，第一句就教我们，"黎明即起，洒扫庭除，要内外整洁"。一篇文章第一句往往是最重要的，而且是提纲挈领，是整篇文的总纲领。总纲领告诉你什么？要勤劳，要整洁，要早起，告诉你"黎明即起"，黎明，寅时起床。"洒扫庭除"，打扫卫生，勤于洒扫，天天都要扫。天天扫，不会困难，灰尘不会很多，天天抹一遍，窗台、地板，这都很容易，不用花费很多时间。"内外整洁"，不仅说屋里屋外，内外，内是讲内心，外是环境，心境一如。你的心清净，你的环境才清净；你环境清净，也能带动你的心清净。心和境是一不是二，互相的影响。所以我们要养我们的清净心，那就得勤于洒扫，一懒了，这心也就很难清净了。环境不清净，心也不清净。

这里讲到环境干净、清爽，"眼前爽利，家宅光明"，所谓门户生辉。家里未必是很有地位，但是里里外外都非常整洁，人家来一看肃然起敬，就门户生辉了，你就光耀门楣了。这是你自己自重，别人就尊重你，你自己要是不自重，你懒、邋遢，别人也不会尊重你，就瞧不起你。所以古人讲，人必先自侮，然后人侮之。你肯定是自己欺侮自己，自自辱了，别人才会欺侮你，才会侮辱你。所以干净重要，"莫教秽污，有玷门庭"，这是讲到家里不能有秽污，要干净，不能够玷辱门庭。作为主内政的太太如果邋遢，人家看不起整个家。

"莫教秽污，有玷门庭"，还可以引申到德行的方面。女子讲究女德、妇道、母仪，能够使门户生辉。德行是家庭的最好的装饰品，即使是家里面非常的简陋，但是人们都敬重你。像孔子的弟子颜回，你看他家里是很简陋的，他是箪食、瓢饮、居陋巷，生活简单得不能再简单了。居住在最简陋的屋子里，可是他真正有德行，所以大家都敬重他，而夫子最为赞叹他，说"贤哉回也"，赞叹了两次"贤哉回也"，他很贤德，颜回贤德。所以富贵并不一定让人尊重，而自己真有德行，你才能让人尊重。

在吕新吾的《闺范》里面讲了一个故事，南北朝时期，北朝有北魏，北魏有一个太后，叫文明太后，宠爱一个宦官，叫符承祖。这符承祖深得太后的欢心，所以太后给他加封了很大的官，官职做到侍中，掌管尚书这样的一个职务，而且给他赐了一个不死之诏，就是谁也不能杀他，对他相当的恩宠。符承祖很得意，当时人们对他也趋之若鹜。唯有他的姨母姚氏，姚夫人，很廉

311

洁，很有操守，她不依附于权贵，所以对符承祖是敬而远之。符承祖的姨妈，就是他母亲的姐妹。姚氏夫人常常对符承祖的母亲讲，她说：“姐姐，你虽然有一时的荣华富贵，却不如我一世的无忧无恼快乐。”她姐姐就是符承祖的母亲。她姐姐送她衣服，她都不收，送她金银财宝，一概拒绝，说：“我夫家世代清贫，如果穿这样华丽的衣服，那势必会觉得不安。”真正有不得已要接受的，她都把它埋在地底下，不拿出来用。她姐姐送给她家奴，姚氏夫人说：“我家糊口都困难，哪里还养得起奴婢？”她不依附权贵，自己的外甥这么受朝廷的恩宠，她不稀罕，还是每天穿着粗布衣服，自己劳动营生，勤俭持家。

后来文明太后死了，符承祖因为贪赃枉法而要被皇帝处死。但是因为过去文明太后下了诏，不能杀他，所以免了死罪，但是削职为民。而且因为符承祖一下子从最富贵堕到了很贫贱，他经受不了打击，一个多月之后他就死了。符承祖的两位姨母，家庭都受牵连。唯有姚氏夫人，这个姨母，因为家里很穷，而且穿的衣服都是非常粗陋的，皇上见了之后，就怜悯他们，给了特赦，所以她家没有受牵连。

我们看到这廉洁之德可以保家。孔子讲，“不义而富且贵，于我如浮云”，不义的富贵就是不该有的富贵，有了，那不是福，是祸。这种就是秽污，“有玷门庭”。姚氏夫人，她能够有智慧，她能够拒绝这种不义的富贵，不依附于自己的外甥，而真正使自己能够长久。

要知道人的富贵自有天命。这是什么？佛法里讲得清楚，过去生中你修来的, 你修了福, 这一生就有福报。没有修, 你怎么想也想不到, 命里有时终须有, 命里无时莫强求。姚夫人她能够守份安命, 知天命, 她不会妄求, 反正该来的它会来, 不该来的, 想它, 怎么挖空心思去求, 也求不到。

真正有智慧的人, 像孔子, 他对富贵看得像浮云一样。浮云是什么? 无常。空中的浮云, 云卷云舒, 去留无常, 一会儿就产生, 一会儿就变一个样, 一会儿就消失了。真的是浮云, 而且它往往会带来后患。老子所谓的"福兮祸所伏", 福往往是祸的因。所以看看古来的贤者, 春秋战国时代, 范蠡, 他辅佐勾践, 打败吴王夫差, 把越国兴盛起来。他知道越王只能够共患难, 不能共富贵, 他便劝他的好朋友文种一起走, 文种太贪图荣华富贵, 舍不得走, 结果被勾践给杀了。张良辅佐汉高祖刘邦登基之后, 张良也隐居, 果然后来刘邦有吕氏专权, 吕氏之乱, 张良隐居才能够终老全身。所以有智慧的人安于贫贱, 安贫乐道, 无欲无求, 这是真快乐。

《菜根谭》, 这是明朝洪应明先生写的格言录, 上面有句话说:"人知名位为乐, 不知无名无位之乐为最真。人知饥寒为忧, 不知不饥不寒之忧为更甚。"都很有哲理。一般人都追求富贵名位, 以为那是乐, 哪里知道那个不是真乐。有智慧的人, 智者, 选择"无名无位之乐", 把富贵名位都舍掉了, 他得到的是真乐。像孔子、颜回, 那是得到真乐。一般人以为饥寒是忧虑, 看看姚氏夫人, 她不以为忧。她安住于饥寒贫贱的生活, 她没有忧。她劝她的姐姐: 你荣华富贵只是一时, 你不如我这一世永保快乐。果然给她说中了。

所以君子懂得趋吉避凶。怎么趋吉避凶？你能够把欲望放下，把求的念头放下，安贫守廉。这里讲的"惟俭惟勤"，你就永保一生无忧，而且你能够得到高尚的品德，所谓"人到无求品自高"。什么衣食，我够用就好，我靠自己劳动，我不求人。这多自在！所以勤和俭是相辅相成，都是帮助我们提升德行的。

下面我们看第四段：

〖耕田下种。莫怨辛勤。炊羹造饭。馈送频频。莫教迟慢。有误工程。〗

这是协助丈夫耕种。一般来讲是男耕女织，这是古代社会的分工。但是有时候农忙的时分也需要帮助丈夫耕田。下种往往是春天，春忙了，要帮助丈夫去耕田、下种，不要担心辛劳、勤苦。现在一般不一定是要去农耕，这是泛指协助丈夫工作。比如说丈夫是做生意的，到了忙的季节，太太可以帮帮手，就是这个意思。

这里讲的"炊羹造饭，馈送频频"，民以食为天，天天都得吃饭。特别是忙的时候，你的食物供应一定要跟得上，所谓"三军未动，粮草先行"，三军当中粮草官是最重要的。一家里头，"炊羹造饭"，煮饭的事，那是很重要的。特别是在忙的时候，不能够短缺，要不然打仗没有弹药。所以相夫，帮助丈夫，一定要在自己的本位工作上做得最好。在古代，丈夫耕田，往往太太去送饭,饭、菜、茶水都送到。"莫教迟慢,有误工程",该吃饭的时候,饭菜得送到,不能迟缓,迟缓让夫君饿着肚子,对不起他。如果他太饥饿了,可能就误了耕作。

底下一段说:

〖积糠聚屑。喂养孳牲。呼归放去。检点搜寻。莫教失落。扰乱四邻。〗

这是讲到在家里喂养牲畜。过去传统家庭,家里都养牲畜。我小的时候在农村里待过一段时间,我爷爷奶奶都是农民,他们是很典型的传统家庭。我爷爷耕种,奶奶在家里面料理家务,带孩子,带了有七个孩子,这是很繁重的劳务,还要养很多牲畜,又养猪、又养鸡,都有。"积糠",糠是猪要吃的;"聚屑",这都是饲料。"喂养孳牲","牲"是牲畜,"孳"是孳养。"呼归放去,检点搜寻",这些牲畜有时候要放出去,像农村里养鸡,那都是要放到田野里头,山地里头,鸡才能长得好。到日落西山的时候了,又要把这些鸡、这些牲畜收回来,收到笼子里,回家"检点搜寻"。这里提到这些饲养的事情,我就回想起我小时候的那种情景,觉得挺亲切的。

"莫教失落,扰乱四邻",如果是鸡、鸭或者狗这些牲畜,到处乱跑丢了,可能就奔到人家家里去,就扰乱邻居了。《女论语》讲大道理很少,全都是讲的生活细节上的事情,其实大道又何尝离开你的生活。我们在此地讲解这些事情,除了把这事讲一遍,更重要的要开启这个理,大家去体会。其实在家里面,做这些女务,营家的事情,要是真正会起关照,从这些小事情上悟通了理,你就能够证道。成圣成贤都离不开日用平常。佛法里讲的,"六根门头,放光动地"。六根,眼耳鼻舌身意,你所接触到的一切的境界叫六尘境界,这都是每天要接触的,每天要做的事情。你要觉悟了,就放光动地,放光就是明心见性,你就能够让自性光明显发。

在《华严经》里,有一品经叫"净行品"。"净行品"你从头到尾看它,就是菩萨一天的生活。早上早起刷牙洗脸,穿衣服,大小便,都是很平常的事情,但是菩萨存心跟我们凡人不同,念念想到众生。念念觉悟,做任何事情都觉悟,都悟到这事后的理。刷牙的时候,过去是嚼杨枝刷牙;洗脸的时候,大小便的时候都是如此。"大小便时,当愿众生,弃贪瞋痴,蠲除罪法",贪瞋痴三毒烦恼像大小便一样,是人所不需要的,要把它放下,这都是什么?会修,聪明利根,我们就要从这些事上去悟入。

譬如说这里讲到的喂养牲畜,白天把它放出去养,到了晚上把它收回来,我们小的时候都干过。我在农村的时候放过牛,也跟着爷爷奶奶养过猪,养过鸡,都是这样,白天放出去,晚上把它收回来。《孟子》有一段话,在"告子上"这章里面,"孟子曰:仁,人心也;义,人路也。舍其路而弗由,放其心而不知求,哀哉!人有鸡犬放,则知求之;有放心,而不知求。学问之道无他,求其放心而已矣。"这是我们可以悟到的理。从放鸡犬这些牲畜,就想到"求其放心而已"。我们的本心是仁义、礼智,这是性德。这里讲仁，人心也；义，是人路也。义就是一条路，通往仁的境界。仁是我们自己本有的真心，可是我们要行义才能得仁。所以"舍其路而弗由"，没有一条路我们怎么能达到目的地？所以一定是要行义才能够得仁，义尽了，就仁至。所以我们讲仁至义尽，一定是你把义全都做到了。"义者，宜也"，义就是应该的，你该做的都做了，你就能得仁道。"放其心而不知求，哀哉"，这个心是讲我们的仁心，仁心本来是有的，这是本有的真心，现在这里譬喻将心放了出去，就像放这些鸡犬，牲畜放出去养，你要把它收回来，现在你要把你的真心找回来。如果放出去而找不回来，这是"哀哉"。这里譬喻，"人有鸡犬放"，这是放牲畜，放鸡、放狗，"则知求之"，你到晚上都要把它们收回来，这里讲的，"莫教失落，扰乱四邻"。可是有没有想到，"有放心，而不知求"，我们的仁义礼智的真心，现在找不到了，有没有去找回来？所以"学问之道无他，求其放心而已矣"。这个放心，就是把真心找回来。怎么找？真心无所不在。你现在为什么找不到？因为有妄想分别执著，你就找不到，明明在，就是找不到。这六根接触六尘就是，你的真心就在那儿，"六根门头，放光动地"，真心就在那儿起作用。但是你一有妄想分别执著，六根接触六尘，全是妄想分别执著，没有了。怎么办？放下。放下妄想分别执著，你就能找到你的真心。这句话我们换个说法，学问之道无他，求其放下而已矣。你把妄想分别执著放下，你的学问就圆满了。真心找到了，性德自然流露，你就真正成了圣人。

谈到女德，这个女德也是我们的性德。圣人这里讲的这些女德，这些闺范，不是用来禁锢女性的，而是自性本有的性德。成了圣人之后，自自然然就这么做了。可是现在这个女德也是放出去很久了，民国以来，女德已经慢慢淡漠，到现在很多人都不知晓，更很少人去提倡，放出去的女德而不知求，这也很遗憾，所以要把它收回来。我们现在认真地来学习女德，从我自己做起，这是恢复自性性德。

下面我们再看第六小段：

〖**夫有钱米。收拾经营。夫有酒物。存积留停。迎宾待客。不可偷侵。**〗

这一段是讲"善理家财"。做为主内的太太，对家庭理财方面不得不讲究，你要善于理财。这里讲的"夫有钱米"，夫是屋主，先生，他有钱米盈余，这是譬喻家里有经济来源，要"收拾经营"，你要把它收拾好，要账目各方面清清楚楚，不能乱。"夫有酒物"，这是讲物质方面，物质有盈余，"存积留停"，你就要该存放的存放好，该留的要留。如果不能留的，赶快得要消费掉的，就要消费掉，或者送人，要懂得安排处置。屋里的东西，自己要明明白白，清清楚楚。不管家大小，作为太太等于你是个管家，哪样东西放哪儿，先生问起来你都要知道，随时能够找到。所以平时在家里就得把东西整整齐齐地摆放，有规律，不是乱放。

钱财方面，家里有银行的账户，收支各方面要懂。不需要你当一个专业会计，至少你要会算个收支、盈余，这些都要去学习,去了解。丈夫问起你可以随时答出,你做丈夫的好会计,理财能手。家里如果有什么需要购置的东西,你看看丈夫带回多少钱来,一个月平均有多少收支,就可以做一点经济规划,做个预算,这些都是需要认真地去学习的。

"迎宾待客,不可偷侵",客人来了,我们要好好地去做好接待工作。要做好接待工作,平时家里要有一定的积累。如果是客人要在家里面过夜的,我们的床铺、被子、洗漱用品,包括毛巾、牙刷、牙膏等等,这些我们都要准备充足。自己不可以"偷侵","偷侵"就是私自享用,饮食一定是跟夫君共享,东西都是家里共有的,不能够自己搞小仓库,自己收起来,特别是钱财。自己搞一个小金库,搞一本小存折,背着丈夫自己有私财,这就产生了隔阂。《弟子规》上讲,"物虽小,勿私藏;苟私藏,亲心伤。"这个亲,我们改成夫,"苟私藏,夫心伤"。为什么?夫妇是一体,互相要信任。如果是自己有私藏的,就是对对方不信任。不信任对方,内心就有阴影,很难能绝对和谐,一体就被破坏了。

我们学女德,特别学过佛法的人,你要放得下,要知道"命里有时终须有",你该有多少受用,你不需要私藏,你还是会得到多少受用。何必要去计较这是我的,不是他的,这个心量就小了。人如果有这种计较,有这种疑虑,这是对自己最大的伤害,把我们这个纯净纯善的本性就给污染了。学圣贤之道,最起码的我们自己要放下自私自利。对于钱财方面,我们绝不有这种私心,要练习放下。我这个女子嫁到这家,就是这家的人,何必还讲求自己的私财。你真有财,你不用去私藏,还是有财。而且人没有私藏的心，她的心是正大光明的。

正如宋朝宰相司马光讲的，他说他一生就是落实一个"诚"字，真诚的诚。怎么落实？他说一生能做到无事不可告人，心地坦荡光明，没有一件事不能给人讲的，没有。那没一件事不能给别人听，更何况说给先生听，给太太讲？一家人都不敢讲，那真的是比起司马光来讲是差得远之远矣。成圣成贤没有别的，最重要是真诚。《中庸》上讲的，"诚则明矣，明则诚矣"，圣贤之道就在诚与明。诚是真诚，明是智慧。你能真诚，你就有智慧。你有自私心，你有私藏的心，那智慧就没有了。没有智慧，也就没有幸福快乐。你想想那个后果，何必？所以真学就是要真干。

我们听陈静瑜老师给我们上的女德课，她就讲自己的这个经历，也让我非常佩服。她结婚比较早，十六年前结婚，她结婚的时候刚刚大学毕业，工作还不错，赚钱赚很多，赚的钱比她先生还多。买的房子，她自己的钱买的，但是她先生的名字，写房产是她先生的名字。刚刚嫁到夫家那天，丈夫就给她约法三章。首先，把你全部的存折收上来，所有的钱缴纳归公，你不许有自己的私财。陈老师她讲："他是教儿婴孩，教妇初来。"这个真的是很有道理。因为她刚嫁到先生家，刚过门，立刻就给她把这些财产全部没收，归公，她那时候能够接受。她说现在要是这样，她就不能接受。先生全把它收上来，那真的是身无分文。他先生说，"你都是我的，那你还能有自己的私产吗？再想想还有什么小存折是不是都交代干净了？"陈老师也很难得，非常老实，真的全部都归公。她现在回想起来，这是夫妇之间因此而真正建立了很好的信任感。先生不能离开她，她也不能离开先生。这是至少一方要放下，我们不能要求对方放下，要求自己放下。

像我自己，三年半之前，我把大学的薪职辞掉，一心一意跟我们恩师来学经教。我把所有的财产，什么房子、汽车都布施掉了，有的供养父母，供养老人，有的就是供养净宗学院，反正我自己的财产、钱财全部统统都布施掉，现在也是身无分文，我连银行账户都关掉了，没用。

在家里夫妇一体，钱财共享，这个首先要我们自己把私心放下，在家里实现"六和敬"，利和同均这一条尤其重要。当然前面见和同解，戒和同修，身和同住，口和无争，意和同悦，这也非常重要。在家里能够修"六和敬"，你这个家就是和合僧团，那还可以帮助这个地区消灾免难，家庭修"六和敬"对社会有大贡献。

下面第七段，也是最后一段，这是讲"勤于家政"的。

〖**大富由命。小富由勤。禾麻菽麦。成栈成囷。油盐椒豉。盎瓮装盛。猪鸡鹅鸭。成队成群。四时八节。免得营营。酒浆食馔。各有余盈。夫妇享福。欢笑欣欣。**〗

"大富由命，小富由勤"，这是真的。一个人他的福报是前定的，过去生中有修布施，那么这一生他自然就有富贵福报。大富大贵的，那绝对也不是一生修来的，多生多世修积的福报，这个我们求不来的，那是过去生中修的因。我们能求的是将来的果，我们能够去把握的，就是现在好好修，将来就有好果报。你果然修得功夫得力，不需要等来生，这一生你就有果报。像明朝的袁了凡，他就是改造当生的命运。还有跟他同时期的俞净意先生，他也改造命运了。这是认真的修行，断恶修善，他就得到好的命运。

"小富由勤"，这是经营一家，希望能够丰衣足食，至少得个小康水平。这没别的，你能够勤俭就能够达到小康。"禾麻菽麦"，禾是稻谷，麻是芝麻，菽是豆类，麦就是小麦，种植的粮食要收藏好。"成栈成囷"，这个栈就是大的仓库，囷是小的仓库，屯米用的。这都是讲到家里物资方面的管理。"油盐椒豉"，这是属于调味料，家里头的柴米油盐酱醋茶，开门七件事，这都得要随时要注意到。虽然是很小，但是很重要，调味料没有，炒的菜炒不下来。"盎瓮装盛"，盎瓮都是指装这些调味料的瓶瓶罐罐、坛子，过去都是用瓦，它可以保证不会变味。这里讲得很细，告诉我们对这些家庭的事情都要认真、谨慎地去处理好。"猪鸡鹅鸭"，这是养的牲畜。"成队成群"，这是譬喻养的很多。现在很少有家庭养，除非是农村的家庭，城市里的不会养这些。实在讲最好能够吃素，吃素也就不会有这些麻烦事。不吃素，你就又造杀业，还自己辛苦，何苦来？

这是用这些事情来告诉我们，对于家里头各方面的事务我们要料理好。我们不能够光学这个事，要懂得拓展。在城市里有城市里的家务事，譬如说家里什么需要维修的，该什么时候交物业管理费，交水电费。如果还住公楼，什么时候付房租，一笔笔的账你要很清楚。家里的吃穿用度，随时要添置。这都是告诉我们要学习生活。

"四时八节",这是讲一年春夏秋冬和八个节气,都需要按照时令来种植、来收成,不可以急急忙忙,没有预备。这个也是我们现在讲的家里的事情要提早有一个预备。特别是新婚家庭,一切都要开始,什么时候供楼,这是很现实的,什么时候我们有什么发展等等,这些都需要有一个计划。

"酒浆食馔,各有余盈",这是讲能够勤俭,能够凡事有预备,自然就能够有盈余,家里不会有缺乏,家庭物质基础很重要。

"夫妇享福,欢笑欣欣",你这个幸福,虽然不能够只建立在物质基础上,但是又不能脱离物质基础。物质基础是要夫妇双方去经营,尤其是女方。你经营得好,也证明你爱对方,你对这个家庭负责任。你修这个因,就得这个果。你真的爱这个家,爱对方,爱夫君,你认真地做好你的本职工作,敦伦尽分,那你就收获幸福的果实。

十二、待客章第十

这一章是讲太太协助丈夫款待宾客的。待客最重要的是礼节，要讲求礼。《孝经》上讲的，"礼者，敬而已矣"。礼是表现在外在的，敬是自己的内心，你有这样的敬意，自然就礼数不缺。所以"待客章"它讲的礼数这方面的内容，最重要的是我们要有敬心、敬意。我们一起来学习。

【大抵人家。皆有宾主。洗涤壶瓶。抹光囊子。准备人来。点汤递水。退立堂后。听夫言语。细语商量。杀鸡为黍。五味调和。菜蔬齐楚。茶酒清香。有光门户。红日含山。晚留居住。点烛擎灯。安排坐具。枕席纱厨。铺毡叠被。钦敬相承。温凉得趣。次晓相看。客如辞去。别酒殷勤。十分留意。夫喜能家。客称晓事。莫学他人。不持家务。客来无汤。慌忙失措。夫若留人。妻怀瞋怒。有箸无匙。有盐无醋。打男骂女。争啜争哺。夫受惭惶。客怀羞惧。有客到门。无人在户。须遣家童。问其来处。客若殷勤。即通名字。当见则见。不见则避。敬待茶汤。莫缺礼数。记其姓名。询其事务。等得夫归。即当说诉。奉劝后人。切

依规度。】

第一段是讲客人到了，我们应该做什么样的准备。

〖**大抵人家。皆有宾主。洗涤壶瓶。抹光橐子。准备人来。点汤递水。退立堂后。听夫言语。**〗

"大抵人家，皆有宾主"，这个说一般人家都会有宾客，迎来送往的事情，当然免不了的。"洗涤壶瓶，抹光橐子，准备人来"，这是做好准备，平时碗具、壶、瓶都是要洗涤干净。客人来了，马上拿出来干干净净的碗具。橐子，也是属于盘子，盘橐，要擦得很光很亮。如果家里条件好，可能用的碗具比较高档，高档的碗具你要更加的照顾它，你擦得很亮，像陶瓷擦亮了，就像新的一样。或者是银器做的碗具，你擦得很漂亮。看自己的能力，看你们自己的家境，用好的茶具来招待客人，这是代表敬意。平时自己用的可以差一些，客人来了，我们用上等的东西来供养。

"准备人来"，人来了，"点汤递水"，汤是热水，就泛指茶水，人来了肯定要上茶。如果家里有佣人，都要调教好佣人，该怎么上茶，怎么冲茶、倒水，都是要平时做好这些功夫，就不会临时抱佛脚，手足无措。客人来了，因为太太她要帮助先生，她只是做一个帮手，真正跟客人谈话的是夫君，所以她"退立堂后"，女性退到夫君身后，或者是退到后房，这是显得这个家里面很有规矩。过去，男女要拉开距离，丈夫的朋友来了，太太做好这些招待工作，也就退下去了，不再进行交流谈话。现在当然都放开了，但是尺度自己要拿捏好。

陈静瑜老师给我们讲到，说有时候她家里客人来了，她穿的衣服是一般家居服，像睡衣那种服装，先生就批评她不能穿这种衣服，要穿正式服装，不能够光着脚，脚一定要穿袜子，见客人都是一种恭敬、一种礼貌，特别不允许穿暴露的衣服，女性穿暴露的衣服显得很轻佻。"听夫言语"，就是随时听候夫君指令，以便整备做好下一步工作。

〖**细语商量。杀鸡为黍。五味调和。菜蔬齐楚。茶酒清香。有光门户。**〗

这是准备好的饭食来招待客人，在家里宴客。"细语商量"是客人还没来之前，跟丈夫细语、轻声地商量，问今天我们准备什么样的菜好，怎么样招待客人，听夫君的意见，这是对丈夫的尊重。夫妻之间相敬如宾，这是家里面很和谐，不自己做主。按照家里的条件招待客人，"杀鸡为黍"，这是杀生，我们现在不提倡。过去吃肉是件大事情，有客人来了才杀鸡，过去真的是这样，平时自己吃的都很简单，客人来了准备上等美食。现在我们吃饭这方面的条件就比过去要容易得多，而且素食里头有很多好的东西可以做，现在素食谱也很多。作为家庭主妇最重要的，你要能够炒得几样好菜出来，烹饪技术就不得不学。所以"五味调和"，你要做好饭菜，味道要调得好，让人吃了之后感觉到滋味很美，这是让客人欢喜。客人欢喜，先生就欢喜。"菜蔬齐楚"，炒的蔬菜放置在饭桌上要整整齐齐，每一碟都很丰富，摆得很整齐，碗具也很干净，这都是给人很愉悦的感觉。"茶酒清香"，这是饮料，饮料也要准备。这样做了便"有光门户"。如果招待得好，客人非常的欢喜，那一定会对她的先生赞叹，"你真有一个贤内助！你家里面真的很有家风。你看什么摆设都这么整齐，做的菜又这么美，你有一个贤妻！"这一赞叹，有光门户，使门户生光、生辉。所以从这里我们看到做太太的，除了前面讲的你要是个理财能手，是个好管家，还需要做一个好厨师。你做的饭菜要能够让先生为你感到自豪，感到光彩，这是让外人尊重。

〖**红日含山。晚留居住。点烛擎灯。安排坐具。**〗

这是留客人过夜，如果家里条件允许，请客人在家里住是特别把关系拉得很近。一般都是在外面给客人租酒店，如果家里很大，客房很多，当然在家里招待更好。"红日含山"，这是讲到天晚了，看到日落西山，我们挽留客人。留客，一定我们要主动，不能让客人说，"我今晚在你这里住一晚好不好？"这样讲话我们就觉得失礼了，我们的招待不够热情，所以留客要早点开口，不要让客人为难。"点烛擎灯"，把房间先安排好，把灯都点亮。"坐具"，看看房室里头坐的、睡的，床铺都需要事先做安排。

〖**枕席纱厨。铺毡叠被。钦敬相承。温凉得趣。次晓相看。**

客如辞去。别酒殷勤。十分留意。夫喜能家。客称晓事。〗

"枕席纱厨",枕是枕头,席是床席、被褥等等。"纱厨",南方有时用蚊帐。"铺毡叠被",铺毡铺褥子,现在很多人都是用床垫,床垫有个床套,这些事先都换上新的,就是洗干净的给客人用。叠被子、被套、枕套、枕巾都要去把它料理好。"钦敬相承,温凉得趣",这是恭敬对方,对客人的恭敬你要有所表现,把他的客房用的这些物品都准备好,冷暖温凉都能够适宜,晚上让客人安睡。"次晓相看",第二天早上我们去问候,问问客人昨天晚上休息得好不好,如果哪里做得不周到的,立刻改进,一定要让客人感觉到宾至如归,就像自己家里一样,而且比在自己家里更好,那你的招待就成功了。

"客如辞去",如果客人要离开,他要告辞了,"别酒殷勤",我们还要送行,还要设酒食来款待、送行。欢迎和送客都非常殷勤,这是待客之礼,非常周全,所以"别酒殷勤"。"十分留意"非常的用心。"夫喜能家,客称晓事",丈夫很欢喜,说真是贤内助,真正是能持家,治家很好,整严、周全。客人也很欢喜,他很称赞,"你这个贤内助很懂事,很知礼"。其实做人、做事只要你能够用诚敬的心,就能把它办好。所以这里关键还是要用诚敬的心,只要用心你就是专家。

我母亲在没有退休之前,一直都在一个省级的企业做公共关系部经理。这公共关系的工作是专门接待,接待做得很多。当然也有公司的文化,企业的精神,对上对下的沟通等等。她说她刚刚上任没多久,有一次公司委派她去陪同省政府的秘书长,还有一个厅长一起去东莞,这是在广州附近的一个城市,由她做好这个接待工作。当时是八十年代,国内刚刚有一些高级的宾馆,高级宾馆实际上也并不是很高级,改革开放没多久,经济都是刚刚起步。要接待省政府领导,当然要格外用心。我妈妈先到了那个宾馆,把房间开好,然后把水果都放到房间里面,最新鲜的。房间刚刚有空调,天气很热,我妈妈就想到领导快来的时候,事先提早一个小时把空调给开上,房间里就凉快了。过去都不是中央空调,那个宾馆相对现在的还是落后的,事先你得用心。然后一问,宾馆的热水只供应到晚上十点钟,十点钟以后就没有热水了,这得事先告诉领导。领导没来之前,他在开会,忙,我妈妈写了一张纸条放在桌面上,用水果盘给压着。他一进来吃水果,看到那个字条,告诉他说,"领导,本宾馆热水供应到晚上十点,请你尽早使用热水。"什么都很用心,结果第二天,领导他晚上开会开得比较晚,我妈妈就没等他。第二天早上见面,那领导就很赞叹说,"你真正不愧是很好的公关经理"。所以你只要用心,接待不是个难事。你想到自己有什么需要,你自己怎么舒服,你就给对方考虑,这是所谓仁,仁者爱人。想到自己就想到别人,我自己怎么舒服,我就得让别人怎么舒服,这就接待得好了。

最后两段:

〖莫学他人。不持家务。客来无汤。慌忙失措。夫若留人。妻怀瞋怒。有箸无匙。有盐无醋。打男骂女。争啜争哺。夫受惭

惶。客怀羞惧。〗

这一段是讲待客应该注意戒除的一些现象，"莫学他人，不持家务"，这个是劝勉在家里的主妇不要学那些不贤之妇，在家里不料理家务，客人来了什么都没准备，搞到仓皇无措，该上茶上热水的时候都没有具备，这是非常失礼的。丈夫请来的客人结果太太失礼，这也会让丈夫非常的羞恼。

底下又有一种现象，就是"夫若留人"，丈夫要留客住一晚，"妻怀瞋怒"，这个就是嫌夫了，她嫌什么？客人来了增加麻烦，增加工作量，这是私心在作祟。一个人只要有瞋恨、有恼怒，都是因为有私心，感觉到自己利益受到伤害，自己受委屈了。瞋怒这种烦恼它的根源就是私，自私自利，假如没有自私自利绝对没有瞋怒，一定能够跟人和谐。所以做太太要跟丈夫一体，这是真正的爱家爱丈夫。大家都把夫妻称为爱人，要有恩爱才能称为爱人。爱是什么？必须把自己自私自利放下，那才能够发得出真爱。如果有自己一己之私，那个爱就不纯，就虚伪。

"有箸无匙，有盐无醋"是形容招待客人的那个狼狈样，请人家吃饭，箸就是筷子，筷子匙羹都不全，碗具都不能够完备，煮饭要调料品，却有这样没那样，搞到很狼狈。客人在家里做客，结果太太"打男骂女，争啜争哺"。啜就是争吃，争饮食，哺也是饮食，那么这家里没有规矩！特别是在客人面前打骂儿女，儿女又在那里哭喊，在屋外大家都听得到，这就显得很没面子了。所以"夫受惭惶"，丢了体面了，做丈夫的就觉得没面子，惭愧和惶恐,对客人很尴尬,客人也是觉得很不好意思,"客怀羞惧",他也觉得受了羞辱,受了怠慢了,也有恐惧感,你家里怎么有个悍妇,没想到来你家做客使你们夫妇俩还这么不和谐?所以非常尴尬。我们可以想象出这个景象,丈夫跟他的客人面面相觑,不知如何是好,这个太太让丈夫下不了台,这就不贤了,这是待客当戒的。

下面一段是讲丈夫出门了如何待客:

〖有客到门。无人在户。须遣家童。问其来处。客若殷勤。即通名字。当见则见。不见则避。敬待茶汤。莫缺礼数。记其姓名。询其事务。等得夫归。即当说诉。奉劝后人。切依规度。〗

如果丈夫出了门不在家,这时候丈夫的客人来了,你作为太太也不能手忙脚乱,还得从容做好接待工作。这时候"须遣家童",家一般比较大一点的都有家童,都有家里的奴婢,因为客人是男性,自己丈夫不在,往往马上见面不方便,所以请家童代为做接待比较合适,除非是非常相熟的人。家童平时都需要有训练,懂得待客之道,这是显示这一家的教养。家童接待客人请他坐下,应该上茶,然后应该问客人的姓名,有什么事,一一把它记下来。

"客若殷勤,即通名字",客人如果是相熟的,或者是内亲的长者,他是比我们长一辈的人,这个就没有太大的忌讳,这个就可以见面。"当见则见"譬如说丈夫那家的亲人来了,我们应该殷勤做好接待。如果是不合适见面的，男女应该保持距离，不合适见面就避而不见，只是让家童来待客，把这些要事记下来。

　　"敬待茶汤，莫缺礼数"，自己接待也好，令家童接待也好，总是要殷勤，不能够缺礼，把姓名、"询其事务"都记下来之后"等得夫归，即当说诉"，丈夫如果回来了，就把这个事情一五一十陈说明白，这个是很有素质的，这也是基本的素质，但是不学习往往就忽略了。这是款待客人之道，能够做到这样就算是尽到了为人妇的责任了。所以"奉劝后人，切依规度"，后人是后世之人，希望能够落实女德的，想做一个贤妇的，应该依这样的规矩来行事，这是现实家庭的素养，你待客之道很有水平，客人自然对你们家生起一个敬意，因为你的殷勤接待，丈夫也因此而面上有光！合家都欢乐。

十三、和柔章第十一

【处家之法。妇女须能。以和为贵。孝顺为尊。翁姑瞋责。曾如不曾。上房下户。子侄宜亲。是非休习。长短休争。从来家丑。不可外闻。东邻西舍。礼数周全。往来动问。款曲盘旋。一茶一水。笑语忻然。当说则说。当行则行。闲是闲非。不入我门。莫学愚妇。不问根深。秽言污语。触突尊贤。奉劝女子。量后思前。】

这一章是讲女子以和柔为美，要养成和柔之德。家是以和为贵，所谓家和万事兴。这一家能和，它就百事可立，往往就是兴旺气象，子孙也能够在和气的环境当中健康成长，长大也必定是有德行的人。和很重要，如何才能做到和？柔你就能做到和。如果很刚硬，这个和就比较难。因为一个家里它是要讲感情的，不能够太方太直，硬碰硬往往会出很多矛盾，特别是女子。女子以阴柔为美，男子讲阳刚之气，女子应该阴柔，这样刚柔相济这就很和谐了。很多人觉得柔马上就想到弱，柔就变成弱了。好像一个女子、太太在家里的地位是弱势，所谓"男尊女卑"，马上就联系到这个。柔不一定是弱,《道德经》上有句话说"守柔曰强",什么叫强? 你能守柔,你才叫作强,这讲得很辩证。

什么叫强? 不是说你能够跟人挺身而斗,能够跟他打得赢这就叫强,那个叫匹夫之勇,不叫强,真正的强者他能够做到"怵然临之而不惊,无故加之而不怒"。这是《古文观止》里面苏东坡的《留侯论》里讲的,这我从小读过。这个就是什么? 真正的大勇之人,一下遇到了紧急情况他不会惊怕,无故被人辱骂他也不会瞋怒,他能够柔顺一切的境界,这个人是勇者,是强者,所以女子有这种柔实际上就是强。现在人讲的所谓女强人,除了事业有成,一般指的是性格很刚烈,甚至脾气很暴躁,很容易跟人家争斗,这种不是真正强。

而且在家里,夫妻、父母和儿女亲人之间,应该多讲一份情,少论理。少争一个高低,多谦让,这家就和了。家和从我自身做起,我能柔顺别人,而不要求别人柔顺我,这就是《道德经》里所推崇的上善若水,这种水之德。我们在讲解女德里面多次提到水,女人如水,这个水可是不得了,不跟人争,只是让,能柔顺一切,你看水都是从高处往下流,把高位让给别人,它就服最低的,它就绝对不与人争。要知道不与人争,这世上就没人与你争,你能柔顺,这世上没人战胜得了你,所以柔能胜强,弱能胜刚,柔能胜刚,弱能胜强。

第一段讲的是处家以和为贵:

〖处家之法。妇女须能。以和为贵。孝顺为尊。〗

夫妻是阴阳和合，阳刚和阴柔要和柔在一起，这是夫妇之义，这是处家的一个学问。处家之法就是以柔和为贵，这需要妇女，家里的太太来主导，她怎么主导？先要柔和，这是符合自然的。因为男女是分别属刚和柔，这是自然的一种特性，女子比较能够柔和。而人性格愈柔和他就愈贵，这是真的，不论男女都是如此。

我们在世界各地跑的地方也多了，见的人也多了，上至总统、国家领导人，下至平民一般老百姓，各行各业的都有遇到过，性格柔和的人他的身体各方面都比较柔软。有时我们跟国家领导人握手，一握手就觉得这个人的手非常的柔软，我们知道这个人有贵相，所以柔和是贵相。身体和心灵是合在一起的，心柔软了身体就比较柔软，心要是刚强，身体骨骼结构都比较硬，所以我们要改善身体，改变命运，也要修我们的心。

夫妇之间和为贵，孝侍父母要柔顺为尊、为先，对父母不能够刚强，刚强了就是忤逆了。所以孝顺孝顺，孝后头一定是连着顺，不顺亲就不叫孝，孟子讲过不顺亲不可以为人子。柔和的品德还是从孝亲那里养成的，孩子自小养成孝顺父母的这种德性，自然性格就特别柔和，他不会跟人家起争执。你从小已经培养出这种和气，这种和气能感动上天。女孩子从小如果能够也接受圣贤传统教育，她就很有孝心，很能柔顺父母，她出嫁之后自然就能柔顺先生。顺是大德，《华严经》"普贤行愿品"里普贤菩萨讲恒顺众生，恒是永恒，永恒的柔顺众生，不让众生生烦恼。这是普贤之德，等觉菩萨的大德，非同小可。

〖翁姑瞋责。曾如不曾。〗

"翁姑瞋责"，这是讲公公婆婆因为事情而瞋怪下来，责备媳妇，做媳妇的不能够在意，要依然保持敬顺之心。"曾如不曾"就是虽然公公婆婆曾经骂过我，但是就像不曾骂过我一样，若无其事，没把这个事放在心上，心中不留阴影。这是一个存养的功夫，心里只念别人的恩，只念别人的善，不念别人的怨恶。儒释道三家的圣人都教我们怎么做？六祖惠能大师讲过"若真修道人，不见世间过"，他不看别人的过失，看人家的过失这个不是真正修道人。只看人家的好处，不看人家的坏处，只看好样子不看坏样子。《弟子规》上讲的"恩欲报，怨欲忘，报怨短，报恩长"，这都是教我们念恩不念怨。《太上感应篇》上讲，"念怨不休"是大恶，那个果报都是惨烈的。为什么？他心里装的都是这些怨恶的事，那必定是心想事成，怨恶常常降临到他身上。如果公公婆婆责怪是对的，那我就应该认真的改过，怎么能够怨恨？还应该感恩他，他们把我的缺点指出来了，让我改过自新，这是我的恩人。假如他们责怪错了，误会了，也不能怨恨，反正你既然没有犯过失你何必需要恼怒？时间久了自然就真相大白，甚至都不需要解释，要有这种涵容的度量。即使责怪我责怪错了，也是帮我消业障，我还是要感恩他。你能够常常这样感恩人，不管他对我好还是不好，我都感恩，对我好的固然要感恩，对我不好的消我业障，提升我的境界，提升我的智慧和能力，我也是感恩，你活在恩义当中，你就是在天堂里了。假如我们老是怨恨人，看到这个人又对我不好, 那个人又对我很恶, 内心里只念人家的怨恶, 你活在了一群怨恶人周围, 这是在地狱当中了。天堂和地狱是你自己选的, 自己造的, 何必要自找苦吃? 为什么不选择处在天堂当中? 你看一念之差, 天堂地狱就在这儿分判。

〖上房下户。子侄宜亲。是非休习。长短休争。从来家丑。不可外闻。〗

这说到一家里头的相处。古代的家是大家族, 这一家有很多房户。毕竟是大家住在一个大家族当中, 是同房共户, 同辈兄弟们的儿女子侄这些晚辈, 应当对他们多加爱怜, 多加体恤。这个亲就是对他们有爱, 把子侄这些晚辈孩子当作自己亲生骨肉一样去爱他们, 不要有分别心, 平等的爱他们。甚至爱这些侄子比爱自己的儿女要更加的多一些, 这是促进整个家族的和睦。

家里大了, 各房各户多了, 妯娌之间, 姑嫂之间难免会有一些是是非非的事情发生, 这是很难免, 每个家里都有, 那我们遇到这种情形用什么态度? "是非休习, 长短休争", 习就是参与进去, 我们不要参与谈论是非。古人讲谣言止于智者, 那些风言风语到了我这里就止住了, 不再往下传。又说, "来说是非者, 必是是非人。" 如果你不是是非人, 你绝对不讲是非。讲是非的人因为他有是非之心, 没这个心他也看不到这个是非, 更不会讲这个是非。要是讲证明他心里有, 所以来说是非者就是是非人。遇到这种情形我们最好敬而远之, 不要去跟他参与, 让是非就此止住。不管谁对谁错，我们都不讲，只赞叹别人，决不毁谤别人。这个长短，谁有理谁没理，不要去争，我们讲群众的眼睛是雪亮的，大家自然能看得清楚。暂时看不清，日子久了也就看清了，所谓"路遥知马力，日久见人心"。即使是被人误会了也不必急于澄清，用你的真诚，你的德行慢慢感化大家。

有时家里难免会发生点丑事，但是家丑不可外传。为什么？因为一家它有它的体面，特别是家里如果有老人，有父母，如果家里发生丑事传出去了大家会讥笑这一家的父母对儿女不善教，这就是让父母蒙羞，让祖宗蒙羞，这就是不孝，所以家里的那些事情不要往外传，这是有教养。

给大家讲几个故事。在古代，有一位苏少娣，是一位贤妇，她自己本姓崔。她嫁的那家是兄弟五人，苏家兄弟五人，四个已经娶了媳妇了。她没嫁的时候已经听说这家四个媳妇都不贤，整天在一起吵吵闹闹，在那里谈论是非，非常不和谐。人家警告苏少娣，说你去到那里恐怕会遭殃。少娣很坦然，她说如果是木石鸟兽，我就没办法去改她们，世上哪能说有人心改不过来的？人之初，性本善，少娣决心用她的德行来转化这一家。结果过了门了，马上妯娌之间就要相处，古代都是一大家人住在一起。少娣侍奉四个嫂嫂很尽心，礼数一点不缺。当嫂嫂缺乏什么东西，需要一些东西的时候，少娣马上就把自己的东西拿到嫂嫂那里，供养嫂嫂。有时候她们的婆婆吩咐下来要媳妇们帮忙，这几个嫂嫂互相看来看去，都互相推诿，不愿意去为婆婆服务，少娣就出来说我是新来的，我应该来做这个劳务。当家里分东西的时候，少娣总是多分给嫂嫂的儿女们。如果是嫂嫂没有享用的东西,少娣绝对不敢先享用,真正长者先幼者后,她很遵守这个礼数。当嫂嫂跟她谈论是非的时候,她总是笑而不答,不跟你搭话,但是态度很温和。少娣这一房里头的奴婢如果跟她传一些是是非非,说嫂嫂怎样不好了,可能说的话是真的,但是少娣必定狠狠地责罚奴婢,不允许她讲这个是非,甚至亲自到她嫂嫂那里去认错,所以是非自然就止住了。你不愿意听,别人就不会跟你讲,你愿意听,当然就有人跟你讲了。有一次少娣抱着嫂嫂的小儿,结果小儿的小便弄湿了少娣的新衣服。当时嫂嫂看到这个情形很不好意思,赶紧要把这孩子接过来,少娣就说不要急不要急,别吓坏了孩子,而对自己的衣服一点都没有惋惜的意思。完全是以人为重,就是这样很多很多的细节,少娣都表现出对于嫂嫂们的敬重。最后四个嫂嫂被感化了,她们自己相互说,我们这个五婶真是大贤,我们在她面前简直就不是人了,从今以后我们真的要改过。所以后来妯娌之间,四个嫂嫂跟少娣非常和睦,而且互相之间再没有谈是非、争论、不和。一个人转化了一个家族,所以女德多么重要!而这个德就是和柔,绝不与人争,总是让,只看人好样子,决不看人坏样子,看对方就是善人,就是菩萨,自己才是个凡夫,对人一味敬重,一味关怀,不管他对我怎样,只问我对他应该怎么样,那这世上哪有说感化不了的人?连金石都可以感化,所谓"精诚所至,金石为开",何况是肉长的人心!肯定可以感化。感化不了是自己德行不够,和柔不够,要反求诸己,认真努力修德。

在明朝有一个吴子桂，他的妻子冯氏非常贤良。吴家很穷苦，但是冯氏非常的勤劳，而且很节俭，而奉养尊亲却是尽心尽力。她的婆婆，实际上是她公公因为正室死了而续娶的，所以这个婆婆不是她先生的生身母亲。而这个婆婆性格很不好，常常辱骂冯氏，但是冯氏总是非常和气地接受她婆婆的辱骂，没有怨言。有时候四邻的妇女看到这婆婆对她这样无礼，有时候简直是刁蛮，于是都来劝解她婆婆，你不要对你的儿媳妇这么态度不好，你儿媳妇也很不错了。可是冯氏一定就阻止这些人劝解，说婆婆骂我肯定是因为我没有能够孝顺婆婆，不能合她的意思，你们要是来劝解她，不让她骂我的话，这反而显示出婆婆有过错，这不对！这就是我的罪了。你看看她有这样的心态。后来她先生的两个弟弟也娶了媳妇，婆婆还是一样虐待她们俩，她俩没有冯氏的修养，被婆婆辱骂虐待接受不了，想自杀。冯氏很委曲地、耐心地劝阻，终于让她们没有自杀。就这样，冯氏用她的耐心，用她的爱心，用她的妇德感化了她的婆婆。她婆婆后来悔悟了，她的那种不良的性格也就改善了。后面两个弟弟娶的媳妇非常感恩冯氏，冯氏对她们有再生之恩，所以对冯氏如同对母亲那样孝顺。

《德育课本》里面，这个故事后面有这样一段评论说，"引咎自责，男子所难，何论女子？"真的，人往往都是愿意把过失推给别人，不愿意承担责任，有几个人能在犯了错误的时候，把错误归向自己？男子当中做到的都不多，更何况女子！因为古代女子在家里，出门比较少，所以往往她的心量也就受到了限制，如果不读圣贤书，难免就狭隘，读了圣贤书那就另当别论。"冯氏本身作则,化其二娣,并化及继姑。"冯氏妇德真是太可贵了,她以身作则,处处只要求自己,不要求别人,结果能够教化她的两个弟媳,而且感化了她的婆婆,继姑就是指她婆婆。

"夫虞舜大孝,即是怨慕二字。孰意三千余年后,尚有冯氏其人。向使读书闻道,何难媲美古圣耶。"这是将冯氏跟大舜相媲美。这真的,你看虞舜是四千多年前的圣人,他能够大孝养亲,他父母也是虐待他,甚至要把他置于死地,而舜绝没有丝毫怨恨父母的意思。这怨慕二字是什么?自己遭到了父母的虐待,但是他还是思慕父母,所谓大舜终身侍父母,难能可贵!他只看父母的好处,只念父母的恩德。他的母亲也是继母,生身母亲不在了,继母虐待他,但是他侍奉继母如同亲生母亲一样,最后感化了他的父母。而这种大德使舜成为天子,尧王看中了他,觉得这样的大孝子,他能感化自己的家人必定能感化国民,所以请他出来为国家效力。他辅佐尧二十八年,后来尧把他的帝位传给了舜,禅让。孔子赞舜的大德说,"舜其大孝也与,德为圣人,尊为天子,富有四海之内,宗庙飨之,子孙保之",这是舜得到的果报。他能行孝,这个大德使他成为圣人,所以圣人无非就是孝道做到圆满。他尊贵成为天子,人中最高;富有四海,最富的;而且宗庙飨之,后人祭祀;子孙保守他的家业,这是大德能够传百世之宗。我们来看看冯氏,她也真的有舜王之德。在明朝,距离舜是三千多年了,冯氏其人既然也能够表现出舜之德,读书闻道之人要生起信心,圣人是可以做到的,"读书闻道,何难媲美古圣耶",跟古圣相媲美不难。

孔老夫子《论语》当中说"仁远乎哉，我欲仁，斯仁至矣"。仁遥远否？不遥远，我想要行仁我就做得到，我要想做圣人，圣人我也能做得到，关键是你肯不肯做，要肯做一定做得到。最重要的自己要放下自私，放下怨恨，不看人的恶，只看人的善，让心地纯净纯善，什么事都能够圆融，不会跟任何人起冲突，和柔的圣德你就能得到，古人能做我们也能做。像《孟子》里头讲到的"舜何人也，予何人也，有为者亦若是"。舜王是什么样的人？大德，没错，我又是什么样的人？我本性跟舜是一样的，凡圣本质上是没有差别的，本性本善，只要你真正想转凡成圣，你也能成圣。所以有为者亦若是，也要像舜一样成圣人。

做女子一样也能成为像舜一样的圣人，冯氏就是个好例子，这是真正尽大孝。孝一定是先从孝自己父母做起，所以女孩子从小养孝德，她将来自然能够孝顺公婆。要想到，自己这一身是父母所生，我们不孝父母，身的根本已经失掉了，有这个身等于没这个身，怎能不孝？父母之身又是祖宗的分身，我又是父母的分身，所以我能孝父母又是自重，又是敬重祖先。谈到女子孝顺公公婆婆确实这又需要更进一步，因为公公婆婆不是我们亲生的父母。但是我们要想到，我们嫁到这家，就跟夫君是一体的，夫君的身就是我的身，夫妇一体。夫身是公婆所生，所以公公婆婆的身也是跟我这一身是一体，我跟夫君都是公公婆婆的分身，所以孝养公公婆婆就跟孝养父母是一样的。只要你有这个观念，孝就不难。

讲到"子侄宜亲"，宋朝也有一位贤女叫邹瑛。邹瑛的母亲是续弦，她父亲的前妻死了，她有同父异母的兄长，兄长娶了妻子荆氏。结果邹瑛的生母就虐待媳妇，因为邹瑛的兄长不是自己母亲所生，所以邹瑛看到母亲虐待嫂嫂，常常不给她饮食，于是邹瑛总是偷偷把自己的食物给嫂嫂。母亲常常变着法子给荆氏很重的苦役，而邹瑛也一定跟她一起做这个劳务，有难同当。当母亲要责罚嫂嫂的时候，邹瑛总是为嫂嫂来开脱，把罪过引到自己身上。有时候母亲要打嫂嫂，邹瑛就跪下来，流着眼泪劝她母亲说：女儿他日不也要嫁人？如果遇到婆婆像您对嫂嫂这样，那您心里是不是会安乐？这样来劝止。母亲有时候很愤怒，邹瑛就跪下来说我愿替嫂嫂挨打。

后来邹瑛嫁人了，她婆婆家都很敬重邹瑛的贤德，一家都很和谐。后来邹瑛生了一个孩子，她抱着才几个月大的婴儿回娘家看望母亲。那嫂嫂很高兴，结果嫂嫂抱着她的儿子一失手，儿子坠落到火堆里头把额头给烧烂了。母亲大怒，要责打这个儿媳，邹瑛就对她母亲说，这是我不慎把孩子跌落到火里，不是嫂嫂的过错。后来这个小孩竟然死了，嫂嫂非常悲痛，非常内疚，结果邹瑛一点都不哭泣，若无其事的样子。她还安慰她的嫂嫂说，我昨天晚上做了一个梦，儿子本来就应该死，如果他不死我就不吉利。你看这样的安慰她的嫂嫂。其实她自己的儿子死了她岂能不悲痛？她是强忍着悲痛来安慰她的嫂嫂，不要让她过意不去，你看这种存心多么仁厚！善必得善报，因为邹瑛有这样的女德，教养的孩子肯定都是很出色的，她的五个儿子四个都中了进士，而她自己活到了九十三岁高寿。这是讲"子侄宜亲"，上房下房子侄之间、妯娌之间、兄嫂之间，都要互相亲爱。

"子侄宜亲"还有一个典故，这是在春秋战国时期，鲁国和齐国是邻国，齐国是大国，有一次攻打鲁国。鲁国是孔子的故乡。军队来到鲁国边境的时候，就看到了有一个妇女抱着一个孩子，还带着一个孩子，往前赶路。军队赶上来了，妇女就扔下那个走路的孩子，自顾抱着怀里的孩子往前逃跑，那个走路的孩子就跟追着妇人啼哭，那个妇人也不顾，一直往前跑。后来齐国军队就把这孩子抓住，问他那个女的是你什么人？那个孩子说她是我母亲。然后齐国的军队赶上去抓住这个妇人问她，这个抱着的孩子是谁？妇人说抱着的是我兄长的儿子，我遗弃的那个是我自己的儿子。齐国的将领就很奇怪，为什么你自己的亲生儿子都不要？妇人说我自己的儿子属于私，兄长的儿子是属于公，兄长已经不在了，我应该保全我兄长的儿子。虽然我自己的亲生儿子不能够保全，但是我保全了一个义字。齐国将领听这妇人竟然能够讲出这样的话，非常的敬佩。他们就想鲁国这山野的妇人竟然都有这样的道义感，连山间妇人都有这样的德行，那更何况士大夫，这个国家不能讨伐，所以他们就撤军了。后来鲁国国君听到了这个消息，特别奖励了这个妇人，给她封了一个号叫"义姑姊"，就是她很有道义，"子侄宜亲"她做到了，她疼爱侄子比疼爱自己的儿子更深。所以你看女德竟然可以救一个国家，怎么能说女德不重要？所谓坤德，坤是大地，大地生养万物，保全万物，真正有坤德的女子她也能够做到治国平天下。

下面一段是讲邻里之间往来的：

〖**东邻西舍。礼数周全。往来动问。款曲盘旋。一茶一水。笑语忻然。当说则说。当行则行。闲是闲非。不入我门。**〗

这是讲邻里之间相处一定要有礼数，又不能够太疏远，也不能够太亲近，总要以和睦为贵，礼数要周全。譬如说逢年过节互相串串门，礼尚往来，这都是常情了。"往来动问"，如果邻家也有女眷，可以女眷之间往来，男女之间不要往来，特别是大防。女眷之间往来，动问寒温，见了面互相寒暄，问寒问暖表示友好亲切。"款曲盘旋"是询问一下你近来如何，身体怎么样，是不是心情很好，有什么需要帮忙的，这都是礼节。"一茶一水"互相奉敬，谈笑要欢欣要真诚。忻然是由衷的那种欢欣。

讲话该说的才说，不该说的我们千万不说，特别是家丑不能外扬，是非我们不说，非礼之事我们不做。"当行则行"，行就是互相来往，看到对方他也是一个知礼的家庭，我们跟他可以来往。如果对方是非礼之家，那我们可以保持距离，不要走得太密。《论语》里面孔子教我们，"毋友不如己者"，不要跟那些不如自己的人交朋友，就是他的德行比我差，我们就不跟他们交朋友，就是不跟他们学，不跟他们走得很近。一定是他也知礼，我们跟他交往有利于自己提升德行学问，那我们才多跟他交往。邻里之间如有是非长短，我们不要去参与，不要介入，更不要去宣扬是非，这样这些是是非非就不会入我门。是非都是自己招惹来的，你不要理会,它就不会进到我门。

最后一段讲到作为一个贤妇应当戒除的:

〖**莫学愚妇。不问根深。秽言污语。触突尊贤。奉劝女子。量后思前。**〗

这教我们不要学愚妇。什么叫愚妇? 是非好坏俊丑都不懂,甚至连利害都不了解,这叫愚妇。愚妇才喜欢听是非,别人讲的话不能辨别真伪。"不问根深"就是不能够深刻去思考它的真伪,不能够了解事情的原委,轻信别人的言语,而且喜欢传是非,这叫愚妇,不贤。"秽言污语"出口污秽,妇女如果要是讲脏话,这是很丢人的事情。秽言污语一定要当心,口业要清净,佛法里讲这是恶口;讲是非是两舌;没有发生的事她故意编造出来这叫妄语;爱说一些花言巧语漂亮话叫绮语。恶口、两舌、妄语、绮语这都是口业,当戒。"触突尊贤"是跟尊长争强,跟他争辩,触犯了尊长,这是指公公婆婆或者是长辈,甚至跟邻里之间相争,也会触犯邻居家的长辈。对于邻居不能够去讲理,一有小小的矛盾可能破口大骂,导致邻里之间非常不和,这样的女子那是失教,不成体统。所以"奉劝女子,量后思前",三业里头口业容易犯,先要戒口。《无量寿经》里讲"善护口业,不讥他过;善护身业,不失律仪;善护意业,清净无染",我们在这三业上要防范过失。"量后思前",自己有什么过失我们要认真改过。有过不改,过失愈积愈多,到最后可能是悖礼丧德,所以一定要戒除那些不良的毛病。

十四、守节章第十二

自古以来人们都尊重守节的女子，就是尊重有贞洁的女子。女子能够和柔能够守节这是圣德，即使是生命不要了，我们能够保全圣德，立于天地而无愧。这也是所谓死得重于泰山，这样人生过得那才叫作崇高。所以作为女子，如果能够立志成圣成贤，"勿自暴，勿自弃。圣与贤，可驯致"，真正发心守节也不难做。一个人能够守一，这就能高贵。圣人往往能够守一，《道德经》上讲"是以圣人抱一为天下式"。圣人心是专的，不会多心，不会花心，而是守一，抱元守一，他能够做天下的榜样，天下式就是天下效法的，守节就是圣人守一的德行。我们先来看看第一章：

【古来贤妇。九烈三贞。名标青史。传到而今。后生宜学。亦匪难行。第一守节。第二清贞。有女在室。莫出闺庭。有客在户。莫露声音。不谈私语。不听淫音。黄昏来往。秉烛掌灯。暗中出入。非女之经。一行有失。百行无成。夫妻结发。义重千金。若有不幸。中路先倾。三年重服。守志坚心。保家持业。整顿坟茔。殷勤训后。存殁光荣。】

我们来看第一段,第一段是总说守节:

〖**古来贤妇。九烈三贞。名标青史。传到而今。后生宜学。亦匪难行。**〗

九烈三贞前面有提到,烈就是光的意思,光彩,九是指九族,我们上面有父亲、有祖父、有曾祖、有高祖,到自己这是五代了,我们下面有子、有孙、有曾孙、有玄孙,总共加起来九代。九族,一个家族传九代,一定人丁很兴旺了。一个女子能够修养德行、贞德完美,不仅能够使夫君光彩,甚至使九族都能够光荣,这是九烈的意思。三贞我们前面提到,主要是讲她的志节纯一,操守不二,尤其表现在不嫁二夫,从一而终这样的一个德行上。具体而言,女子在家孝顺父母这是一贞,第二孝顺公公婆婆,敬顺丈夫,敬爱儿子。所谓三从,"未嫁从父,已嫁从夫,夫死从子",这跟三贞是一样的。女子能做到守节贞德,这就是女子的全行,她的德行就完美。女子真正有显德也名留青史,在史书上有不少记载,贞女、烈女专门有《列女传》。自己能够有贞德,能流芳千古,而为后世女子效仿的榜样。"后生宜学",因为有了榜样了,所以我们要做到女德、女节,并不是难事,并不是很高远的事情,古人能做,今人一样能做,我们岂能够输于古人。人只要有志气,我们一样能做得到。女子贞德贵在守身如玉,如果稍微不小心玉可能就碎了,所以守自己的一身、自己的名节,有如护持一个宝物。

这种德行要落实，其实就是把欲、把利放下。尤其是这个欲字，凡人都有所谓五欲，财色名食睡，五欲叫地狱五条根，这五欲当中你只要有一条，这就跟地狱结上缘了，这五欲不断，你就难免将来堕地狱，它是地狱的因缘。一个财一个色，现在人特别贪爱，色是指男女色，男女之欲，如果女子这些欲望太浓了，她的品格也就降低了，这一身就不洁了。男子的名节固然重要，但当时社会的舆论对男子亏缺的批评还并不是特别的严重，不如对女子的批评严厉。女子的名节一旦受损，那真的是社会的舆论和大家的看法都会更为严重，所以守身如玉，保持自己的名节，在古人来讲是看得比生命还重的。

下面又说：

【第一守节。第二清贞。有女在室。莫出闺庭。有客在户。莫露声音。】

贞德，这里讲到两条，第一是守节，第二是清贞。清贞前面讲过，清是像水一样很清澈很洁净，贞是很有操守，就像松柏经过寒冷它也不会枯萎，这是表示女子的坚强，是在守着贞节。讲到要保持节操，保持贞德，那就需要防微杜渐，在细节上都要留意、谨慎。就好像一个人抱着个救生圈在海里漂流，救生圈是自己性命所在，假如有一根针把救生圈扎一个孔，那救生圈就扁了，人就要沉到海底。所以我们守节护着自己的清贞如同护着救生圈一样，不能让它有丝毫的破损，那这一生就保全了完美的德行。

这里举出几个细节，"有女在室，莫出闺庭"，这是讲女孩子应该处于内室，不要出闺门。为什么？出去外面很可能会碰上一些邪缘。古代对于男女大防这方面非常谨慎。我们现在当然没有过去那么严谨了，现在比较开放。如果有女儿的，我们希望女儿将来能够有贞德，确确实实从小也要多加留意，尽量少跟外界交往，特别是不三不四的朋友，不要跟他交往，择友要谨慎，这一点我们现在完全可以这么讲的。"有客在户，莫露声音"这也是防微杜渐。客人在的时候，丈夫带来的客人如果不当见就不见，妇女在内房不要发出声音。这个声音传到外面，特别是嬉笑，虽然是一点点的缘，但是万一遇到了怨亲债主，也会引来很多麻烦。你看古人在这些细节上都如此注意，家风正之，才能家风严谨！

讲到守节，必定要讲到男女之间的交往。女子珍惜自己的贞操比珍惜生命更为重要，这样的女子不仅人敬重，连天地鬼神都敬重。在吕新吾的《闺范》里头就有这么一个故事。说在古代有一位女子姓郑，长得非常美丽，结果被一个官员看中了，想要逼她嫁给他。这人是个将领，这个将领很恶，他吃人肉，把那些少妇抓了一百多人，每天杀一个来吃，而且在郑氏面前吃给她看，以此来吓唬她，然后问郑氏："你怕不怕，你要是害怕你就从我。"郑氏正气凛然地说："我愿意早一点成为你的食品，你就吃我吧！"就是不愿意失节。这个将领因为看她实在是位美女，不忍心杀她，就把她献给了他的一个上司。上司看到她的美色，也非常地怜爱她，千方百计来诱惑她，希望她能够就范。可是每一次郑氏都大骂，说作为官员将领，应该对于义夫节妇特加赏赐，这才是正天下之风,你这个王司徒(就是要霸占她的人)带兵不知礼仪,你读过圣贤书,作为一国的大将,你要给天下做出什么样的表率?竟然对一个妇女要去非礼,这是很无耻的,我宁愿死也不会从你,请你赶快把我杀掉。这个大将结果真的他也生起惭愧心,在这种香闺正气之前,他自己感觉到惭愧。因为过去人都读过圣贤书,好歹都懂得些道理,于是就下令去帮助这个郑氏去找她的丈夫。最后真把她丈夫找回来了,让他们夫妇完好。女子能够有节操有正气,连恶魔都能够被感动。

还有一个故事,是讲到从前有姊妹两人,姐姐十九岁,妹妹十六岁,她们俩从小就很有操守,而且她们也很有美貌。结果有一次遇上强盗几千人来抢夺她们的村庄,这两个女子就逃到了山上,躲到洞穴里头。没想到她们还是被盗贼发现了,盗贼看到两个女孩子很有姿色,就想侵犯她们。两个女子就跑到了山崖旁边,看到悬崖有几百尺深,姐姐就说了,我宁愿死也不受辱,说完就投崖自尽了。这时候盗贼很害怕,因为人有正气连鬼神都能够钦佩,所以盗贼也都害怕。这个妹妹也跟着姐姐一起跳崖,结果没死,她的手足全部都断了,面目也都破了,流血很多,后来被人救上来。后来朝廷嘉奖了这两位烈女。每当读到这种烈女的故事,感受这正气,仰慕她们的清贞之德,所以人要多学这些榜样,自己内心深处贪名、贪利、贪欲的心自然就能降下来。

还有一位烈女的故事,这都是吕新吾的《闺范》里的故事。这是姓詹的一个女子,这个女子十七岁,被一群贼寇给抓住,同时被抓的还有她的父亲和兄长。这个女子想着要救他的父兄,于是就对这些盗贼讲,说我虽然长得不好看,愿意跟你们做一个妾室,但是希望你们能够放过我父兄之命。如果你不肯,我就跟父兄一起死,这样你们也得不到好处。盗贼一看这个女孩子也有几分姿色,动了心,于是就答应了这个女子,把她的父亲和哥哥都放了。这个女孩子就对他父兄讲,你们赶快走,不要想我,我一定会守节的。父亲和哥哥走了,这女子就跟着贼党一起走。走了数里,路过一座桥,这女子就从桥上纵身跳入河中淹死了。当时这些贼党都很害怕,全部都散去了。你看看,这种香闺正气使得贼党都会散去! 这个女子她不仅能守节而且有智慧,用自己一死换来她父兄的性命,这是孝悌到了极处。她想到这种方式能够解救她的父兄,而自己成全了烈女的节操,可谓是两全。

我们来看第三段:

〖**不谈私语。不听淫音。黄昏来往。秉烛掌灯。暗中出入。非女之经。一行有失。百行无成。**〗

女孩子不要互相谈论有私辟之语,就是见不得人的话,这些话污染心性。一般来讲就是下流的话,不干净的话,譬如说谈论男女之事,这些一定要杜绝。如果别人跟我讲我马上掉头就走,不要听,不要受她的污染,保护自己的清净心。“不听淫音”也是如此,就是不听这些音乐,靡靡之音。现在流行歌里面很多都是你情我爱,让人生起邪思,生起欲念,蛊惑心智,这些都属于淫音。流行歌中凡是不正当、不健康的内容,都属于淫音。现在很多媒体电视里头不健康的节目，网络上不干净的内容，都要戒除。颜回一生所奉行的就是"非礼勿视，非礼勿听，非礼勿言，非礼勿动"，颜回能成为圣人他就是得力于这"四勿"，女子要成全贞德也要修这"四勿"。贞德也就是圣德，都是自性中本有的德行。我们要彰显自己的这种德行，没有别的，还是从戒律、守礼做起，真正做到勿视、勿听、勿言、勿动，你自自然然就是一个正人。

"黄昏来往，秉烛掌灯"，这是《礼记》上讲的，女子们夜行必定要带着蜡烛，带着灯，如果是晚上黑黑的没有灯，就不要出门。这都是防微杜渐，以免遭遇到麻烦。如果是"暗中出入，非女之经"，就是晚上没有灯的地方，黑暗的地方，如果出入这就可能涉嫌非礼之事，瓜田李下君子当避，不要让人猜疑。这个"暗中出入"，现在都市里头一般晚上都会有路灯，不会有特别黑暗的、伸手不见五指的那些地方，这种事情在古礼里头有讲，现在这方面已经并不是太困难。但是这个暗还要引申一下，就是不要暗地里做一些见不得人的事，不愿意人知道的事，那最好就别做。即使做这个事情好像并非不正当，当时如果会令人猜疑，所谓瓜田李下让人生疑心的这些事，我们都不做。特别是男女之间，譬如说晚上如果独自一个人，不要跟男性在一起，这些都是引人非议的。遭人非议了，这就是名节受损。君子重名节，首先要自重，人家才能尊重你，而自重最重要的是自己要有威仪。女子的威仪也是很可贵的，她不会很随便。跟人交往太过亲密，这就缺乏威仪。

"一行有失，百行无成"，女子在各个方面都要做到百无一失,如果不注意、不谨慎,只要有一方面有失,那就会让女德受损,所以就百行无成。一生保全名节很困难,而败坏名节很容易,顷刻之间就败坏。要保全名节须一生谨慎努力,如果不在这些细节上都注意到,怎么能够这么容易使贞洁完好。

在《德育课本》里有一个故事,说周朝的时候,在齐国的东城有一个采桑女子,她的脖子上长了一个大瘤,所以别人都叫她宿瘤女。长了像肿瘤一样的东西,当然就很难看了。有一天齐王出外游玩,跟从的人很多,就导致很多的百姓都来看齐愍王,只有这个宿瘤女仍然自己采着桑叶,一眼都不看齐愍王。这齐愍王反而觉得挺奇怪,于是就派人把这个女子叫来问她,宿瘤女应对齐愍王答问行持都很有礼节。齐愍王看她很有贤德,很喜欢她,于是就叫她坐自己的车子跟她一同回宫。结果宿瘤女就说,我没有得到父母的命令,我不可以跟大王去,如果去了不就等于私奔了?齐愍王听了之后心里觉得挺惭愧,对女子越发的敬重,最后就决定用两千四百两黄金作为聘礼来迎请这个宿瘤女做皇后。结果这位皇后非常的贤德,帮助辅佐齐愍王治理国家,不到一年的功夫,齐国的威名就震动了诸侯国。所以你看娶一个好媳妇,那对自己的事业是一个很大的帮助,甚至是旺三代。好媳妇怎么来的?贤女来的,女子修养贤德,即使是面貌丑陋也令人敬重,也堪称淑女。

我们看下面一段:

〖夫妻结发。义重千金。若有不幸。中路先倾。三年重服。

守志坚心。保家持业。整顿坟茔。殷勤训后。存殁光荣。〗

"守节章"是讲到女子重节义,重夫妇之间的道义、恩义、情义。这个义跟生命比起来,孟子讲可以"舍生而取义",可见得道义比生命更加可贵。为什么?因为生命不止一次。

现在科学家,这些西方的死亡医学家、心理学家,他们都已经用大量的案例证实了人是有轮回的。像最著名的弗吉尼亚大学的教授史蒂芬森博士,他四十多年专门研究孩子能够有轮回记忆的这些案例,他收集了四千多个案例。我看过他好几本书,我原来在美国大学教书的时候也曾经跟他联系过,向他请教。对于轮回他已经彻底证明了,科学界对他的研究都非常的认同。可以说他的证明是一个突破性的科学发现,所以科学界赞叹他的研究,把他比作是二十世纪的伽利略。伽利略我们知道是十七世纪意大利的天文学家,他发现宗教里面讲地球是宇宙的中心,太阳是围着地球转的,这些不是事实。他发现实际上地球围着太阳转,地球只是宇宙当中很小的星球,不是宇宙的中心。他发表的言论当时没办法被人接受,所以他遭到宗教的迫害,被终身监禁。但是后来科学发展了,人们知道他讲的是对的。史蒂芬森教授被比作二十世纪的伽利略,他的轮回研究成果以后一定会被世人所接受。

还有很多的催眠师能够帮助人进入催眠状态。催眠我自己做过,实际上是什么?我们的精神高度集中,心灵进入深度宁静的、类似禅定的状态,所以能够回忆起过去的久远的那些事情,包括前生的事情。现在在西方国家，特别是美国，很多的催眠师做过很多这些催眠案例，都能够帮助人回忆前生。最有名的是耶鲁大学心理学的魏斯博士，他毕业之后专门从事催眠的研究。我跟他联系过，他告诉我他已经有两万多个案例证明人有轮回。他自己说自己是天主教徒，本来天主教不信轮回，而他自己深信不疑。为什么？大量的科学实证摆在面前，我们怎么能否认？

因此，人的生命确确实实不止一次。我们的身体就像件衣服一样，换上件新衣服，你可以穿上个几十年它就坏了，坏了怎么办？你把它脱下来之后再换件新衣服，不可能一直穿这件衣服，一定要换。身体就像衣服一样，无量劫来，漫长的岁月里头，我们舍身受身不知换了多少身了。换的这个身体好和不好是什么决定的？我们这一世得了人身，实际上真有六道轮回，生命轮回有天人，也有做畜生的，这我们也能看到，有做动物，也有做恶鬼的，有下地狱的，这真有，身有好坏、有贵贱，原因是怎么来的？佛法里讲得究竟，告诉我们是业力驱使。我们修善业，就得到好的身子，我们就得到人身、得到天身。如果我们的业不好，自私自利、损人利己、不讲道义、忘恩负义，这种人将会得到恶道的身，变成饿鬼地狱畜生受苦去了。

明白这个道理，我们这一生在这人世间走一遭只是个过程，它既不是起点也不是终点，它就是个过程。这一生我们这条路要怎么走全看自己，我们的路通向何方也是自己把握。所以能讲道义、恩义、情义，重道义，他这个身就会好，他的灵魂就能够往上升；忘恩负义的，没有道义，不讲节义，灵魂往下降。实际上人有没有生死? 灵魂没有生死, 不生不灭, 它只是在舍身受身在轮回。我们的肉体是灵魂的载体而已, 岂能够为这个暂时的、不长久的身体而去造业? 而让我们这个灵魂堕落? 真的学了圣贤教育之后的人的心量大了, 眼光长远了, 他不是只看这一生, 他是看三生, 过去生、现在生、未来生, 所以它的选择一定是在三世的高度, 看得远。

佛法里面告诉我们, "欲知前世因, 今生受者是; 欲知来世果, 今生作者是。"你前生造的什么业, 你要不要去做催眠才能晓得? 不需要, 当然你要好奇做做也无妨, 那得找一个专业的催眠师帮你来引导。但是真正懂得因果的道理了, 看看这生我受的是什么, 拿镜子好好照照自己的模样, 是好模样还是丑的样子, 是健康的身体还是多病的身体, 是这生有富贵有福报, 还是这一生没有福报。你今生所享受的是什么, 你就能推测前生造了什么业, 不用问人, 必定是善有善报恶有恶报。前生修得圆满, 这一生福报就圆满, 前身修得不圆满, 这生也就处处有不如意。要想知道来生, 你上哪儿去? 你会得到什么福报? 也不用去算命, 不用去搞预测了, 就看现在你做的是什么。你做的是善业, 你重道义, 那你当然会到好地方去; 如果行为不善, 重利轻义, 甚至见利忘义, 你一定是到恶道。或者是勉强得人身, 也是贫穷下贱很多苦难。正所谓种瓜得瓜种豆得豆, 自然之理, 不可能种瓜得豆, 种豆得瓜, 因果报应是丝毫不爽的。

明白这个道理, 我们再来读"守节章", 心量也就扩大了, 也就能理解为什么古代的烈女、贞妇真能做出这种的义事, 能够真正为了保全贞洁，保全道义，甚至视死如归，这我们就能理解了。而且她真正为义而死，绝对是升天了，来生要是做人也是大富大贵，而且都是德行完好。因为生死是我们凡人看到的这个身体而已，身体有生死，灵性是不灭的，不生不灭。

我们来看"夫妻结发，义重千金"。在《教女遗规》里面吕新吾的《闺范》，他举了很多贞女、烈女的故事。其中有一个故事讲到，宋末元初，有一个叫谭烈的人，他的太太赵氏，他们是吉州永新人。当时元朝的兵马攻破了城，于是赵氏抱着很小的婴儿，跟着她的公公婆婆一起躲避，结果后来被元兵抓住了。元兵非常残忍，把她的公公婆婆杀了，然后又抓住这个赵氏，想要强暴她。赵氏不从，元兵就拿刀来威胁她。赵氏大义凛然，大骂说，我的公公婆婆都被你们杀了，我与其不义而生，宁可跟我公公婆婆一起死，于是元兵把他们母子杀害了。当时她的血溅到了文庙上，大概是在文庙前杀的。文庙是祭祀孔子的地方，文庙有两根柱子，柱子有八块砖，结果血溅上去的时候形成的形状像妇人抱着婴孩的形状。有人尝试用砂石把血迹给磨掉，都磨不去，就好像整个地镶刻在那里一样。这是什么？正气使然。一个人能够有这样的贞操，古人讲的"士可杀不可辱"。士人一般是男子，那是宁愿把命丢了也不会受屈辱。女子也是一样，赵氏是巾帼不让须眉，也是可杀不可辱。而她有这种正气，我们知道绝对不会堕落，一定是提升。

释迦牟尼佛讲《楞严经》的时候，有人就向他请教，说这个灵性不生不灭没办法体会。释迦牟尼佛就跟他讲，他是位老者，就说你现在六十多岁了, 你在小的时候, 你三岁的时候见到恒河, 你那个见, 你是能见它。你到十三岁的时候长大了, 你还是能见恒河, 对吧? 那你二十三岁, 乃至你十年十年不断地长大, 到现在你是六十二岁了, 现在你觉得眼睛老花了, 可是你能见恒河的见, 有没有衰老? 仔细去想一想, 他想想三岁、十三岁、二十三岁的时候能见, 见得很清楚, 现在我眼睛老了, 但是我还是能见。现在老人家戴了老花镜, 如果是近视的戴着近视镜, 他也能看得很清楚。不戴的时候可能功能弱了, 看得不那么清楚, 戴上了他就能看清楚。说明什么? 能见的那个见性他没有老化、没有衰减, 只是你眼睛那个功能衰减了, 是眼根老了。人死的时候是眼根死了, 但是那个能见的见性它是不会老不会死的。我们真正明白了这一点, 就知道我们六根的根性都是这样的, 它不老、不死, 那就是我们的灵性。灵性的作用就是能见、能闻、能感知, 见闻觉知, 这种性能不会生灭, 你有没有肉体它都有这种性能。有肉体就有六根了, 那只是性能把它显现出来, 没有肉体了, 可是这个性能不灭。这个不灭的性能才是真正的自己, 所以自己真正是不死的。

佛讲不生不灭那是真的, 那是讲自性。既然自己不死, 那何必怕死? 怕死, 以为自己会死, 那是自己吓唬了自己。以为自己会死, 是看到了身体的死, 你怕也没用, 身体还是要死。身体不是自己, 自己只有不生不灭的灵性。肉体只是像件衣服, 可以换。而我们能够有道义、有节义的话, 这个身体舍掉了, 换的身体更殊胜。真正如孔子、孟子所说的"杀身成仁, 舍生取义", 你要真明白了, 你不会觉得难。所以夫子讲, "朝闻道, 夕死可矣", 你闻道了, 你明白了宇宙人生真相，原来真的没有生死，你真正明白了之后，肉体死了无所谓，夕死可矣，自己是不生不灭。当然这不是说自己就不爱护自己的肉体，那也不对，因为什么？肉体是灵魂的一个载体，要通过肉体这么一个工具来修行，来断恶修善，破迷开悟，提升自己的灵性，使自己愈来愈有智慧，回归自己的本性，成就圣贤。这个工具还是很有用的，他也是父母所生，也就是父母的分身，所以我们爱护它也是孝养父母。但是到了大劫关头，要在道义跟生命之间选择，我们就选择道，生命不足惜。

在吕新吾的《闺范》里面又讲到一个故事，是讲周朝梁国有一个名叫高行的妇女，早年守寡。这位少妇很有姿色，而且很有德行，丈夫去世以后她就守节不嫁。我们前面讲过，这是死守善道，是圣人抱一为天下式，她心专一，她没有欲念，她安住寂寥贫贱的生活，这是清高。当时很多富贵人家都非常仰慕她的德行，当然也看中她的姿色，所以都想娶她，她都拒绝。后来梁王听说有这么一个才色具足、很有德行的女子，他也去要迎娶她，请了三次，高行都拒绝。她说我的丈夫不幸早逝，我现在之所以还存活着，是要为夫君养孤儿，为他家留后。如果现在改嫁，这就是不义，那既然不义，何以为人？说完之后她就对着镜子，拿着刀把自己的鼻子割掉了。因为人家爱的是她的美色，她把自己的鼻子割掉了，这就杜绝了人家的妄求心了。然后她说，现在我割掉鼻子了，还能够忍住不死，只是为了抚养孤儿，其他的事情我一点想法都没有。说媒的人回去报告梁王，梁王听到之后非常震撼，对她的这种高义十分的敬佩，所以给她取了一个号叫高行，德行高。这真正是冰清玉洁，能够大义凛然，为了自己的丈夫真是死守道义，忍痛、忍辱来抚养孤儿，这种高义确确实实男子都不如她，这是周朝梁国的故事。

这是解释"夫妻结发，义重千金"这句话。夫妻的结合可以说是多生多世的良缘，所谓"百年修得同船渡，千年修得共枕眠"，这种义真的比千金还重。千金是代表义，不能够见利忘义。

"若有不幸，中路先倾"，就像刚才这位叫高行的妇人，他先生早逝，"中路先倾"就是两个人不能白头偕老，这当然是人生的大不幸，可是能够"三年重服，守志坚心"。这"三年重服"是守孝三年，就像父母过世我们守孝三年一样。女子在家从父，出嫁从夫，出嫁后事夫如事父，夫为君，所以讲夫君、夫君，自己自称臣妾，自己为臣。以孝敬心、忠诚心事夫，因此跟事父母一样，夫死之后三年守孝，三年之后守节，一生矢志不渝，守着志向终身坚强地来为夫君守节，为家留后，抚养后代。如果是遇到了这种不幸，所谓怨亲债主来逼迫，会怎么样？这是看自己的心是不是坚，义是不是重。

在汉朝末年有一个人叫皇甫规，他的妻子长得很美，而且能文、能书，很有才华，别人对皇甫规有这样的妻子，很羡慕。后来皇甫规死了，妻子还非常年轻。当时正是董卓做丞相，董卓专权，这是个大奸臣，听说皇甫规的妻子很有姿色，于是拿了很多的嫁妆，百乘，就是一百辆车子拉这些嫁妆，二十匹马，还有很多奴婢来聘这位皇甫规的妻子来做自己的妾室。因为董卓专权，他不可一世。皇甫规妻就自己披麻戴孝到董卓的门口，跪下来跟董卓祈请, 要求他放过她, 讲得非常的感人, 把自己守志坚心的愿望向董卓陈说, 希望能够打动董卓的心。结果董卓好色, 好色就不能好德, 看到这个女子到手了就不能放, 所以就命人逼迫她。这些侍从拿着刀围着他, 董卓就问, 说我的号令四海没有人敢违抗, 何况你这一个区区妇人, 怎么能够违反我的号令, 不可一世! 结果皇甫规的妻子知道这没有办法幸免了, 董卓这个人狼心狗肺, 没有任何仁慈心, 根本打动不了, 于是就大骂董卓, 说你坑害天下人, 对于一个妇人你都不能放过, 来行非礼。董卓听了很生气, 就命人把她的身体吊起来, 用鞭子抽她。皇甫规的妻子就对给她上刑的人说, 请求你打我打得重一点, 让我赶快死。结果后来真的就被打死了。

皇甫规的妻子自己有美色, 有文采, 可是这个并不一定令人仰慕、尊重, 真正让人尊重的是她的节义。古人有句话讲, "三军可夺帅也, 匹夫不可夺志也", 三军的元帅可以把他拿下, 但是他一介草民的这种志向, 他的节义, 你没办法夺他, 最多只能让他死, 但是不能让他丢掉自己的志向。董卓为人如此狠毒, 他的果报当然也是不好的。董卓后来亲信吕布, 吕布是位很骁勇的大将, 认董卓为义父。吕布跟他一样好色, 结果中了貂蝉的连环美人计, 义父义子两个人之间因为貂蝉而发生争抢, 最后吕布亲手把董卓给杀死。当然吕布最后也被曹操捉拿了, 也被曹操杀了, 这些没有德行的人都没有好下场。当董卓死了以后, 消息传开了, 百姓在路上载歌载舞欢庆, 而且董卓的尸体都被扔在街道上被人唾弃, 他的家族全都被灭掉了, 这是果报。所以不可一世的人他再有权有势，他也只能是得逞一时，而在这当中他不能积德而去造恶，这种威势很快就没有了，命中注定一定是堕到恶道去。像董卓这种人肯定是堕地狱，而皇甫规的妻子为义而死，肯定升天堂。所以看历史看多了才真了解，怎么能够造恶，怎么能够不义？生命都不足惜，只有真正有道义，让我们灵性提升，这才重要。

吕新吾的《闺范》里面又讲到一个故事，这个人叫俞新，他的妻子闻氏，绍兴人。俞新死了以后闻氏年纪尚幼，公公婆婆担心这么早就丧夫，怕她不能守节，所以就想把她重新嫁了。结果闻氏就哭着对公公婆婆讲，说"一身二夫，烈妇所耻"，我觉得再嫁很可耻，我宁可失去生命也不能够无耻。现在公公婆婆年老了，而儿子尚幼，我怎么能够抛弃，说完之后把自己的头发剪下来。过去女子都留长发，如果是把头发剪掉了，这就是毁自己的相。她把自己头发剪掉之后就发誓守节。后来婆婆有病，病得很厉害，结果失明了，闻氏就每天用自己的舌头舔婆婆的眼睛，她婆婆竟然双目复明了。

我们现代人看到这种情形就有点想不通，是不是闻氏的口水能够治眼睛？拿那个口水去化验化验，到底里头有什么样的营养，有什么样的配方，我们制作来治瞎眼。你去研究，你研究不出来道理。她能够把她婆婆的眼睛治好，不是她口水怎么样，是她真正有孝心。在《俞净意公遇灶神记》里面我们也看到这样一个例子。俞净意公他的儿子早年失散了，因为俞净意他自己后来认真改过，断恶修善，改造了命运，他的儿子也找到了。俞净意公的夫人因为哭儿女的原因，双目失明了，这个儿子见到她母亲，也是用舌头舔他母亲的眼睛，也让他母亲双目复明了，孝心使然。

现在科学家也逐渐在证明心的能量，意念的能量真有。你看日本江本胜博士的试验，他发现人的善心使水的结晶很美，人以恶心对水，水的结晶就很丑、难看。同样的水，它有不同的反应，因为人的心不一样，意念不一样。人身上百分之七十是水分，我们的眼睛也不例外，细胞里面百分之七十是水。那闻氏用这样的孝心、爱心舔她婆婆的眼睛，我们就能想象这个结晶就变得很美，原来有的那些毒素很可能就转化了，眼睛恢复了正常，应该是这个道理。孝心、爱心能治病，不是什么所谓神奇的很玄的感应，它不是迷信，是闻氏孝心真诚就有这样的感应。

她的公公去世得早，因为家里穷，后来婆婆去世的时候连埋葬的费用都没有，于是闻氏就跟他的儿子一起去背土，一点点把婆婆埋葬了，而且痛哭哀悼，那种悲号的声音让听的人都觉得非常的感动、不安！可见得闻氏那种纯孝的心，她之所以能够为夫守节，我们就了解，因为她有孝心。所以吕新吾先生说"未有贞妻不为孝妇者"，这个贞良的妻子从孝妇而来，孝女而来，人有这个孝心，她才能够有这种坚持，她不把自己的利益摆在心上，她只看道义，只有恩义和情意。所以像这样的节妇，虽然那一生有这不幸，但是不幸的苦难却造就了她可贵的德行，这种人这生过完了一定是到好地方去了，这些不幸和苦难就成了她提升境界的增上缘。所以一切就看我们自己存什么样的心态。

这些故事我们现代人看来可能有的人觉得真是了不起，肃然起敬，这种崇高的道义真是让我们正气提起来了。可能也有的人觉得她们这么做不可思议,现在人哪还讲这些?结婚了又离婚,离婚了又结婚,这是常有的事情,他不能理解了。甚至有人会起而反对:这都什么时代了还搞这些封建的、禁锢女性的道德。当然对于这些评论,我们也不必去跟他们辩解。这是什么?人各有志。现在又是民主社会,各人说各人的,各人走各人的路,善道自己走,只能要求自己做,不能要求别人做。所以我们讲女德教育是把古圣先贤的道德,妇道的教育重新提起来,给大家做个参考。你如果这一生想做圣人,你就按照这样做。

圣人能不能做?孔老夫子在《论语》里面讲,"我欲仁,斯仁至矣",我想要做圣人,我想要求仁就得仁,斯仁至矣,求仁则得仁,你就是个仁人。女子也能够做仁人,也能做圣贤,没有别的,就是把"利欲"两个字放下就行。为什么我们不能做圣人,心中有对利欲的贪爱,在利欲面前,义就摆在第二位了,利和欲就摆在第一位了。义是天理,如果天理不能战胜人欲,当然你就做不了圣人。圣人没别的,就是朱熹朱子讲的"存天理,灭人欲"。《大学》里讲的格物。格物功夫,格是格斗,物是物欲,跟自己的物欲格斗。就像打仗似的,你打不过他就被他打败了,所以这个时候只要我们咬紧牙关,克服自己的贪念,自自然然你能战胜自己的欲望。这个欲包括财色名食睡这些欲望,你能战胜,你就是个义人,你就是仁者,你就成圣贤了。这一生成圣贤,你得大众的恭敬,由衷的敬佩,你是行人之所不能行,忍人之所不能忍,来生你一定是到善道,到好地方。如果你能念阿弥陀佛求生净土,决定往生,你是善人,而且是上善人,极乐世界是上善之人聚会之处。

　　我们老讲上善若水，什么叫上善，你就想着水是什么样的德行，你就效法它，你就是上善。水，我们讲过它有两个德行，一个是谦卑之德，它从高往下流，它不会争高处，只会让，不会争。好的女子就像这样，在一家里面她不会跟丈夫争高低，在社会上不会跟别人争高低，与人无争，于世无求，水之德。第二个它能柔顺，水流到哪里它就随顺那个形状，流到圆的池子里就圆形，方的池子里就方形，河道怎么曲折它都随顺而流，没有自己的执著，守着柔。女子如此，她就能坚强，守着低，她就是高，这是上善。

　　要求生西方极乐世界，对这个世界就一切都要放下，身心世界一切放下才行。对于身体要是执著了，怕死、放不下，不行，求往生也往生不了。而如果心里面有贪爱，贪利、贪男女之欲、贪名、贪享受等等，这些统统都是往生的障碍，所以爱欲是生死之根。万一遇到不幸，丈夫过早离开我，我能够恪守妇道，能够守住寂寞的生活，我能够放下世间名利欲望，我能够修清净心，这个人一定能够往生。她没有所求，这是上善之人，而正因为这样的一种苦难的境界成全了她往生西方极乐世界，岂不就是好因缘？所以哪有什么善恶的境界？都是善境界，都是好因缘。

　　真的，如果不学佛法，考验面前比较难过去。学了佛法，知道人生苦短，而娑婆世界生生世世轮回，苦难太多了，我这一生受苦，再苦也就是短短几十年，过了之后到西方极乐世界永生不死，那多么快乐，真正极乐！净土经里面把这个乐讲得太多了，不用在这里赘述，所以能厌离娑婆，欣求极乐，这是往生的关键。所以你能够守住妇德，你能够守住节义，也是求生净土的一个基础，修持德行都属于敦伦尽分。

话又说回来，"人不学不知义"，因为很多圣贤的典籍我们没有接触，我们可能就犯过很多错。假使我们因为过去糊涂，不懂得这些道理，做错了一些事，守节我也没做，怎么办？那也不必太过遗憾，安住于当下，当下我敦伦尽分。譬如说你已经再嫁了，也不要因此给自己太多的压力，既然已经走上这条路，这是跟丈夫就有这样的因缘，那我们就珍惜这样的因缘，把过去都忘掉，从现在起我完完全全按照传统伦理道德、按照女德、妇道，来修持自己，也能成就上善之人。《了凡四训》里面讲，昨天的我已经死了，今天的我再次重生。现在的我就安驻于现在的缘，好好的尽我的本分，这就对了。

吕新吾先生举了一个例子，也是讲节妇的。我们多讲几个故事，用这些故事点燃我们内心埋没已久的那种义的火把，把贞德节义点燃，重新让正义的光明照耀起来。这里讲，有位古人叫魏溥，他的妻子是房氏。这些故事都是出自《列女传》，古人对于烈女专门立传。这位房氏她自小就很有操守，十六岁就嫁给魏溥。可是没过多久魏溥生病就去世了，去世之前对他的妻子说，我死没什么遗憾，只是家有母亲守寡，家里又穷，我们孩子刚刚生下来，我心放不下。房氏哭着对他讲，说我接受过父母的教诲，懂得道义，嫁到你家里本来是要跟你白头偕老，但是现在不能如愿，这也是我的命。但是请您放心，我一定会终身照顾好婆婆，抚养我们的弱子。只是遗憾我现在不能跟你一起共赴黄泉，因为我还有替你赡养母亲和抚养儿子的义务。说完之后先生也就很安详地过世了，心里的事都放下了。古人是一诺千金，房氏虽然当时只有十六七岁，就下定了决心为丈夫守节，孝养母亲和抚养儿子。在安葬她丈夫的时候，房氏拿刀把自己的左耳割了下来，扔到了棺木里面，对她先生说"鬼神有知，相期泉壤"，我做一个证明，对天发誓，让鬼神它们都知晓，我这种道义之心天日可见，希望将来在黄泉相见。因为割掉了左耳流下来很多血，她的婆婆看到都感动得哭了，说你何必要这样做？房氏就说我是不幸这么年幼就守寡，但是我有这个志向为丈夫守节，又担心您对我不放心，所以我发这样的一个狠誓。她这话感动了周围所有的人，于是这个房氏真的终身践行她的愿望。这夫妇之义真的是义重千金，能够替自己逝去的丈夫抚孤养母，守节终身，一诺千金，一语既出，用一生来去受持，这样的坚心真的比金石还更加坚强。

《闺范》里面还有一个故事。宋末元初的时候，有一位女子潘氏，出嫁以后才三个月就遇到元兵围城。夫妻俩躲到山上，但还是被贼人抓住了，当时她丈夫就被这些贼人杀害了。这潘氏因为长得有姿色，贼人就要侮辱她。在贼人想要侵犯她的时候，潘氏非常自若地对着贼人讲，我是一介妇人，现在丈夫也死了，你现在要纳我为你的妾，我怎么能够不从你？只是有一个愿望，希望你先把我丈夫尸首焚化，也让他能够有一个安葬之处，这样也不枉我们夫妻一场。这些贼兵听到这妇人这样讲也很高兴，于是就拿了柴火燃烧起来了，把她丈夫的尸体给火化了。当火烧得很猛烈的时候，潘氏就纵身跳入烈火当中，跟她的丈夫一块被火烧掉了。吕新吾先生评论说，这位妇人不仅有节义，而且还有这样的智慧。面对这样的情形，知道很难逃脱，而如果对贼人怒骂，不屈从的话，那自己反正也是死，但是丈夫的尸首就没人去收，没人去火化，所以她用这种计策骗得贼人，而成全了自己的节义。这种智勇双全不仅是女子的楷模，也是男子应该效仿的。

在宋朝末年，也是宋末元初的时候，还有类似的一个故事。赵淮，长沙人，他娶了一个妇人。当时元兵打来的时候，赵淮就被元兵捉拿了，想要让他归降，但是赵淮不从，最后被元兵杀害了，尸体抛到了江里。他夫人也被元军捉拿住，夫人就哭着对这些元将、元兵说，我一直都侍奉先生，现在他的尸体被抛到河里，没人去收，情不能忍。我希望你们能够把他掩埋，我愿意终身侍奉您，我也没有遗憾。元将听到之后就生起了怜悯心，看到太太也还是很年少，又有姿色，所以就命人把她丈夫的尸体捞上来，给他进行火化，火化之后就放到了一个小缸里头，太太就持抱着骨灰缸。因为路上要坐小船，在江上走，等到船到江中心的时候，这个太太仰天痛哭，抱着她先生的骨灰就跳到水里淹死了。

这些故事都是在历史上所记录的烈女的例子，用它来诠释"若有不幸，中路先倾，三年重服，守志坚心"。我们要从这些故事里头去领悟那种节妇的道义感，那种道义重于生命的正气，真正是视死如归的精神。当然，可能我们会很幸运，不会遇到这些磨难，但是这种道义感，这种正气不能没有。

底下一句"保家持业，整顿坟茔。殷勤训子，存殁光荣"。这是讲丈夫去世以后，要为丈夫保守家业，抚养后代，还要为丈夫整顿他的坟墓，现在多半是火葬，也应该常年祭祀。《孝经》上讲的"春秋祭祀,以时思之",不仅对父母,对夫君也是一样。

更重要的是"殷勤训子",教训教育后代,为丈夫留后。《孟子》所谓"不孝有三,无后为大",所以殷勤训后这是做一个母亲最重要的事,前面"训男女章"我们已经讲得很多了。而能够好好地教养后代,不仅是对过世的丈夫最好的安慰、最好的献礼,而且也是为社会、为国家培养人才,也是第一功德。能够守节,也就是我们能够把心思、精力集中在教养后代上,这一定能够出人才。

像清朝的尹会一,我们之前有讲过这个案例,他是雍正时代的进士。他早年丧父,他的母亲二十七岁守寡,为丈夫守节五十年,七十七岁离开人世。丈夫死后她把全部精力就摆在孝养公婆和自己的父母,以及教养后代上。这位女子真的难得,养四位老人,自己的父母和公公婆婆,靠自己纺织为生,同时还要教养自己的孩子。她自己读过书,亲自教孩子念四书五经,后来孩子长大了,替儿子找老师,严格地要求他,真正把孩子教成才了。

这样"存殁光荣"。现存的是自己还有儿女,殁是讲死去的丈夫。如果还有父母,现存的人因你能守节,你能有道义而光荣,受世人的敬重,特别是节妇受人敬重。死去的丈夫他在九泉之下心里欢喜,他也因你而感到光荣。印光大师讲,为社会培养一个良民就属无量功德,这个功德回向给他,死去的丈夫肯定超生成圣。

在周朝,楚国有一位女子叫贞姬,她是白公胜的妻子。她很早就守了寡,靠纺织纱布挣点钱来维持生计,守节不嫁。后来吴王听说这位女子很贤德，就差一位大夫拿着黄金两万两，还有一双白璧作为聘礼，又用三十辆车子去迎娶她做吴国的夫人。这是富贵在面前了，一般人看到这种情形能不动心？可是贞姬却辞却了，她说我的丈夫白公不幸早亡，我情愿一辈子守着他的坟墓，了却我的天年。现在君上赐给我黄金、白璧的聘礼，又用这么多的车子来迎接我，可是这都不是我愿意听见的事情。她讲，"弃义从欲者，污也"，就是抛弃了义理，而依从于欲望，污也，就是污秽；"见利忘死者，贪也"，见到了厚利就舍弃了道义，忘死通常是为道义可以舍弃生命的意思比较多，但是这里是指把丈夫去世这个事情忘了，这属于在利益面前的贪。"贪污之人，君何以为哉"，难道君王喜欢一个贪婪而污秽的人？如此贪婪而污秽的人你要她有什么用？因为吴王是敬慕她的贤德来迎娶她，她这一番话吴王也觉得有道理，真正的贤德，她能守节，所以吴王很敬佩她，也没有难为她，而且送给她"贞姬"这个名号。贞是贞洁，姬是对女性的美称。

在《感应篇汇编》里面也有这样一个故事，发生在明朝。明朝燕王朱棣，他起兵谋反，最后自己当了皇帝。燕王府上有一个士兵叫储福，他慷慨好义，在燕王起兵的时候他带着母亲和妻子逃亡了。后来燕王继位，下诏把这些士兵都召回来，储福的名字也在名册上。储福见诏之后仰天大哭，说我虽然是一个贫贱小兵，但是忠义不事二君。过去真的讲忠义，一臣不事二君，这是男子的忠义，女子的忠义是一女不事二夫。因为朱棣谋反是行不义之事，当时还有一个很有名的人叫方孝孺，也是因为大骂朱棣而被朱棣满门抄斩灭了十族。方孝孺是历史上的贤者,没想到这位叫储福的士兵他也有这样的忠义。他日夜痛苦,最后不饮不食,自己饿死在床上,以死效忠。他的妻子范氏只有二十岁,很有姿色,丈夫死了以后她能够守节,而且侍奉婆婆非常殷勤。她常常想念丈夫,悲痛的时候,自己就跑到山谷里面放声大哭,不让她婆婆听到,回来之后还是一样专心的孝养婆婆。婆婆死后,范氏尽全力给婆婆厚葬,而且在坟墓旁边自己搭了个小茅庐来守孝。后来这位范氏一直到八十多岁才逝世,这些乡亲们对她很尊重,给她修了一个纪念的建筑,就在她过去守孝的茅庐那里,给它取名叫"节孝园",来纪念这位孝妇、节妇。这真的是"存殁光荣"。

至此,"守节章"我们学习完了,最后这一段是整篇《女论语》的结劝,一个总结,一个劝勉。

〚**此篇论语。内范仪刑。后人依此。女德聪明。幼年切记。不可朦胧。若依此言。享福无穷。**〛

这是整篇《女论语》的一个总结,它说《女论语》是"内范仪刑"。《女论语》十二篇,这是宋尚宫所作的,宋尚宫宋若昭的姐姐若华写的初稿,若昭进行解释,就形成我们现在看的《女论语》,它是一篇很好的女德教材。这里讲的"内范",内是过去讲的女主内,就是讲女子的规范。"仪刑"这是讲到妇女的这些言行,我们讲母仪、威仪。这个刑是效仿,是模范,真正按照《女论语》来做,可以成为女子的模范、楷模。《女论语》通篇讲得很细，很生活化，都是日常的小事情，没有很多大道理。就好像一位贤德的女子给我们做一个表演，这是她的剧本，你能够按照这个剧本去演，你就是当代的贤女，当代的贞妇。当然这里面所讲的内容毕竟是古代社会里面的生活，我们学习是应该用它的精神。对于一些生活上的事情，譬如说"学作章"里面教你怎么纺织，现在你不需要纺织了，可是这种勤于劳务的精神我们要继承。

"后人依此，女德聪明"，就讲后人，即我们现在人，如果能够依此而行，认真地把这些女子的德行落实，依教奉行，就能够昭明显著。这个聪明是讲一方面你能够成就女德，使女德昭明显著，当然在力行这些德行的时候，你自己也能够恢复性德，恢复本性本有的智慧。

"幼年切记"，学女德最好从幼年时，从小开始学，我们讲"少成若天性，习惯成自然"，从小就这样学了，她不会觉得这是属于禁锢，是属于过时的，她没有这样的感觉，她觉得人这样做挺好，就应该这么做，自觉自愿。而你真正力行了，你就会"享福无穷"，你会真正得到幸福、快乐。所以从小开始学重要，扎根，这个《女论语》可以作为童蒙教材里面《弟子规》这类的补充教材，尤其是对女孩子。我们需要活学活用，需要细细地去研究、讨论，然后真正去力行。"不可朦胧"就是不能够很随便地去读一读就放下了，不解其意。如果你不能深解其中的义理，那就很难去身体力行。

《女论语》字数并不多，但讲得比较细，目的是希望我们能够真正掌握古人的这些教诲，明了女德修养的重要性，以及如何去落实。身为女子能够力行《女论语》的教诲，你就真正能够成为当代的贤女、孝妇。"若依此言，享福无穷"，这个福不光是这一生，如果说只是这一生的福，那就不叫无穷了。生命是生生世世无止境的，这一生能够积德行善，恪守妇道，自己的德行完美，那未来的福分不可思议。哪怕是像我们刚才看到"守节章"里面那些烈女，为节义即使是死了，将来还是享福无穷。

更重要的是女子德行里头为家庭留后。现在我们的社会贤才少，原因是什么？因为贤母少。贤母是贤女而来，没有贤女不可能有贤妻贤母。所以要为社会培养人才，为和谐社会做贡献，作为女子怎么贡献自己的力量？就是从我自身做起，力行女德，自己做一个贤女。你成就一个贤女了，大家都敬重你，向你学习，你就能感化社会。你的德行感化的力量那是不可思议的，现在社会正是缺乏榜样。不管你是未婚的女子，还是已婚女子，只要有真正的女德，你一样能够治国平天下。如果未婚的女子，或者这一生想像宋若昭一样终身不嫁的，她是守着清高的生活，也可以，她也是力行女德，她以文传世，写了《女论语》，我们现在来讲它，专职推动传统文化教育，这很好，很可贵。像宋若昭的文章，有一千多年了，教化的力量不可思议，这是她的志向。已婚的女子这一生选择结婚生子，要真正用自己的德行来辅佐先生，为家庭培养后代，为社会培养后代，这个功德也是不可思议的。我们看到古来的圣贤都是因为有贤母，孔子有孔母，孟子有孟母，岳飞有岳母，都是有好的母亲教出来的好孩子。

这个《女论语》是女德教材中的一篇，我们是从"女四书"里

面选出来的。除了这一篇《女论语》之外，我们也衷心地希望有更
多的人来弘扬《女孝经》等等"女四书"这些女子的德育教材，有
更多的人来学习。现在我只认识陈静瑜老师，她在弘扬女德，她讲
的是"女四书"里面的第一篇，曹大家的《女诫》，《女论语》是第
二篇，还有明成祖的徐皇后写的《内训》，以及清朝王相的母亲写
的《女范捷录》合称女四书，希望将来有人能讲解。还有一篇《女
孝经》，唐朝侯莫陈邈之妻郑氏所写的。对于童蒙来讲，我们也
推荐一本叫《改良女儿经》，这是根据古人所作的《改良女儿经》
修订而来的，这是清朝贺瑞麟先生所著，他是清代的教育家。还有
《闺训千字文》，又称《女千字文》，这也是清朝人写的。这些都可
以认真地学习，希望把女德教育复兴起来，所有的女子都能力行
女德，那时候就真正是和谐社会。

女德母教 修齐治平

——学习《女论语》有感

　　"窈窕淑女，君子好逑"是《诗经》中最脍炙人口的名句之一，然而，到底什么样的女人才算是淑女呢？学习了钟博士的这一部书，才真正明白，何谓窈窕淑女的真正标准。

现代社会 呼唤淑女

　　曾有男性作者撰文"寻找淑女"，这无疑是关注女性道德建设的知识分子所具有的社会良知的体现。

　　有一位传统家教很好的男士同仁，三十几岁，是国家公务员，多少人为他牵线搭桥，至今还是孑然一身。众人百思不得其解，后来他吐露真言：女孩子们打扮起来倒是个个年轻貌美，只是太浮躁了，娇骄二气十足，又虚荣自我，眼中只有"花前月下"。海枯石烂说得响亮，稍不如意，便是"意气昂昂"，想要在柴米油盐中共同孝敬父母、友爱兄弟几乎不可能，至于相夫教子、礼敬邻里更是可望而不可即……做人要自重、自爱，尤其女子更要稳重懂得进退,可是现代女子受"张扬个性"的影响,少了些含蓄的美感……所以,他说,宁可终身不娶,也绝不自寻烦恼。还自嘲曰:此曲高乎? 奈何和寡! 虽然大家觉得也不无道理,但是说不出个究竟。听了钟博士的《女论语》,大家才明白,原来他在寻找淑女!

这位男士在网上听了几次女德教育的课程,慨叹:如果钟博士或者其他有识之士早十年出来给大家讲述《女论语》,进行女德教育,天下会有多少个女子因为懂得淑女的标准,而获得个人和家庭的幸福啊!

有一位很现代的"小女子",听了钟博士的《女论语》,才发现包括自己在内的这么多女子,原来都是"粗人"。她说乍一听有点郁闷甚至崩溃,因为多年来的行为习惯甚至思想遭到了冲击,但是感受到演讲者的真诚,几遍下来就对祖先的教诲欢喜信受了。这么多粗线条的女子有了规则,虽然一时做不到,毕竟有了标准,日后规范自己的言语行为,也切实有了参照。她在网上感言:希望更多的人能够认可女德教育,接受女德教育,圆满女德教育,进而使这个社会多出贤女、贤妻,达到和谐家庭、和谐社会的目的。

香港一位朋友在网上看到钟博士正在讲解《宋尚宫·女论语》,感悟到现代有些女子的不良行为乃至一些影片、广告等对社会的负面影响等等,特别给钟博士留言:

……希望钟博士能把中国古代如何教育女子传统行为规范的更多典籍,录一些讲解,帮助现代女子学习传统教育,恢复女子正气, 使他们能够侍奉好父母公婆, 相夫教子, 做到正节于内, 志于四德(妇德、妇言、妇容、妇功), 学会日常家务, 料理家政, 培养女子从小养成孝敬、贤良、慈爱、仁义的人格……也希望诸位女性朋友, 在力行圣贤教诲的同时, 首先志愿在社会中做好女儿、好妻子、好母亲、好婆婆……

相信, 这几位朋友的心声, 是我们有志于光大伦理道德教育, 普利群蒙, 以达家庭、社会和谐的志士仁人共同的誓言。身为一个炎黄子孙, 用祖先留给我们的圣贤智慧, 用女德闺范成就更多的淑女, 成就自己的幸福人生, 是我们的责任和使命。

历代重视女德教育, 确实是教育之重, 是社会亟需。因为女性的素质决定了她们在这个民族文化传承中的重要作用。愿中国女性在新时代的新环境中, 不忘圣教祖训, 保持传统的东方女性之美德。女德是人的一种内在本善的保持, 也是自性光明的不断开启和显发, 相信在诸位传递圣贤教诲导引者的不断教育和启发下, 中华女子将会开出更加绚丽的中华民族的文明之花。

不孝有三 无后为大

家庭是社会的细胞, 家庭的和睦稳定直接关乎社会、国家的安定繁荣, 所以女德教育的根本目的还在于使家道承传, 因此女德教育的一切也必然是围绕着教育儿女来进行。

其实从某种意义上来讲, 男主外, 也是辅助母亲来教养后代。到底能不能有后? 有什么样的后代? 原因在内不在外。最重要的是看自己有没有德行。这个"后",不仅仅是事相上的儿女,能够守住家道、家业的子女,才算是真正的有后。家业是一家人的福报,福报是看他的德。如果儿女败家亡身甚至杀父弑母,如何算是有后?所以,没有德行,能力再强,表面上事业多么成功,都不能说是有后。

一位女子听了钟博士的《宋尚宫·女论语》,感叹相见恨晚。她说听着先祖圣哲留下来的人生智慧,真是一种高贵的享受,多次抑制不住想掉眼泪。博士深入浅出的讲解,仿佛搭建了一座坚实的楼梯,让她踏踏实实地迈入了圣贤教育的殿堂……

她说当今之世,能够有缘接触到钟博士的讲义,懂得了真正淑女的标准,感到非常幸运;自己这一生没有做到一点点淑女的样子,也有很多的人生遗憾,但是一想到许多有缘人这一生会因为《女论语》而少走很多弯路,便是万分欣幸。

以前她的中学志愿是"做一个家庭主妇",当时班上的同学以及自己的亲姐妹都笑说"没出息",而这个时代确实没有给她这个机会。上苍恩赐她一个乖巧的女儿,没学习传统文化之前,还很自豪培养了一个善人,现在觉得标准太低了,很惭愧没有德能把女儿培养成淑女。于是立下志愿,希望帮助有缘的女子成为淑女,这样才能真正帮助社会培养君子乃至圣贤后代啊。圣贤人教诲我们"不孝有三,无后为大",没有好女子,怎么有好妻子、好母亲,没有好母亲如何能够教育出好的孩子,"至要莫若教子",教子之中教女为重,确实如此!

如何有后呢?一个女子在家孝敬父母,扎好德行的根,出嫁后才能敬老爱家，助夫成德，善教儿女，真正完成相夫教子、成就家道的责任。俗话说：一个好女子可以旺三代。钟博士在报告中讲到，大事的成功往往在于小节，一位女子的德行、操守并不是从她轰轰烈烈的行为里体现的，而是在日常行为中，涵养自己的德行，她的一举一动甚至是一个眼神，都是德行的体现。而一个女子，对每一样事物，即使是倒茶、做饭、擦桌子、扫地，都以认真恭敬的心去做。学会做事，女子才能够立身，也就是在成就圣贤之道。

慕贤当慕其心，我们学的是古人的心境。比如，暖被子和扇席子这些古人的孝行，我们现代人冬天一定要用自己的身体给老人暖被子吗？夏天拿一把蒲葵扇在床边去扇吗？有了孝敬老人的这个心境之后，我们可以看看如何开电热毯，如何给老人用空调，对于一些生活的细节，钟博士在课程中都有详尽的陈述。

钟博士自幼力行传统文化的圣贤教诲，近年来又深入儒释道三家经教，研习讲解了多部经典。鉴于这种深厚道德学问的底蕴，钟博士对于经典的研习，不是仅限于文字表面的功夫，往往能够"高高山顶立，深深海底行"，传递出来的圣贤教诲也总是真心妙用，让现代人很有下手处。尤其是钟博士用心选摘了古今中外的精彩案例，让许多光辉的女德典范从书本中、从远古、从西方来到东方传统文化女德教育的讲堂，既恪守"信而好古，述而不作"的古训，又能老树新芽，古为今用乃至西为东用，自然大家能有真实的受用。

在报告中，钟博士特别提醒，教育子女如果"爱之不以道，适足以害之"。所以古人调教子女从小就严厉要求,父母教育得法,孩子做事不仅增强能力和责任感,也会生起感恩父母长辈的孝敬之心,所以孩子做事情的心境很重要,所谓"习劳知感恩,行孝最快乐"。

钟博士的母亲说:优秀是教出来的,父母是第一教师。

本报告中也选取了一些圣贤女范的案例,告诉我们最好的教育是有德、身正。所谓"身教则从"。尤其宋代两位大儒二程之母,自幼承蒙父亲之教,心性光明,又一生积德行善,可谓内外双修,完成了对一代大儒敦厚性情的圆满教化,实在是有后的典范。

开卷有益。但愿诸位有缘人早日展卷,与历代圣贤女德闺范感应道交,为家庭、国家、社会培养真正有德的后人。

女德似水　善利不争

《礼记·学记》云:人不学,不知道;人不学,不知义。学习了《女论语》,才知道一个女子在家里的殷勤,原来是爱心,只问施恩,不求回报。因为先有恩,后有爱;爱,重在落实,有了恩,爱才落在了实处。

原来女德要似水。因为水的美在于谦德、下位、卑弱、不争。海为百谷之王因为善下;则因为水之善下,而被誉为上善,引发我们的思考,何谓"上""下"?又讲"不争",做到不争,是因为"舍掉欲念",舍掉自我,放下了自私自利。所谓天理战胜了人欲,自我欲"仁"而"斯仁至矣"。柔弱女子相夫教子，滋润家庭，行上善之德，以身"教""化"到丈夫和孩子，本位之中，无私无我，奉献于家国天下，成就圣贤行谊。大哉，女德！

想到失教的一些现代女子，没有人告诉她们温柔的母亲最美，一个女子最完美的事业是相夫教子，是家庭的和睦、家族的兴旺乃至国家的昌隆。有些女子太强了，强到让人望而却步。有人说"女强人是贴在墙上无人问津的女人"，女人太强，如石头，男人用脚踢可能都会怕脚痛；如果女子如水，男子就愿意用双手把女子捧起来。有些强势的女子的确赢了"世界"，可是输了家庭和孩子，输了女子自然的本位，去越位赢得了"世界"，又如何？

温柔似水的女子能够忍耐，耐心是爱心。因为忍是以大局为重，所以忍到风平浪静，忍到家和人乐。她们知道女子的力量是温柔，水一直滴终究可以穿石。"夫义妇听"，学习了《女论语》才明白原来妻子听的是丈夫的"义"，如果没有道义，不仅不能"听"，还有劝导、教化丈夫的责任和义务。所谓助夫成德，不仅是随喜功德，顺势与丈夫做些有德之事，如果丈夫偏离道义，甚至不"仁"不"义"的时候，还要挺身而出，"亲有过，谏使更"；"怡吾色，柔吾声"，以柔胜刚，是坤德似水的女子们"滴水穿石"的功夫。

水，洗濯尘垢，善利万物而不争；随方就圆，不执著一个姿态；水谦卑向下而奔流到东，方向不变；水遇热成汽，幻化于无形；遇冷结成冰霜，凝固成冰清玉洁；遇到同道便欢喜相容，共同演绎一段奔流到海的精彩⋯⋯让我们由水的品德体会女子之德，真是美哉！

原以为《论语》是适合每一个层面的人学习，仔细听来，《女论语》也确实不仅仅是女子才要学习的，其中生活的点点滴滴，透过那些生活的细节，体会到事务背后的存心；比如，女子殷勤对待丈夫和孩子是爱心；那么男士殷勤对待妻子和孩子是不是爱心？亦复如是。所以，学习要善于把自己拉到所听、看的境界中去；举一反三，"学而时习"，才得真实受用。

社会上多一个好女子，就可能多一个好妻子，好妈妈；我们不希望自己的妈妈温柔贤淑吗？丈夫们不希望妻子与自己"执子之手，与子偕老，死生契阔，与子相悦"吗？男孩子不希望自己得遇"窈窕淑女"吗？我们如果有了女儿不希望她清贞庄重吗？相信答案是肯定的。

那就让我们一起倡导女德教育，让我们的社会中多一些德行如水的淑女，为和睦家庭、社会和谐真实地献上自己的一份心力。

男女有别 尊重女性

中国历来强调"男主外，女主内"。《礼运·大同篇》也说：男有分，女有归。在教育子女时，也一般是丈夫扮黑脸、妻子唱红脸。

当今之世，这些差异似乎越来越模糊。在很多家庭，妈妈严格约束了孩子的生活，而父亲则显得宽容一些。传统的"严父慈母"形象逐渐被"严母慈父"所替代。

现代家庭常有的一个现象，母亲管教孩子，丈夫忙，在家少，家里老人又容易宠爱孩子，母亲一个人扮演父、母的双重角色，久而久之，就容易急躁，母亲的形象在孩子的心目中也日益跌落。

有一组调查数据：改革开放初期，女性对事业、对成功充满信心，在一份高校关于"男人应该以事业为主，女人应以家庭为重"的问卷调查中，当时有85%的女大学生选择了"不"，说明绝大多数人拒绝"贤妻良母"式的传统女性角色。十年后，上海市妇联公布的一项调查结果，传统女性角色的支持率居然大大上升。

一个女子，不管社会角色如何，总统也好，清洁工也罢，女性的自然角色没有变，就是繁衍后代的天然职责不变，这是真正的"男女有别"，其实拒绝传统，这是近百年来传统教育缺失造成的一种"盲目"。

忽略人类有史以来就客观存在的"男女有别"，只从男女同工同酬谈"男女平等""尊重女性"，的确有点尴尬。

中国传统教育中，从胎教到幼年养性、童蒙养正、少年养志、成年养德，都是要培养女子的温良恭俭、清娴贞静、守节整齐、言辞得当、谦让卑弱等等以居家为主的修身齐家的优良品德。

只有从人类本源、人伦道德、文化精神回到女性本位，才有可能给予女性真正的尊重。

学习了《宋尚宫·女论语》，经过钟博士讲解，才明白"女子无才便是德"，不是倡导女子都不要有才华，或者泯灭女性的才华，而是不要执著自己本身的才华，恃才傲物，傲视丈夫、亲人朋友乃至周围有缘相识的人，没有了上下尊卑，那这个才华确实不如没有的好。

女子在现代社会似乎有着施展才华的广阔舞台，同时她们的妇道、妇德也面临着严峻的挑战。

《大学》里讲到：格物，致知，诚意，正心，修身，齐家，治国，平天下。修身是根本，格物致知、诚意正心是修身的前提和方法，齐家、治国、平天下以修身为基础，修德进业，持家教子，男女皆当如此。所谓"自天子以至于庶人，一是皆以修身为本"。

《礼记·学记》云：建国君民，教学为先。由于失教，中国现代女性，在婚姻观、道德观、审美观等一系列价值观念面前感到困惑，甚至出现了迷失与危机。拜金、享乐主义亦有滋生和蔓延；廉耻观和贞操观念淡泊、缺失；缺乏健康的审美取向。凡此种种，都是忽略了宇宙间自然秩序安排的合理性，是女子没有找到本位的结果。夫妇有别本是自然秩序的一个部分，又是人伦秩序中的一个重要部分。

"男正位乎外，女正位乎内"的社会分工，才使男女各得其宜，各得其所，这是天理自然的道德秩序。女性负担着自然赋予的人类生生不息的重任，这种自然属性是女子尊贵的责任和义务。作为未来的母亲，女子需要自幼培育妇道、涵养妇德、修习女事、积累女功，为修身、齐家打基础。

只有承认男女有别，女性才可能得到社会真正的尊重。现代一些女子，为了工作，牺牲青春年华，事业小成，她们才发现自己错过了结婚的最佳时段；还有的女子为保住现有的工作位置，不敢公开自己的婚姻，更不敢养育孩子，为此而失去了在黄金年龄做母亲的机会，有的甚至还可能遗憾终生。如此下去，女性对自身的天然角色，会逐渐失去自信，国家和民族的未来也堪忧。所以，男女都一样，只是一个虚幻的口号而已，代替不了"男女有别"的天然事实。男女真的都一样了，造物主就失去了造出"男""女"的意义了。那么女性还存在吗？

朱熹夫子曰：是以男正乎外，女正乎内，身修家齐。国治而天下平自然也是水到渠成。

弘扬女德 我之责任

钟博士作为一个优秀的现代学子，一个金融博士，二十六岁登上美国大学讲堂做了教授，三十三岁成为澳洲昆士兰大学的终身教授，他的成就也算是令人瞩目了，如今能够舍弃高薪以及一切名位，毅然走上弘扬圣贤文化的道路，回溯源头，深切感念伟大的母亲赵良玉老师的恩德。

感念母恩，钟博士为母亲写过一首《慈母颂》：春秋六秩转瞬间，育儿辛苦三十年。昔有孟母勤策励，而今家慈不让贤。不恋高薪教授衔，唯希独子德比天。从来豪圣本无种，但以诚明度世间。辛勤教子几十年，无私地奉献给了整个社会。"国家兴亡，匹夫有责"，做母亲的感到社会不是缺少一个金融博士，而是缺少伦理道德因果教育的人才，基于对国家、社会的一份责任感和使命感，这位以传统家教成功培养儿子成才的模范母亲，敦促儿子为和谐世界立德、立功、立言，成就儿子走圣贤之路。她说：能孝敬自己的父母是小孝；能孝敬天下的父母，全心全意为人民服务是大孝；能成就圣贤，普利众生，使千秋万代的人获益无穷是至孝。我支持儿子走上大孝，奔向至孝……无缘大慈，同体大悲。这是大爱的铮铮誓言，这是家庭母慈子孝的升华，这是圣贤风范的伟大演绎，扪心扣问，不知当代几人？

一滴水，只有融入大海，才不容易枯竭。钟博士承继母志，不负师恩，四年来不疲不厌，徜徉在圣贤智慧的海洋，"信而好古，述而不作"，作为一个传递"圣人之训"的载体，台下日日精勤考证讲义，台上谆谆传递圣贤之道，学无止境，于此无私的付出奉献中，博士逐渐成就了和成就着自己的道德学问。

朋友们，相信父母爱我们吗？相信；相信父母的父母也爱父母吗？相信。依次上溯到古圣先贤，相信祖先是爱我们后世子孙的。祖师大德百年前即说女德母教是社会"急务"，在百年失教后的今天，钟博士弘扬传统文化，宣讲女德，更是当今社会所亟需，值此时节因缘，我们明白了女德教育的社会意义，倍觉珍惜。

钟博士在《宋尚宫·女论语》的解读中，当堂数次给女子立志，因为让女德教育与现代社会不再遥远，重点更在于女子们的"学而时习"，"虽有佳肴，弗食不知其旨也；虽有至道，弗学不知其善也"。

《女论语》偏重行门，把女子居家的所有行谊都详细列举出来，钟博士则把一些关于女德、家庭、人性和伦理的圣贤教育理念贯穿于报告的始终。

相信本书一定会启迪群蒙，尤其导引女子生起对家庭和社会的深远责任感，从心境上尽快回归本位。即使事相上还仍然在经理、董事长的位置，内心中有了淑女的标准，懂得了"从一""贞节""清娴""妇德"等等有关女德母教的真正涵义，自己的内心如果充满光明，具足了智慧，就会"世事洞明，人情练达"，就一定会找到自己、家庭的幸福，也会把自己的人生带入一个新的境界。

有缘学习的女子，若能立志学为人师，行为世范，以身教在社会中做出榜样，必能光大女德教育。虽然任重而道远，我们也相信《弟子规》所说：勿自暴，勿自弃；圣与贤，可驯致。

古来都是因为有贤母，才教出来历代圣贤。诚愿天下女子都能力行女德，为家庭培养后代、为社会培养后代，只有家庭和睦，才可能实现社会的真正和谐。

印祖云：闺阃乃圣贤所出之地，母教为天下太平之源。弘扬传统文化，复兴女德教育，从我做起，从我家做起。

——编者谨呈